KB095520

체코의 에큐메니칼 신학자,

요세프 흐로마드카

Nepřeslechnutelná výzva: sborník prací k 100. výročí narození českého bohoslovce JL Hromádky 1889–1989(Praha: Institut pro středoevropskou kulturu a politiku, 1990).

Korean Translation by Jongsil Lee

체코의 에큐메니칼 신학자,
요세프 흐로마드카

2018년 8월 13일 초판 1쇄 인쇄
2018년 8월 20일 초판 1쇄 발행

지은이 | 요세프 스몰리크 외
옮긴이 | 이종실
펴낸이 | 김영호
펴낸곳 | 도서출판 동연
등 록 | 제1-1383호(1992. 6. 12)
주 소 | 서울시 마포구 월드컵로 163-3
전 화 | (02)335-2630
전 송 | (02)335-2640
이메일 | yh4321@gmail.com

ISBN 978-89-6447-427-3 03230

체코의 에큐메니칼 신학자

요세프 흐로마드카

Josef L. Hromádka

요세프 스몰리크 외 지음 | 이종실 옮김

동연

체코의 에큐메니칼 신학자

요세프 흐로마드카

Josef L. Hromádka

요세프 루클 흐로마드카(Josef Lukl Hromadka, 1889-1969)

01 PhDr., ThDr. 요세프 루클 흐로마드카, 프로테스탄트 신학자, 세계 에큐메니칼 운동 활동가, 대학 교수, 코멘스키 신학대학 학장.

02 1935년 9월 5-8일, 포데브라디(Poděbrady)에서 열린 세계장로교회연맹 컨퍼런스

03 1927년 6월 20-23일 런던에서 열린 세계복음주의연맹 창립80주년 행사에 흐로마드카 부부 참석

04 1947년 코멘스키 신학대학 학장 취임식에서 학장직 상징 메달 전달 받는 요세프 흐로마드카

01 요세프 흐로마드카(중앙), J.B. 예쉬케, [1954]

02 1970년 1월 4일 비노흐라디 교회에서 열린 흐로마드카 장례예식. 왼쪽 1열 문화부 교회 관련국 국장 카렐 흐루자, 문화부 장관 미로슬라브 브루제크 박사. 흰색목회자가운은 슬레스카 개혁교회 비숍이며 체코교회협의회 회장인 이르지 치모레크.

03 1968년 12월 1일 프라하 스예즈도비 팔라츠에서 열린 체코형제복음교회 50주년 기념식에서 강연하는 흐로마드카

04 1938년 신학교 교수와 학생들. 앞쪽 중앙 흐레이사, 질카, 흐로마드카, 베드나르즈, 차페크

01 코멘스키 신학대학 학장 흐로마드카와 신학대학 총무 보후슬라브 포스피실

02 1946년 미국에서 고국을 방문한 흐로마드카가 흐라데츠 크랄로베에서 열린 '개혁교회사역'(키르켄탁) 컨퍼런스에서 강연, 강연석 뒷편 의장단 책상 왼쪽부터 총회장 빅토르 하예크, 펠라르 박사, Dr. G. Eiderna

03 후스 개혁신학대학 교수들과 학생들, 아래 왼쪽부터 바르토시 교수(두번째) 그리고 오른쪽 프란티세크 베드나르즈, 흐로마드카, 헤르디난드 흐레이사 교수들

04 1918–1921년 쇼노프교회 목회시절 흐로마드카 모습

01 1918년 12월 17일 화요일 오전 9시, 프라하 오베츠니 둠의 스메타나홀에서 체코개혁파들이 총회로 모여 현재의 '체코형제복음교회'로 통합한다. 이 통합에 젊은목회자 흐로마드카의 역할이 컸다.

02 1964년 6월 프라하 베들레헴 채플에서 열린 제2차 범기독교평화컨퍼런스 총회 개회예배

03 1954년 4월 1일 헤센-나사우 주교회 의장 마르틴 니묄러 부부 체코형제복음교회 총회 방문 총회장 빅토르 하이크와 흐로마드카와의 회의

요세프 L. 흐로마드카 연표

1889년	6월 8일 호드슬라비체에서 태어남
1907-1912년	비엔나, 바젤, 하이델베르크, 에버딘에서 신학 공부
1912년	루터 개혁교회에서 안수
1912-1916년	프세틴 교회에서 보조 목회자로 목회활동
1916-1918년	프라하 살바토르 교회에서 보조 목회자로 목회활동 하며 프라하 카렐대학교 인문대학에서 학업
1918-1922년	체코형제복음교회 (루터 칼빈 형제 개혁교회들의 통합) 쇼노프 교회 목사
1920년	프라하 카렐대학교 인문대학 박사학위
1920년	프라하 후스 개혁신학대학 조직신학 교수임용 논문
1928년	교수임명
1928-1929년	인도 방문 마하트마 간디 만남
1934년	독일 고백교회와 바르멘 신학선언에 대한 기고
1935년	칼 바르트의 체코 미슬리보르지체에서 열린 목회자 컨퍼런스 방문
1936년	스페인 공화국 지원 펠로우십 위원회 위원
1937년	옥스포드에서 열린 교회와 국가에 대한 컨퍼런스 참석
1938년	뮌헨협정 직전 1938년 9월 19일 칼 바르트 편지 수령
1939년	제네바와 파리 경유 미국 망명
1939-1947년	프린스턴신학대학 교수 (초창기에 동시에 뉴욕 유니온신학대학 교수활동)
1947년	프라하 귀국
1948년	WCC 제1차 총회 강연, 중앙위원회 위원 선출 1968년까지 활동
1950년	프라하 코메니우스 개혁신학대학 개편
1950-1966년	프라하 코메니우스 개혁신학대학 학장
1952년	룬드에서 열린 WCC 신앙과 직제 컨퍼런스 강연
1954년	WCC 제2차 에반스톤 총회 강연, 뉴질랜드와 오스트리아 방문
1956년	중국 방문
1958년	레닌상 수상
1958년	6월 프라하에서 기독교평화컨퍼런스 설립

1961년	제1차 범기독교평화총회 프라하에서 개최
1961년	WCC 뉴델리 제3차 총회 참석
1962년	오스트리아 그라츠에서 열린 세계기독학생연맹 유럽 컨퍼런스 강연
1963년	일본 방문
1964년	프라하에서 제2차 범기독교평화회의 개최
1968년	WCC 웁살라 제4차 총회 참석
1968년	8월 22일 프라하의 봄
1969년	프라하에서 80세 생일 축하연
1969년	기독교평화컨퍼런스 회장직 사임
1969년	12월 26일 죽음

명예박사

1946년	오하이오 우스터대학
1947년	펜실베니아 베들레헴 모라비안신학대학
1947년	미국 프린스턴대학
1948년	영국 에버딘대학
1952년	폴란드 바르샤바대학
1953년	헝가리 데브레첸 신학 아카데미
1959년	독일 베를린 훔볼트대학교 신학대학

한국 독자들에게

이미 고인이 된 나의 선배이자 동료인 요세프 스몰리크 교수가 쓴 우리들의 선생인 흐로마드카의 삶과 활동을 한국 독자들에게 소개하게 되어 매우 기쁘다. 왜냐하면 흐로마드카는 우리 시대의 근본적인 질문의 방향을 찾으려고 할 때마다 돌아가야 할 체코 사회 역사에서 몇 안 되는 인물에 속하기 때문이다. 양차 세계대전 기간에 그의 신학 사상, 교사와 설교자의 활동, 저술과 잡지 발간은 교회의 삶과 체코 에큐메니즘은 물론 일반 여론에도 크게 영향을 끼쳤다.

우리 개혁신학대학과 교회와 일반 대중 사회의 젊은 학생들 세대 사이에서, 교사 세대들 사이에서 그리고 흐로마드카의 전후 활동들 세대, 특히 기독교 평화 컨퍼런스의 대의원들로 활동한 세대들 사이에서 매우 곤혹스러운 곤란함이 있지만, 근본적으로 교회의 삶과 에큐메니칼 공동체를 위한 흐로마드카의 사상적 그리고 정신적 기여를 우리들 그 누구도 평가절하할 수 없다.

만약에 교회의 삶과 전체 에큐메니칼 공동체를 위한 기여에 대해 말하려면, 흐로마드카가 올바른 증언과 갱신을 쉼 없이 노력했던 자신이 속한 교회의 삶과의 밀접한 관련성 안에서만 설명 될 수 있다는 사실을 나는 언급하지 않을 수 없다. 신학자는 그리스도 복음을 요구하는 공동체의 삶과 함께 가장 내적인 결합과 연결되어 있음을 흐로마드카는 알았다. 1920년대 초에 바르트 계열로, 즉 위기의 신학으로의 변경은 교회 공동체에 대한 책임을 그에게 더 강하게 하였다. 신학자는 본질적인 이유로 교회의 실존과 연결되어 있는 것처럼 신학 활동은 교회의 자기 반추의 도구가 아닌가! 이것은 흐로마드카에게는 분명하였다.

신학자는 선포와 교회의 가르침과 삶의 순수함을 지키는 비판적 파수병이다. 교회 공동체와 신학자의 이러한 기본적 연대감에서 두 가지 양상이 전면에 나타난다. 연대와 거리 둠, 통제와 자유의 변증법적 통합이 중요하다. 자유는 신학자가 자신의 섬김을 교회에게 영향력 있게 실행하기 위해 그가 보호해야만 하는 모티브이다. 이러한 지상(至上)의 과제를 잘 수행하는 것은 흐로마드카에게 언제나 새롭고 필수적인 결정이었다.

이 책을 통해 한국독자들이 '교회와 세계'의 요세프 루클 흐로마드카의 신학적 관점을 이해하고, 그리스도의 진리의 복음을 세상에 증언하는 에큐메니칼 공동체로 함께 세워질 수 있기를 소망한다.

야쿱 트로얀(Prof. ThDr. Ing. Jakub S. Trojan)
전 프라하 카렐대학교 개혁신학대학 학장

차례

일러두기

본서의 1부는 원본에 해당하는 스몰리크 박사의 저서를 번역, 수록하였고, 여기에 원서에는 없지만 흐로마드카의 사상을 소개하기 위해 그가 쓴 "무신론자를 위한 복음"을 2부에 수록하였다. 그리고 부록에 흐로마드카의 딸 알레나 지크문도바의 글을 첨부하였다.

각주에는 저자주와 역자주가 혼재해 있다. 단, 구분을 위해 역자주의 경우에만 주석 마지막 부분에 "(역자주)"라고 표기하였다.

추천의 글

요세프 루클 흐로마드카(Josef Lukl Hromádka, 1889-1969)는 전쟁으로 야기된 위기의 시대에 세계 신학계에 이름을 남긴 체코 신학자입니다. 그는 오스트리아-헝가리 제국 하에서 출생하여, 체코슬로바키아 독립 과정을 경험하였고, 오스트리아, 스위스, 독일, 스코틀랜드 그리고 프라하에서 다양한 신학적 경험을 쌓았습니다. 그리고 결정적으로 나치의 시대에 미국으로 망명하여, 프린스턴신학교 교수를 지냈습니다. 다양한 신학적 경험을 쌓은 흐로마드카는 전쟁에 끝나고 1947년 프라하로 돌아와 체코 신학의 새로운 지평을 열었고, 사회주의 속의 기독교 역할에 대하여 분명한 입장을 내놓았습니다.

우리에게 알려진 현대 신학자들은 대부분 미국과 독일의 신학자들입니다. 영국과 네덜란드 그리고 북유럽을 포함시키더라도 모두가 다 서방의 신학자들뿐입니다. 종교개혁의 유산 가운데에서 체코와 헝가리가 차지하는 부분이 매우 큰데도 말입니다. 이유는 냉전시대 동유럽의 사회주의와 기독교의 투쟁 때문입니다. 하지만 흐로마드카의 생각은 독특했습니다.

'공산주의 국가 아래에 기독교가 존재할 수 있을까?'라는 질문에 대한 "강요된" 정답은 "가짜 교회는 가능하다"입니다. 만일 "공산주의 국가인 체코에 흐로마드카가 없었더라면, 어떤 일이 벌어졌을까?"라고 질문해보면 어떻습니까? 그랬다면, 체코와 동유럽의 기독교는 그 정신과 뿌리조차 말라버렸을 것이 분명합니다. 예를 들어 사회주의 동독 기독교 아래에서 마르틴 루터에 관련된 엄청난 자료집과 저작물들이 나왔습니다. 그렇다면, 비록 이념은 달라도 기독교는 기독교입니다.

호로마드카는 이렇게 말합니다. "만약에 교회들이 확고하게 복음에 서있다면, 어떤 것도 두려워할 필요가 없다"고 말입니다. 무신론적인 사회주의 국가 안에서도, 반대로 반공산주의적인 기독교 국가 안에서도 확고한 복음이 신앙의 토대라는 사실은 변하지 않습니다. 그러니 우리가 예수 그리스도의 편에 서야지, 반대로 예수를 자기편으로 끌어들이려고 하면 안 됩니다. 그래서 서방 세계의 정치권은 공산주의를 대적하면서 기독교를 정치적으로 끌어들였습니다. 하지만 호로마드카는 인간이 서로를 향한 대척점에 섰을 때에 예수를 협력자라고 생각한다면, 먼저 자기 확신을 의심하라고 말합니다. 진정한 그리스도의 공동체를 유지하는 것은 외부의 지원이나 권력의 보장에 의존하는 것이 아니라, 오직 하나님의 말씀의 능력뿐이라는 것입니다.

냉전시대에 열린 세계교회협의회에서조차 동구권의 기독교 대표들은 공격의 대상이 되었습니다. 그리고 호로마드카는 자신이 소련의 간첩으로 오해되었다는 것도 알고 있었습니다. 호로마드카의 관점에서 보면, 냉전을 이용하여 기독교의 거룩성을 내세우는 서방식 발언이나, 냉전의 포로 아래에서 자신의 사상을 자유롭게 드러내지 못하는 동유럽의 신학자 모두가 해방되어야 할 과제를 안고 있습니다. 비록 호로마드카의 생애와 사상에 대한 다양한 평가와 입장이 있다고 하더라도, 서방의 경험과 신학 일변도인 우리의 기독교적 경험에 던진 호로마드카의 예언자적인 삶은 우리의 경험의 지평을 충분히 넓혀 줄 것입니다.

요세프 스몰리크 박사의 저술을 체코어로부터 직접 번역한 이종실 목사님의 노고는 감동적인 선교적 결실입니다. 특히 제2부에 수록한 호로마드카의 "무신론자를 위한 복음" 전문 번역은 사회주의 국가 속에서 복음의 역할이 무엇인지 깊이 생각하게 하는 글입니다. 중국과 북한 선교에 관심 있는 한국의 크리스천 독자들에게 그리고 화해와 평화를 향하여 가는 한반도의 정치적 상황 속에서 진정한 복음의 가치를 추구하는 모든 이들에게 호로마드카의 삶과 사상은 많은 깨달음을 줄 것입니다.

반세기 동안 동유럽 체코에서 선교사로 살면서 보고 듣고 경험한 모든 것을 신학적으로 풀어내려고 수고한 이종실 목사님께 한없는 존경과 사랑을 보냅니다. 이 책 덕분에 독자들은 신앙적, 신학적 지평을 넓혀가게 될 것을 기대하면서 진심으로 일독을 권합니다.

홍지훈 교수

(호남신학대학교, 종교개혁사 전공)

옮긴이의 글

이 책은 흐로마드카의 제자 요세프 스몰리크 교수가 흐로마드카의 탄생 100주년이었던 1989년 벨벳혁명이 일어날 무렵 쓴 스승의 전기를 번역한 것이다. 흐로마드카는 1980년대 후반 우리나라에서 있었던 제3세계 신학과 통일신학 논의에서 '마르크스주의자와 크리스천과의 대화에 노력한 동유럽 신학자'로서 그리고 2013년 세계교회협의회(WCC) 부산총회 때 WCC반대운동의 주장 가운데 하나로 'WCC의 용공주의'였는데, 그와 관련된 시위용 손팻말에 그의 이름이 등장하기도 했다. 흐로마드카의 신학은 스위스 바젤대학교 총장이었으며, 체코 신학자로서 흐로마드카 제자였던 로흐만(Jan Milič Lochman) 박사의 한국 제자들의 논문과 저서 및 강연을 통해 최근에 보다 깊이 있게 한국에 소개되었다. 여전히 일반적으로 한국에서는 그의 신학이, 신학자로서 자신의 시대 과제에 대해 고뇌에 찬 신학적 응답과 씨름을 했던 한 인간에 대한 관심 없이, 단지 '마르크스주의자와 크리스천과의 대화자' 또는 '용공주의자'로만 단편적으로 소개되고 있다.

그의 이름은 우리나라에서 '로마드카'로 불리고 있다. 아마도 그의 이름(성) 'Hromádka'의 첫 번째 철자 'H'를 묵음으로 한 영어 발음에서 유래된 것 같다. 국립국어원에 따른 한글 표기, 체코어 외래표기법에 의하면 그의 이름은 '요세프 루클 흐로마드카'(Josef Lukl Hromádka)이다. '요세프'는 이름이고 '흐로마드카'는 성이다. 그리고 '루클'은 결혼 후 부인의 성을 따른 것이다. 결혼한 남자가 부인의 이름을 함께 사용하는 것은 당시 체코슬로바키아 1공화국의 유행이었다(이 책에 나오는 모든 체코어 인명과 지명도 국립국어원 외래어 표기법에 따라 사용하였다).

"신실한 하나님의 증언자의 기억과 유산은 우리 교회와 신학대학에 언제나 축복이 될 것이다." 이 말은 1969년 12월 26일 흐로마드카가 죽고 난 며칠 뒤인 새해 1월 4일 장례예식에서 그가 교수와 학장으로 일했던 당시 신학대학의 학장과 그가 속한 체코형제복음교단 총회장의 조사였다. 그들의 조사는 단순한 미사여구가 아니었다. 제2차 세계대전 이후 체코슬로바키아 기독교계에서 흐로마드카는 거대한 높은 봉우리였다. 그를 설명하는 많은 단어들이 있다. 신학자, 교회학자, 에큐메니안, 평화주의자, 윤리학자, 목회자, 교사, 설교자, 사상가, 예언자 등등이다. 흐로마드카의 제자이자 목회자이며 신학자로서 "77 대헌장"의 초기 서명자 가운데 한사람이었던 트로얀(Jakub Schwarz Trojan) 교수는 변혁의 기운이 절정에 달했던 1989년 여름 체코형제복음교회 전국청년연합회 강연에서 "우리는 흐로마드카를 회피하거나 우회한 채 우리 교회의 미래를 논의 할 수 없다"라고 말하였다. 그러나 그가 고인이 된지 벌써 반세기가 흘렀지만 흐로마드카는 체코교회와 신학대학의 축복이 되지 않고 있다. 심지어 그를 우회하려는 시도조차 없이, 철저히 그에 대해 침묵하고 있다. 세계 교회의 차원에서도 그의 신학적 실천적 기여만큼 그의 목소리는 들리지 않고 있다. 그 이유는 그의 신학과 실천에 대한 평가가 매우 극단적으로 갈리기 때문이다.

최근 5년 동안 프라하 카렐대학교 개혁신학대학에서 흐로마드카에 대한 중요한 리서치 프로젝트를 진행하였다. 리서치라는 학술 프로젝트의 이름으로 진행하였지만, 흐로마드카가 공산주의 정권과 협력한 실체를 규명하는 결정적인 문서를 찾는 사실상 조사에 가까웠고,

실제로 프로젝트는 이것이 가장 우선되는 중요한 목적임을 밝혔다. 이를 위해 지금까지 리서치에 사용된 적이 없는 흐로마드카와 관련된 중요한 고문서, 전 세계 신학자와 교회 지도자들은 물론 체코 교회 내 교인들 간에 교류했던 개인 서신과 메모를 발굴하여 공산 블럭의 정권들과의 협력의 증거를 찾아내는 일에 주력하였다. 그러나 5년간의 리서치는 흐로마드카가 비밀경찰이거나 협력자라는 결정적 증거를 어디에서도 찾지 못하였다. 이 리서치는 2015년에 흐로마드카의 신학과 실천에 대한 비판적 연구결과의 논문을 약400쪽의 단행본(피터 모레·이르지 피슈쿨라 공저, 『가장 급진적인 교회 예언자: 1945-1969년 개혁교회와 요세프 루클 흐로마드카』)으로 출판하였다.

그의 신학과 실천에 대한 연구는 —자기 교회 청년들을 향한 야쿱 트로얀의 언급처럼— 21세기 체코뿐 아니라, 이 책의 출판을 준비할 무렵 급변하는 한반도 상황에 직면한 한국 개신교회들에게도 "회피하거나 우회할 수 없는" 선택이 되어가고 있는 것 같다. 동유럽은 물론 체코 사회의 냉전 이전의 정치·사회 체제가 붕괴되어 그의 신앙유산이 오늘날에 이미 유효하지 않을 것 같지만, 역자는 역사적인 벨벳혁명이 일어나 하루아침에 세상이 바뀌어도 50년간의 사회주의 체제 아래서 형성된 인간의 의식과 문화가 자동적으로 바뀌는 것이 아님을 지난 4반세기 체코 사회의 변혁의 시기에 이민자로 살아가면서 목격하였다. 한 예로 교회와 국가의 관계에서 교회 재산 국유화로 인한 교회 재정에 관한 1948년 법은 무려 1989년 혁명 이후 4반세기가 지난 2013년이 되어서야 비로소 '교회 재산 반환과 보상법'이 의회에서 통과되어, 교회가 국가로부터 완전히 독립되는 발판을 마련하게 되었다. 이 논의의 과정은 자유민주주의와 자본주의의 경쟁체제로 바뀌었을지라도, 이전의 사회주의의 반기독교 의식은 체코사회 속에 그대로 존속 되고 있음을 잘 보여주었다. 냉전시대의 '혁명적 무신론'은 냉전 해체 이후 더 이상 유효하지 않겠지만, 기독교 교회는 여전히 주위에 인간의 심연의 문제를 무신론적으로 접근하는 철학, 세계관과 만나게 된다. 만약 교회가 그들의 세계관을 이해하고 그들의 관점에서 복음을 증언하는 길을 찾기를 원한다면, 흐로마드카의 신앙유산은 교회의 선교에 많은 상상력을 불러일으키게 될 것이다.

스몰리크 교수의 흐로마드카 전기는 흐로마드카의 삶과 실천 전체를 관망할 수 있도록 매핑(mapping)하여 그에 대한 연구의 길로 안내하는 길잡이 역할을 할 뿐이다. 한국 독자들이 그의 신학에 대한 관심을 더 가질 수 있도록, 흐로마드카의 "무신론자를 위한 복음"을 II부에 첨부하였고, 그의 저작 목록을 영어와 독일어를 중심으로 정리하였다. 흐로마드카는 "무신론자를 위한 복음"을 체코슬로바키아 공산정권의 반대로 체코어로 체코슬로바키아 내에서 출판을 하지 못하고 1958년 서베를린에서 칼 바르트의 비판적 서평을 포함하여 "언더웨이 서클"(Unterwergs Kreis) 여섯 번째 시리즈로 독일어로 출판하였다. 이 후 영어를 비롯한 유럽의 거의 모든 나라의 언어로 번역되었고, 체코어 번역은 1990년에 흐로마드카의 제자이자 세계개혁교회연맹(현재 세계개혁교회커뮤니온) 총무 밀란 오포첸스키(Milan Opočenský)에 의해 출판된다. 역자는 밀란 오포첸스키의 체코어 번역을 한국어로 번역하였다. 사실 흐로마드카의 "무신론자를 위한 복음" 독일어 원서는 "무신론자를 위한 복음", "흐로마드카의 설교", "흐로마드카가 바르트에게 보낸 서신" 그리고 "칼 바르트의 후기"로 구성되어 있다. 이 가운데 "무신론자를 위한 복음"만이 체코어로 번역되었다. 아쉽게 칼 바르트의 후기는 체코어로 번역되지 않았지만, 독자들을 위해 이 책의 추천자이자 호남신학대학교 종교개혁사 교수인 홍지훈 박사께서 독일어를 한글로 번역해 주었다.

20세기 냉전시대 때 철의 장막 반대편에서 우리들이 전혀 상상할 수 없었던 그의 신앙유산을 우리가 바르게 다루기 위해, 단지 그의 신학적 결론만이 아닌 그러한 결론에 이르게 한 그의 일생을 더듬어 보는 것이 필요할 것이다. 우리가 느낄 수도, 알 수도 없었던 장막 반대편 진영의 공간 속에서 살아간 한 인간이 전혀 가보지 않은 길을 걸어가는 두려움, 불확신, 좌절을 딛고 일어설 수 있었던 배경에, 복음의 음성에 순종하려는 체코 종교개혁 전통이 뿌리 깊게 자리 잡고 있는 것을 발견하게 될 것이다.

이미 고인이 되신 저자 요세프 스몰리크 교수를 대신해서 출판을 흔쾌히 허락해주신 그의 따님이신 체코형제복음교회 에바 쇼르모바(Eva Šormová) 목사, 한국 독자들을 위해 서문을 써주신 프라하 카렐대학교 개혁신학대학 전학장이시며 흐로마드카의 제자인 야쿱 트로얀 교수 그리고 한국독자들을 위해 아버지에 대한 짧은 회고록을 정리해주신 흐로마드카의 따님 알레나 지크문도바(Alena Zikmundova), 관련 사진을 찾는데 도움을 준 체코형제복음교회 고문서 리서치실 책임자 아델라 슈밀라우에로바(Adéla Šmilauerová) 박사와 기록 보관자 벤둘라 제이파르토바(Vendula Zejfartová) 자매 그리고 개인 소장 사진을 제공해주고 흐로마드카의 저작 목록 작성에 도움을 준 파벨 오테르(Pavel Otter) 목사에게 감사를 드린다.

번역전문가나 또는 신학자가 아닌 선교사로서 자신의 일터를 이해하기 위한 노력을 모국 교회와 나누려는 책무로 번역한 이 책을 추천해준 친구 홍지훈 교수에게 감사드리며 그리고 영국 버밍햄에서 짧은 유학시절 부터 선교사로 목사로 최선의 삶을 살아가도록 이끌어주신 한국기독교 인물연구소 소장 고무송 목사의 독후감에 감사드린다. 드라마 연출가와 문학가의 경륜에서 비롯된 수려한 문학적 감수성과 필체로 감칠맛 나게 기록된 독후감은 딱딱한 글에 내용도 생소할 독자들에게 흐로마드카에 대한 흥미와 관심을 불러일으키기에 부족함이 없다. 여전히 미진한 체코어 번역을 글의 뉘앙스까지 짚어주며 교정으로 도와주신 프라하 카렐대학교 한국학과 마르타 부슈코바(Marta Bušková) 교수께 감사한다. 무엇보다 한국 개신교회에게 생소한 신학자를 소개할 수 있도록 출판을 결심해준 동연의 김영호 대표께 진심으로 깊이 머리 숙여 감사드린다.

2018년 여름

체코에서

이종실

제 I 부

요세프 흐로마드카 전기

1장
서문

호로마드카에 대한 글을 1989년 11월 17일[1] 전에 인쇄소에 넘겼다. 벨벳혁명에 의해 체코슬로바키아에서 새롭게 열린 역사는 호로마드카의 노력을 약간 비판적으로 조명하지만, 나의 원고 내용을 변경하지 않았다. 호로마드카가 여러 가지 잘못이 있었음에도 불구하고 복음과 기독교 교회의 뿌리에 근거하였던 그의 노력은 오늘날에도 신앙유산으로서의 지속성을 갖고 있음을 나는 확신한다. 당시 추기경 토마쉐크(F. Tomášek)가 자신의 책『가톨릭주의와 기독교에 대한 투쟁』(*Katolicism a boj o křesťanství*, 1927)의 출판기념회에서 로마 가톨릭 교회에 대한 호로마드카의 긍정적인 평가를 기꺼이 받아들였다. 모든 에큐메니칼 진영과 국제 상황의 발전은 호로마드카의 희망이 옳았음을 입증하였다. 그는 이웃 독일과의 새로운 관계에 큰 역할을 하였다.

마사리크(T.G. Masaryk)의 영향으로 호로마드카는 사회적 문제에

1 이날 체코슬로바키아에서 비폭력으로 공산정권을 무너트린 소위 벨벳혁명이 일어났다. (역자주)

많은 관심을 갖게 되었다. 사회주의에 대한 흐로마드카의 태도는 인도주의적 입장에서 긍정적이었다. 그는 인간의 얼굴을 가진 사회주의를 의미 있게 받아들였다. 1948년 2월 혁명 이후 전체주의 체제로 발전해가는 소비에트연방의 경향에 대해 그리고 권력의 위험한 남용에 대해 그는 세계교회협의회(WCC) 창립회의에서 경고하였다. 1968년 8월 21일 소비에트 군대의 체코슬로바키아 침공에 대한 비망록에서 거친 항의와 왜곡된 사회주의에 대한 예리한 비판과 자신의 고통 등을 언급하였다(체코와 슬로바키아 독자들은 비망록을 「크리스천 리뷰*Křesťanská revue*」 1990년 2호에서 찾아볼 수 있다). 그러나 흐로마드카는 체코슬로바키아 민족과 교회를 위해 희망을 포기한 적이 없으며, 그 희망은 십자가에 죽으시고 부활하신 그리스도에 뿌리내리고 있다.

흐로마드카를 통해 1969년까지 '체코형제복음교회 목회자 평화부서'(Mírový odbor Českobratrské církve evangelické)와 '기독교평화컨퍼런스'(Křesťanská mírová konference)에서 만난 모든 분들께 이 책을 바친다. 원고를 읽어주고 많은 자료를 제공한 친구 오포첸스키(M. Opočenský)와 필리피(P. Filipi)에게 감사를 드린다.

1990년 1월

요세프 스몰리크(Josef Smolík)

2장
호드슬라비체(Hodslavice)교회와 흐로마드카 가족

요세프 루클 흐로마드카(Josef Lukl Hromádka)는 1889년 6월 13일 북동쪽 모라비아 지방에 있는 시골 호드슬라비체에서 태어났다. 호드슬라비체는 레오슈 야나체크(Leoš Janáček)의 고향 발라슈스코(Valašsko) 지방과 라슈스코 지방(Lašsko)의 경계선에 있다. 블라슈세크와 북동쪽 모라비아에서 종교개혁이 깊이 뿌리를 내렸다. 자료에 의하면, '형제단'(Jednota bratrská) 재건자 크리스티안 다비드(Kristián David)와 그 외의 사람들이 멀지않은 수흐돌(Suchdol)에서 헤른후트(Herrnhut)로 온 것이 그 증거이다. 폭력적인 반종교개혁이 발라슈세크에서 개혁 신앙을 제거하지 못하였다. 지하 개혁교도들은 자신의 전통 신앙을 지켰고 교회설립을 가능하게 하였던 1781년 10월 8일 관용의 칙령이 발표되자 바로 교회를 설립하였다.

호드슬라비체는 테신스케 슬레스코(Těšínské Slezsko)와 이웃하고 있는 모라비아 지방에 있다. 테신(Těšín)에 1709년부터 지하 개혁교도들에게 큰 의지가 되었던 '자비의 교회'[1]가 있었다. 이 교회로부터 경건주의 영향이 발라슈스코에까지 들어왔다. 호드슬라비체 교회는 개혁주의 의식이 매우 강하였다. 교회의 두 번째 목회자 얀 필레츠카(Jan Pilečka)가 반스카 슈티아브니체(Banská Štiavnice), 데브레친(Debrecín), 프레슈푸르크(Prešpurk)[2]에서 '관용의 칙령'(Toleranční patent)[3] 발표 이전에 신학을 공부한 것이 그 증거이다. 그래서 "모라

---

1 '자비의 교회': 체코와 폴란드 국경을 접하고 있는 지역을 '슬레즈스코'(Slezsko)라고 부른다. 이 지역에 두 나라의 국경을 마주하고 같은 이름의 두 도시가 있다. 폴란드 국경 쪽의 도시를 '테신'(Těšín)이라 하고 체코 국경 쪽을 '체스키 테신'(Český Těšín)이라고 부른다. 이 지역은 30년 전쟁 발발의 명분이면서 동시에 가장 큰 피해자가 된 체코 개혁파들에게 유일하게 의지할 수 있었던 곳 가운데 하나였다. 1621년 백산전투의 패배로 체코 종교개혁이 일어났던 보헤미아(체코) 모라비아 지역은 완전히 재가톨릭화로 상상할 수 없는 박해의 시기로 들어갔다. 그러나 이들 개혁파들이 숨어서 기댈 곳이 바로 모라비아 지역인 이곳은 현재 테신 도시가 있는 슬레즈스코 지역이었다. 백산전투의 개혁파 패배를 빌미로 덴마크가 개혁파 지지를 선언하며, 30년 전쟁에 뛰어들지만 사실 그 이면에는 독일 지역 내 자신들의 영향력을 확대하려는 의도였고, 그 의도가 전쟁의 패배로 무산되자 이를 대륙 진출의 기회로 삼아 스웨덴이 개혁파 지지로 전쟁에 뛰어든다. 1648년 30년전쟁은 베스트팔렌 평화협상으로 끝나지만, 스웨덴의 대륙 진출의 야망은 끝나지 않고, 발트해 지역의 주도권을 장악하기 위해 1700년에 소위 대북방전쟁을 일으킨다. 약 5년 후 스웨덴은 작센의 군주 아우구스트를 폴란드-리투아니아 왕위에서 끌어내리고 폴란드와의 전쟁을 종결하면서 1706년 9월 24일 알트란슈테트 조약체결 Treaty of Altranstädt을 하였다(이 전쟁은 1721년에 결국 스웨덴의 패배로 끝나면서 발트해 지역의 주도권을 러시아가 갖게 된다). 이 조약 체결에 따라 반종교개혁 아래 놓여 있었던 폴란드와 체코의 국경 지역에 개혁교도들을 위해 6개의 '자비의 교회' 또는 '평화의 교회'가 세워진다. 체코 개혁파의 형제단의 마지막 공동체가 파괴되어 자취를 감추게 되었을 때 이 '자비의 교회'는 체코 개혁파들에게 기댈 언덕이 되었다. 이들 지역의 개혁파들이 후에 폴란드-체코-독일 세 개의 국경이 접한 곳에서 멀지 않은 헤른후트의 진젠도르프에게로 다시 피신을 하여 그곳에서 형제단 공동체를 '모라비안 교회'로 재건하게 된다. (역자주)

2 프레슈푸르크는 지금의 슬로바키아 수도 브라티슬라바 이전 지명이다. (역자주)

3 '관용의 칙령': 1781년 10월 13일 오스트리아 군주이며 신성로마제국 황제 요세프 2세가 오스트리아-헝가리 제국 내 가톨릭 신앙고백 이외에 루터, 칼빈, 그리스 정교회 신앙고백을 제한적으로 허용하는 칙령이다. 즉, 첫째, 종탑이 있는 교회당 모습이 아닌 단순한 예배처소이어야 하고, 둘째, 예배 처소는 마을 밖에 두어야 하며, 셋째, 예배 처소의 입구는 길 반대편으로 만들어야 하며, 넷째, 그 지역 가톨릭교회의 지도를 받아야한다는

비아에서 모라비아 사람이 첫 번째 목회자가 되었다." 성만찬에서 가톨릭의 성찬용 빵인 전병(wafer)을 사용하지 않고 일반 식빵(흘레바)을 사용한 모라비아 전통에 매우 민감하였다. 1794년부터 교회에서 일하였고 1834년에 죽은 필레츠카의 뒤를 이어 그의 아들 얀 필레츠카 주니어가 목사가 되었다. 요세프 흐로마드카(Josef Hromádka)가 태어날 그 당시 호드슬라비체 교회에서는 얀 필레츠카 2세가 죽은 이후 뒤를 이어 슬로바키아 사람 안토닌 슈투르(Antonín Štúr)가 이미 6년째(1883년부터) 활동을 하고 있었다.

흐로마드카의 가문에는 1851년 교회 탑 설립과 관련된 이야기가 있다. 호드슬라비체 교회는 교회탑 건축을 시작한 첫 번째 교회가 되었다. 호드슬라비체 51번지에 살았던 요세프 흐로마드카는 교회 회계였다. 교수 요셉 흐로마드카와 그의 아버지 그리고 할아버지 모두 이름이 같았다. 호드슬라비체 51번지에 살았던 할아버지 요셉 흐로마드카는 교회 회계였다. 그의 아들이자 교수 요셉 흐로마드카의 아버지 요셉 흐로마드카는 교회의 대표 장로(kurátor)이며, 호드슬라비체 지방에서 그의 신실함을 보여준 지역단체장(이장, 里長)이었다.

교수 흐로마드카의 어머니는 팔라츠키(Palacký) 가문출신이었다. 이르지 팔라츠키(Jiří Palacký)는 얀 미할레츠(Jan Michalec)를 호드슬라비체 교회 첫 번째 설교자로 청빙하기 위해서 슈티아브니체로 떠났었다. 그런데 얀 미할레츠는 3년 후에 슬로바키아 트렌친 주, 성 마르틴 교회가 있는 투라니(Turany)로 떠났다. 이르지 팔라츠키는 1782년부터 교회 교사가 되었다(요세프 팔라츠키는 지방단체장인 이장里長이었다). 이르지 팔라츠키는 체코 후스와 형제단의 과거를 자신의 연구주제로 삼았던 체코 역사가 프란티셰크 팔라츠키(František Palacký)

규제였다. (역자주)

의 아버지였다. 프란티세크 팔라츠키는 1798년 6월 14일 호드슬라비체에서 태어났다. 그를 '민족의 아버지'라고 부른다. '보헤미아와 모라비아 체코 민족 역사'로 과학적 체계를 갖춘 체코 사료편찬을 하였고 동시에 19세기 정치적인 삶을 위한 체코민족의 국가법 프로그램에 기초를 제공하였다. 호로마드카 탄생 만 13년 전인 1876년 5월 26일 프라하에서 팔라츠키는 죽었다. 어린 시절과 청소년시절 호로마드카는 체코 역사의 큰 인물과 팔라츠키가 주장한 프로그램에 대한 경외심의 분위기가 있는 바로 그 곳에서 성장하였다. 그는 교수로서 팔라츠키 인물 연구를 하였다.[4] 호로마드카의 형제 자매로 얀(Jan), 보후슬라브(Bohuslav), 리드카(Lidka) 그리고 보제나(Božena)가 있었다.

호로마드카는 가족이 살았던 고향으로 언제나 돌아왔다. 호로마드카의 어머니는 1952년에, 아버지는 1955년에 나이가 들어 세상을 떠났다. 호로마드카는 매우 경건한 삶을 살았던 자신의 어머니를 기억하고 있다. 아들이 신학 공부를 결심하였을 때, 그 결정과 목회자 사명의 중요성을 일깨워주었던 어머니였다. 부모의 양쪽 가문에는 체코 종교개혁 전통이 있었다. 이 전통은 호드슬라비체 교회에도 있었다. 그런데 이 교회는 관용의 시대 때 루터의 신앙고백을 선택하였다. 교회가 오스트리아, 헝가리의 폴란드, 독일, 체코 루터교회 소속일지라도 배경에는 늘 체코의 종교개혁 전통이 있었다. 처음에 호드슬라비체 교회는 체코-독일 교회였다. 필레츠카는 독일 루터교인들에게 성만찬을 집례하였다.

호로마드카는 고향에서 다양한 민족을 만났던 기억을 자신의 자서전에서 회상한다. "나의 아주 어린 시절을 돌아보면 보헤미아보다는 슬라브 의식을 가졌던 추억이 있다. 폴란드인, 슬로바키아인 그리고

---

4 JLH., *Palackého osobnost a význam* (팔라츠키 인물과 의미), Praha, 1926.

체코인들이 나에게는 모두 하나였다."[5] 독일 민족과의 관계는 별도의 주제이다. 흐로마드카는 어린 시절에 독일 민족과 만났다. 도시 노비 이친(Nový Jičín)은 독일 민족의 요새였다. 그는 김나지움 시절에 다민족과의 만남을 통해 다양한 의식들을 만나게 된다. 이 만남은 그에게 의식의 확장을 가져와서 "슬라브 의식에서 보헤미아 의식으로의 변화"[6]가 일어났다. 그것은 반오스트리아 의식으로 발전되었다.

흐로마드카의 성장의 뿌리를 간단히 정리하면 다음과 같다: 체코 종교개혁 전통과 박해를 겪은 교회에 대한 사랑, 모든 종류의 교권주의와 폭력을 허락하는 신앙에 대한 반대, 후스파와 형제단의 전통을 민족 안에서 지켜나가며 뿌리를 더욱 깊게 내리는 사명감.

---

5 JLH., *Proč žiji?*(왜 사는가?) 77, *Pravda a život*(진리와 생명), Praha, 1968, 77-121.
6 위의 책, 78.

3장
고등학교 학업

1899년 발라슈스케 메지르지치(Valašské Meziříčí) 고등학교 입학으로 흐로마드카의 지적 지평이 넓어져 머리가 혼돈스럽게 되었다. 심지어 공부를 마칠 때는 내적 불확실성과 혼돈이 있었다. 모라비아의 아테네로 불리운 발라슈스케 메지르지치 고등학교에서 흐로마드카는 철학, 역사와 문학의 영역의 눈이 열렸고, 오스트리아-헝가리 제국 내의 비판적 흐름을 만나 유럽차원의 지평이 넓어졌다.

흐로마드카가 후에 몰락의 원인을 발견한 대게르만 민족주의의 정치로 인하여 19세기말에 제국은 심각한 위기에 빠진 상태였다. 음악분야에 스메타나(B. Smetana), 드보르작(A. Dvořák)이 그리고 정치분야에 팔라츠키(F. Palacký), 마사리크(T.G. Masaryk)들이 주장하고 있는 체코 민족부흥운동은 민족의 생존을 지키기 위한 노력에서 벗어나, 앞으로 전진 할 수 있었다. 제국 의회의 발라슈스코 지방 대표 의원이면서 체코대학의 교수인(1881년부터) 마사리크가 전면에 서 있었다. 마사리크는 로마 가톨릭교회를 떠나 개혁교회[1] 교인이 되어 어린 흐로마드카의 관심을 끌었다. 마사리크의 저술에서 흐로마드카는 구사회에 대한 신랄한 비판과 그리고 새로운 사상의 경향과 만났다.

마사리크 외에 흐로마드카에게 영향을 끼친 사람은 철학자 드르티나(F. Drtina)와 크레이치(F. Krejčí)였다. 그러나 흐로마드카는 특별히 문학과 역사에 관심이 있어서, 대학에 진학하여 문학과 역사를 공부하길 원했다. 그는 톨스토이, 도스토옙스키와 니이체의 책도 읽었다. 체코 작가들 가운데 마하르(J. S. Machar) 의 오스트리아-헝가리의 반동주의 정치에 대한 신랄한 비판이 흐로마드카의 관심을 끌었다.

고등학생인 흐로마드카가 접하고, 열심히 추종했던 이러한 새로운 사상들의 경향이 그의 생각과 가슴에 내적 혼란을 불러 일으켰다. 그가 호드슬라비체 교회와 개혁교도의 가정에서 받아들였던 전통을 새로운 사상의 경향에서 이해하기에는 아직 부족하였다.

당시에 "공적인 통치와 성직자 중심주의의 가톨릭"에 대해 반대로 돌아선 "반기독교적이고 반종교적인 반란"[2]이 그의 관심을 붙잡았다. 그러나 소수파 교회와 그 교회의 고난의 역사에 대한 사랑과 19세기 체코 개신교가 진보적이었던 현실이 그가 교회와의 관계에서 부정적이 되지 않도록 하였다.

굳어져버린 교회의 제도주의와의 투쟁을 보여준 진보주의, 계몽주의적 이성비판의 수용, 그리고 민주주의의 강조가 아마도 흐로마드카의 관심을 크게 끌었던 것 같다. 당시에 이미 사회적 질문에 관심을 갖기 시작하였음에도 불구하고 가족의 영향을 받은 그는 민족주의 분위기에 붙잡혀있었다. 19세기 말에 두개의 흐름 즉 민족적 경향과 사회적 경향이 어떻게 이미 분리되었는가를 인식하지 않을 수 없었다.

---

1 현재 체코형제복음교회(Českobratrská církev evangelická). (역자주)

2 위의 책. 79.

마사리크의 영향을 받았던 흐로마드카는 산업활동을 하던 많은 호드 슬라비체 주민들의 사회적 그리고 사회주의적 노력들에 관심을 가졌다. 그 모든 관심들이 문학과 역사를 공부하는 이유가 되었다. 그러다 갑자기 신학 공부를 결정하였다. 80세가 되어서도 흐로마드카는 "그렇게 갑자기 조건 없이 신학 공부를 결심하게 되었다"[3]라고 자신도 놀라워하고 있다.

3 위의 책. 79.

4장
신학 공부

호로마드카의 신학 공부 결정은 그의 친구 테오도르 칼렌다(Theodor Kalenda)와 관련이 있다. 칼렌다는 신학 공부를 비엔나와 본에서 마쳤다. 그는 유학을 떠나기 전에 호로마드카를 만나기 위해 발라슈스케 메지르지치 고등학교를 방문하였다. 호로마드카는 인생의 계획을 이야기하다가 자신의 혼란스러움을 그에게 털어놓았다. 칼렌다의 대답이 호로마드카에게 결정적이었다: "내 친구 칼렌다에게 나의 혼란스러움, 불확실함과 소원을 이야기 했을 때, 그는 단순한 질문을 하였다: 왜 신학을 공부해서 인생의 질문과 희망의 뿌리에 접근해보려고 하지 않니? 이 단순한 질문이 갑자기 나의 학문의 길을 결정하게 하였다. 체코 문학과 역사 공부에 대한 생각을 포기하고 신학을 결심하였다. 신학대학 입학 전에도 그리고 초기 신학생 시절에도 나는 신학은 성서신학과 교회신학 보다 종교철학일 것으로 생각했다."[1]

1907년 가을에 요세프 호로마드카는 비엔나신학대학을 선택하였

---

1 위의 책, 80.

다. 비엔나신학대학은 오스트리아-헝가리 제국의 루터교회와 장로교회 출신의 신학생들을 가르쳤다. 그 대학은 독일적 특성이 있어 체코 신학생들이 좋아하지 않았다. 그러나 체코 신학생들은 의무적으로 이 신학대학에서 두 학기를 공부하고, 동시에 대학과 교회의 시험을 비엔나의 교회 총회 임원회 앞에서 치러야 했다.[2] 앞에서 언급한대로 흐로마드카는 종교철학에 대한 관심을 가지고 비엔나신학대학에 왔으나 만족을 하지 못했다. 그가 고민했던 문제는 아직 대답을 찾지 못했지만 대학교 2학년 때 한 그의 첫 설교는 젊은 학생의 정신 상태를 잘 보여주고 있다. "친구들이여, 특별한 시대에 우리들은 살고 있습니다. 불안, 폭동, 분열, 불확실성의 시대, 신랄한 비판, 불만족, 파괴의 시대입니다. 정치적 혼란은 사회적 혼란에 비해 적지 않고, 철학적 질문들이 삶의 불안보다 적지 않게 우리의 생각을 차지하고 있습니다. 우리는 예수를 찾고 있습니다. 불행하게도 예수는 저울질 당하고 있고, 우리 시대의 혼돈을 만나 비판의 빛 아래 서있습니다…."[3]

"자살"이란 논문에서 사회학을 철학적인 방법으로 적용하여 철학의 새로운 방법론을 만들어낸 마사리크(T. G. Masaryk)는 1881년 '체코 카렐페르디난드대학교'(Česká univerzita Karlo-Ferdinadská) 설립 때부터 프라하의 인문학 대학에서 활동하였다.[4] 칸트(I. Kant), 괴테(J. W.

---

2 체코슬로바키아가 1918년 오스트리아-헝가리 제국으로부터 독립이 되기 전, 체코 개혁교회는 자신의 교회와 신학교를 자유롭게 세울 수 없었고 관용의 칙령의 범주 안에서 제한된 신앙의 자유를 누리던 시대였다. 교회 목회자들은 비엔나 신학교에서 교육을 받아야 했다. (역자주)

3 Archív Komenkého fakulty(코멘스키신학대학 고문서).

4 카렐대학교(Univerzita Karlová). 프라하에 위치하고 있어 일반적으로 '프라하대학교'라고도 부른다. 카렐대학교는 1348년 4월 7일에 체코 왕이자 신성로마황제였던 카렐 4세의 법령에 의해 알프스 산맥 북쪽과 파리의 동쪽에 위치한 첫 번째 대학교로 세워졌다. 볼로냐, 파리의 중세 유럽 대학들과 마찬가지로 신학, 자유문예, 법학과 의학의 4개의 대학이 있다. 이 대학교에 접근하기 쉬운 인근 중부유럽 지역과 동유럽 지역 출신들이 많았고, 체코 지역의 학생과 교사는 전체 20퍼센트 정도에 불과하였다. 그래서 학교

Goethe), 흄(D. Hume), 무셋(A. de Musset), 바이런(G. Byron), 도스토옙스키(F. M. Dostoyevsky)와 현대 소설가들을 분석한 종교적 위기 안에서 현대인의 위기의 본질을 봄으로써 마사리크는 젊은 흐로마드카에게 영향을 주었다. 포이에르바하적 경향에 대해 긍정주의자이며, 종교 없는 도덕을 위한 열정적 투쟁가이며, 선두적인 비엔나 철학자 프리드리흐 요들(Friedrich Jodl)은 흐로마드카에게 마사리크처럼 현대인의 위기를 발견하는데 도움을 주지 못하였다. 흐로마드카가 초반기에는 인문학 대학 강의에 참석하였지만, 철학적 질문들에 대한 개인적 연구에 집중하였다.

비엔나신학대학과 관련하여 먼저 언급하고, 다음으로 1909년에 그가 지나갔던 바젤신학대학에 대해 말하자면 흐로마드카의 기억 속

운영 위원회인 '동향단'이라는 대학교의 아카데미위원회에서도 체코 동향단의 영향은 1/3에 불과하였다. 카렐의 아들이며 계승자인 바츨라프 4세 때, 체코개혁파들의 주도로 '쿠트나호라 선언'으로 1409년 아카데미 위원회의 체코 회원의 입장을 강화시켰다. 이에 반발한 독일동향단 학자들이 대학교를 떠남으로써 대학교의 국제적 명성이 약화되고, 곧 이어 대학교의 총장이면서 사회적으로 강한 영향력을 갖고 있었던 얀 후스의 종교개혁으로 대학교는 지역 종교개혁 아카데미의 원형 같은 자유문예인문과학 대학으로 축소되었다. 17세기 초에 반 합스부르크 정치적 흐름의 영향 아래에서 첫 번째 전 유럽의 전쟁인 30년 전쟁(1618-1648) 초기에 체코 개혁파 지도자들의 전쟁 패배는 대학교의 근본적인 변화를 가져왔다. 승리한 신성로마 황제이자 체코왕인 페르디난드 3세는 1654년에 카렐대학교 교육을 클레멘티눔의 예수회 대학(1556년 시작)과 합쳐 카렐-페르디난드대학이라는 새로운 이름을 붙였다. 이 대학교 이름은 1918년까지 사용되어졌다. 이 대학교가 후스 시대 이전에 있었던 모든 4개의 대학을 복원하였으며 그리고 국가 교육 기관으로서 학자들과의 자유로운 협력을 발전시켜 나갔다. 그러나 요세프 2세 황제의 전제주의 통치의 개혁이 1880년에 이러한 과정을 종식시켰다. 대학 내에 내재되었던 독일과 체코 민족 간의 갈등이 표출되어 1882년 초에 '카렐-페르디난드 독일어 대학', '카렐-페르디난드 체코어 대학'으로 분리되어 각각 독일어와 체코어만을 그리고 라틴어를 공용으로 사용하며 학교 건물과 운영과 조직 일체를 별도로 하였다. 1918년 1차세계대전의 종식으로 체코슬로바키아가 오스트리아-헝가리 제국으로부터 독립하면서 대학교 이름이 '카렐대학교'로 환원 된다. 1939년 체코가 히틀러의 독일제국의 보호령이 되면서 '카렐독일어대학교'는 독일 제국의 대학교 연맹에 들어가게 된 후 결국 나치 제국의 멸망과 함께 소멸되고, '카렐체코어대학교'가 현재의 '카렐대학교'로 남게 된다. (역자주)

에 성서 신학 교수들은 있었지만 조직신학 교수들은 그에게 중요하지 않았다는 것이 특징이다. 흐로마드카는 심지어 신약전공에 대해서 몇 차례 숙고하였다. 종교 철학에서 성서신학으로의 변경은 분명히 당시에 유명한 교수들: 사도와 속사도시대에 대해 설명한 루돌프 크노프(Rudolf Knopf)와 구약학자 에른스트 셀린(Ernst Sellin)을 만난 것과 관련이 있다. 셀린이 비엔나에서 교수 활동을 마쳤을 때 흐로마드카가 비엔나에 왔다. 바젤에서 목사후보생으로서 일을 찾고 있었던 흐로마드카가 파울 베르레(Paul Wernle)에 대해 관심을 가졌다.[5] 흐로마드카는 성서 본문의 역사비평 방법에 관심을 가졌다. 당시에 그는 예수와 바울의 관계에 대한 질문에 진보적 접근을 하였다. 예수의 인물이 그를 끌어당겼고 동시에 바울은 매우 수동적으로 그에게 비추어졌다. 예수의 도덕적 요청들의 중요성과 내면적 압박을 사회 윤리의 관점으로 생각하였다. 그러나 베르레의 방법론은 이러한 관점들을 발전시켜주지 못하였다.

그러나 흐로마드카가 바젤에서 공부하는 동안 성서의 증언을 더 깊게 이해하게된 두 가지 계기가 있었다. 하나는 흐로마드카가 바젤의 구약학자 베른하르드 둠(Bernhard Duhm)을 만난 것이다. 그의 예언서와 시편 주석 강의를 흐로마드카는 수강하였다. 제2차세계대전 이후 강의에서 흐로마드카는 여러 차례 베른하르드 둠 교수의 영향에 대해 증언한다: "초창기 나의 신학적 수정시기를 생각하면, 언제나 나의 바젤 신학부 교수인 둠이 있다."[6] 둠은 흐로마드카에게 자신의 본문 비평을 가르쳤을 뿐 아니라 "성서의 증언자들의 과업은 그들의 삶

---

5 *Wernlův Ježiš v Kalichu* (베른레의 예수), 칼리흐, 1917/18, 26-29, 70n, 110-114.

6 JLH., *Přelom v protestantske theologii*(프로테스탄트 신학의 전환점), V. 쿠체라 그리고 M. 오포첸스키(vyd. V. Kučera a M. Opočensky), 프라하, 1957, 1979(2판), 35.

에 하나님의 실제적인 개입의 결과"[7]이며, "하나님과 인간 사이에서, 그리고 하나님과 이스라엘 민족과 세상 사이에서 일어난 사건"임을 끊임없이 언급하였다. 이러한 사건들에 대한 강조가 흐로마드카가 구체적인 종교적 표현들, 숭배와 예배에 대해서 그리고 이 사건들이 일어났던 교회에 대해 관심을 갖게 된 이유가 되었다. 바로 이들 사건들 안에서 자신의 해법을 찾을 수 있다는 확신이 그에게 점차 생겨났다.

흐로마드카의 기억에 생생하게 깊이 각인되었고 그리고 그의 신학 발전에 영향을 준 두 번째 계기는 죄에 대한 성서의 개념이었다. 교회 역사 세미나에서 하르나크(Harnack)의 교리사에 나오는 아우구스틴(Augustin)에 대한 해석을 읽은 것이 흐로마드카에게 "인간의 죄성과 무기력함의 심연"[8]을 바라보는 놀라운 관점에 도움이 되었다.

"신학적 수정"의 여정은 길었고 흐로마드카는 오랫동안 자유주의 신학에 몰두하였다.

1911년에 흐로마드카는 비엔나신학대학에서 4년간의 정규과정을 마치고 필기시험을 치른 뒤 하이델베르그로 공부하러 갔다. 하이델베르그에서 세 인물—에른스트 트뢸치(Ernst Troeltsch), 요하네스 바이스(Johannes Weiss), 빌헬름 빈델반트(Wilhelm Windelband)—이 그의 관심을 끌었다. 그들 가운데 에른스트 트뢸치가 그에게 가장 크게 영향을 끼쳤다. 그때부터 흐로마드카에게 조직신학이 주된 관심이 되었다. 트뢸치가 "기독교 교회와 공동체의 사회적 교훈 1912"(Soziallehren der christlichen Kirchen und Gruppen 1912)라는 권위 있는 저술을 탈고할 무렵, 흐로마드카가 트뢸치의 강의를 듣게 되었다. 흐로마드카가 마사리크 연구와 체코 프로테스탄트의 모든 진보적이고 계

7 *Proč žiji?*(왜 사는가?), 88.
8 위의 책, 81.

몽주의적 전통으로 부터 찾고자 하였던 것—모든 문화 영역(사회적인 관계, 법과 국가, 가족 그리고 개인적인 도덕성)의 문화생활에 대한 종교적 영향 분석—에 트뢸치가 응답하였다. 이러한 입장을 흐로마드카는 진보적이고 현대적이며 그리고 교리신학, 예배신학, 목회신학에만 집중하고 있는 전통적인 신학에 대한 건전한 비판으로 생각하였다. 트뢸치는 젊은 흐로마드카와 같은 질문을 하였고 그리고 심리적이고 사회학적 방법론의 차원에서 그 질문에 응답하였다. 흐로마드카는 이 연구 방법을 마사리크에게서 알게 되었고 그리고 제1차세계대전 말경 마사리크에 대해 논문을 썼을 때, 이 연구 방법의 효율성과 가능성을 믿었다.

트뢸치는 공공의 영역에서의 활동과 그리고 사회적이며 선교적인 활동을 기독교의 높은 새로운 시대적 표현으로 여겼고, 동시에 종교개혁을 중세시대의 사건으로 분류하였던, 앵글로색슨 기독교의 관심으로 오스트리아-헝가리 제국의 학생인 흐로마드카를 사로잡았다. 진보적인 체코의 정치적 특성과 더불어 흐로마드카가 지지하는 새로운 사회와 민주주의와 자유 그리고 사회문제 해결에 대한 관심이 앵글로색슨 기독교에 대한 트뢸치의 긍정적인 평가와 조우하였다. 트뢸치는 이러한 입장을 고수하였고 흐로마드카는 전쟁 이후에도 계속해서 오랫동안 그를 주목하였다.

목회 활동의 자격을 주는 실천신학 시험 후, 1911년 가을에 스코틀랜드로 떠나기로 한 젊은 신학도의 결정은 그의 연구 계획에 물론 완전히 맞아떨어졌다. 목회활동은 그의 목표였다. 공부하는 동안 성서신학 전공에 대해, 후에 조직신학 전공에 대한 관심은 있었지만 신학교 교수가 될 것은 한 번도 생각한 적이 없었다. 스코틀랜드로 가는 결정은 흐로마드카가 루터 신학도였기에 더욱 놀라운 일이었다. 체코

개혁교회는 스코틀랜드 자유교회(The Free Church of Scotland)와 전통적으로 활발한 관계를 맺고 있었고, 흐로마드카는 에버딘의 자유교회 신학교에서 공부하였다. "나는 교회가 매우 튼튼하고 그리고 교회와 신학 연구의 밀접한 관계를 가지고 있음을 느꼈다" 는 흐로마드카의 말에서 스코틀랜드에서 받은 영향이 분명하게 드러난다."[9]

소규모의 신학교, 낮은 학문의 수준이 처음에 흐로마드카를 실망시켰지만 교회에는 자유를 위한 투쟁의 시기에 비롯된 영적 흐름이 살아있었다. 비전과 선교를 불러일으키는 영이 있었다. 민감한 신학자 흐로마드카는 이전보다 더 강하게 "하나님의 통치와 사랑과 은혜의 비밀"을 체험하였다.[10]

흐로마드카의 선생들로 조직신학자 데이비드 케언즈(David S. Cairns)와 교회역사가 제임스 스토커(James Stalker)가 있었다. 케언즈는 살아있는 믿음과 신학을 연결하였다. 케언즈는 체코 개신교에 강한 영향을 끼쳤다. 스코틀랜드에서 다양한 차원의 사회적 문제에 대한 케언즈의 예민함이 흐로마드카에게 영향을 주었다.

흐로마드카는 "한편으로 관례적이고 부유하고 만족해하는 신자들 그리고 슬럼화된 모든 대도시에서 살고 있는 최악의, 표현할 수 없을 정도로 불쌍하고, 가난한 계층 사이의 커다란 시각 차이로 인한 내적 근심"[11]을 경험하였다. 가난한 자들과 고통받는 자들을 돕는 것으로서의 예수의 기적에 대한 케언즈의 해석에 흐로마드카는 깊은 감명을 받았다.

스코틀랜드 체류는 흐로마드카가 쇼노브(Šonov) 교회 목회자였을 때 그리고 유명한 개혁자 얀 카라피아트(Jan Karafiát)와 교제할 때 만

---

9 위의 책, 81.
10 위의 책, 83.
11 위의 책, 84.

났던 체코 관용의 개혁교회 시대에 살아있었던 부흥운동의 동기(動機)들을 더 깊게 발전시키는 계기가 되었다. 이 외에도 스코틀랜드 체류는 말씀의 권위에 대한 복종 안에서 개인적이며, 사회적인 높은 도덕적 요구를 수반하고 있는 유신론으로서 종교개혁 전통을 이해하였으며, 흐로마드카의 진보적 사상은 이러한 종교개혁 전통의 영역에서 점점 강화되었다.

애버딘(Aberdeen)에서의 흐로마드카 학업과 관련해서 스코틀랜드 신학자 로버트슨 스미스(Robertson Smith)를 지나쳐서는 안 된다. 그는 흐로마드카가 스코틀랜드에 체류하기 17년 전인 1894에 죽었다. 브리태니커 백과사전(Encylopedia Britannica)에 실린 그의 비평적 연구방법론을 성경본문에 적용한 논문으로 인하여, 구약학 연구실이 폐지되어 이미 1884년부터 애버딘에서 활동하지 않았다. 스미스를 둘러싼 모든 논쟁에 대한 반응은 의심할 여지없이 매우 강하였고 그리고 흐로마드카에게 영향을 주었다. 흐로마드카는 '소교리'를 저술할 때 커다란 도움을 주었다고 언급한 스코틀랜드 신학자들과 함께 스미스를 기억한다.[12]

---

12 JLH., *Evangelium na cestě za člověkem*(인간의 길을 위한 복음), Praha, 1958, 1986(2쇄), 294.

5장
교회 목회

흐로마드카는 외국 유학에서 영적 부요함을 가지고 돌아왔다. 그리고 그 영적 부요함을 자신이 이어받은 전통에 동화시키고 그리고 내적으로 통합하려고 노력하였다. 흐로마드카는 전체 삶에서 자신과 자신의 이력을 형성시킨 매우 많은 것을 체코 개혁전통으로부터 끌어냈다. 체코 종교개혁 전통은 흐로마드카에게 '아름다운 교회'에 대한 열망, 살아있는 공동체인 교회에 대한 열망과 종교 민주주의의 구체적인 형태가 유효할 폭넓은 민족 공동체에 대한 열망들을 품게 하였다. "어떻게 현대인은 건강하고 진실되게, 순박하게 도덕적으로 그리고 기쁘게 살 수 있으며, 어떻게 폭력과 거짓과 천박함이 없는 올바르고 존경할만한 사회를 만들 수 있을지"[1]에 대해 그는 질문하였다. 그의 이러한 시각에서 나온 생각을 실천하는 동안, 교회는 언제 어디에서도 정치권력의 형태가 되어서는 안 된다는 생각이 머리에서 떠나지 않았다. 체코 프로테스탄트의 고통의 경험들이 흐로마드카의 의식에

---

1 JLH., *Masarykova filosofie náboženství a předpoklady veecké dogmaticky* (마사리크의 종교철학과 과학적 도그마의 가설), Praha 1920, *Pravda a život* (진리와 삶), 13-55.

깊이 각인되었으며, 그의 경험은 헬치츠키(Chelčický)의 가르침과 관련하여 정치권력의 성직이 교회를 오용하는 것을 허락하지 않았다.[2] 흐로마드카에게 팔라츠키의 틀은 자신의 정신적 프로필에 영향을 끼친 체코종교개혁을 이해하는데 도움이 되었으며, 그것은 마사리크가 팔라츠키(Palacký)로부터 받아들였던 체코역사의 개념이었다. 체코민족부흥운동(České obrození)은 팔라츠키와 마사리크 모두가 인도주의적 이상의 토대를 발견하였던 형제단(Jednota bratrská)의 종교개혁전통과 밀접한 관련이 있다.

외국 유학은 흐로마드카에게 세계관과 학문적 발전을 더해 주었다. 많은 선생들 가운데 트뢸치가 그에게 가장 큰 영향을 주었고 흐로마드카는 현대 신학의 추종자로 그리고 교회기구와 정통주의에 대한 통렬한 비판자로 귀국하였다. 그는 내적 흥분과 즐거움에서 순수함과 삶의 종교를 찾았고, 종교심리학은 그를 매료시켰다.

그는 교회와의 관계가 쉽지 않았다. 앞에서 언급하였던 것처럼, 그는 고등학교 시절에 고난을 겪은 소수민족 교회에 대해 근본적으로 부정적인 입장을 가지고 있지 않았다. 학창시절에 권력구조와 연결되어 극심한 비판을 불러일으켰던 기관화된 교회를 알게 되었다. "교회들이 하나님의 이름으로 자신의 지도자들의 정치적 권력적 야망을 강화시키고 지원하였을 때"의 커다란 위험에 대해 그는 다음과 같이 경

---

2 페트르 헬치츠키(Petr Chelčický, 1390년 경-1460년). 사회사상가, 체코 종교개혁자. 후스종교개혁 초기에 프라하에 그리고 후에 그의 고향 헬치체에 거주하였고, 위클리프와 얀 후스에게 영향을 받았다. 시골 귀족 집안 출신이며, 사람은 농사를 통해 올바른 기독교인의 삶을 실천할 수 있다는 생각을 가졌었다. 봉건주의 사회체제와 성직자의 세속 권력 개입에 대해 비판을 하였으며, 종교전쟁 반대, 사형제도에 반대하며 교회와 사회를 래디컬하게 비판하였다. 교회의 세속 권력 반대하고 신자는 중개자 없이 직접 하나님과 소통함을 강조하였고, 신약성경의 가르침을 그대로 실천하려고 노력하였다. "영적전쟁"(1421년), "거룩한 교회"(1421년 이후)를 비롯한 많은 소책자 저술을 하였다. 그의 사상을 체코 형제단, 재세례파, 퀘이커, 밥티스트들이 받아들였다. (역자주).

고했다. "교회가, 만약 규율과 개혁이 없는 지도층을 섬기게 되면, 사악함의 종이 된다."[3]

그러나 다른 한편 스코틀랜드 학업에서 어느 정도 구 형제단의 개념과 일치하는 자유교회의 개혁교회 개념을 알게 되었으며 그것은 흐로마드카에게 깊은 인상을 남겼다. 이러한 흐로마드카의 종교개혁에 대한 개념은 교회 부흥에 대한 희망으로 이끌었다.

흐로마드카는 체코 교회가 자신의 올바른 사명과는 멀리 떨어져 있음을 알았다. "우리 시골에서 사회적인 격차가 생각했던 것보다 더 컸다: 부유한 지주와 가난한 시골농부와 차이가 너무 컸다. 그리고 가난한 시골 농부는 노동자들과 같이 앉아있길 원치 않는다. 도시에서는 시민 상류귀족들이 형성된다. 그것은 괴상한 것이다. 갱신된 교회는 완전히 형제의 정신으로 지체의 관계를 새롭게 만들어야한다. 그렇지 않으면 교회는 의미가 없다. 그리스도는 우리의 생명과 마음의 주인이 되어야 한다."[4]

흐로마드카가 종교를 교회와 분리시키는 표현들을 우리가 발견하였음에도 불구하고, 근본적으로 그는 언제나 긍정적인 종교, 예배의 식에서, 교회에서 나타나는 종교를 강조하고 있는 것도 우리는 알게 된다. 바르트와 비슷하게 설교단에 대한 흐로마드카의 강조는 그의 신학적 관심의 도구가 되었고 그리고 완전히 철학적 관심으로 빠지지 않도록 막아주었다고 말할 수 있다.

콜린(Kolín)교회 목사 카렐 야토(Karel Jatho)에 대한 논쟁과 관련된 흐로마드카의 글들과 그의 루터교회 비판이 교회당국의 경계심을 불러일으켜서, 흐로마드카의 교회봉사는 쉽게 승인이 나지 않았다.

---

3 JLH., *Luther a česká reformace v Kalichu* (성찬잔의 루터와 체코 종교개혁), 1917/18, 18-22, 62-67.

4 JLH., *Do nového roku v Evang. Církevníku* (개혁교회의 새로운 해에), 1918, 3.

콜린(Kolín)교회 목사 카렐 야토는 종교개혁의 전통적인 노선과는 다른 기독교 신비주의 개념에 빠져있었다. 그래서 그는 목사직을 박탈당하였다.

호로마드카는 야토를 제명시킨 교회 방식과는 단호하게 거리를 두었다. "왜 정통의 입장에서 이단성을 비난하지 않는가? 단지 교리적인 정확함을 지킨다면 자신 있게 잘못되었다고 할 수 있다. 얼마나 많은 정교회 신자들이 종교와 기독교의 영적 개념을 고양시키지 않으며, 또 심판, 참회, 세속성과 음란에 대한 구약적이고 예언자적이지 않은 신앙의 토대에 여전히 서있는가? 얼마나 많은 "구 신자들"(Starověrci)[5]에게 하나님은 평화의, 영적 기쁨의, 평안의, 사랑과 자비의 하나님이 아닌 일용할 필요, 양식과 음료의 하나님이셨는가?"[6]

1912년 9월 8일 호로마드카는 감독 글라이차르(O. Glajcar)에게서 목사 안수를 받고 그리고 인근 지역 프세틴(Vsetín) 지역의 노회장 빈클레르(G. Winkler)의 개인 보조 목회자가 된다. 프세틴의 예비 목회자인 호로마드카는 비엔나 학교에서 개혁교회 목회자들에게 큰 영향을 준 뵐(E. Böhl) 교수를 만났으며, 그는 당시에 뵐에 대해서 꼬집고 경멸하는 사람들 편에 섰다.[7] 자유주의의 강한 영향을 경계하여, 호로마드카는 1916년에 이렇게 질문 한다: "그리스도의 신성, 기적들, 성경 말씀의 상상력, 많은 교리적인 글들을 부인해도, 옛날 신앙고백을 거부해도…. 나는 크리스천이고, 그리스도의 제자인 것을 인정할 수 있겠는가?"[8]

---

5 구 신자들은 총주교 니콘의 개혁에 반대하여 러시아정교회로부터 분리되어 나와 protopoppa Avvakum의 지도 아래 모인 종교적, 사회적 운동체이며, 오늘날까지 이전의 예전을 실천하고 있다. (역자주)

6 JLH., *Cesty protestantského theologa* (dále jen CTP: 프로테스탄트 신학자의 길[이하 CTP]), Praha 1911, 26.

7 JLH., 프로테스탄트 신학의 전환점, 12.

'개혁의 목소리'(*Evangelický Hlas*)라는 잡지를 발간한 도시, 프세틴(Vsetín)에서 흐로마드카는 프라하 살바토르(Salvátor) 교회로 옮겨 페르디난드 흐레이사(Ferdinand Hrejsa) 감독의 보조 목회자가 되었다. 인문학부에서 공부하는 것과 감독의 보조 목회자(vikář)[9]로서 군복무를 피하는 소망과 공적 문제에 대한 관심 때문에 프라하로 이사하였다. 프라하 거주 기간(1916년 3월-1918년 3월 23일)은 집중적인 연구와 풍성한 기고활동(「개혁교도Evangelický církevník」, 「후스Hus」 등의 잡지)의 시기이다. 교회 책임으로부터는 상당히 자유로웠다(가끔 살바토르교회와 기도처였던 스미호프Smíchov와 베로운Beroun교회에서 설교를 하였고 학생들 지도와 성경공부를 인도하였다). 인문학부에서 크레이취(Krejčí) 교수와 차다(Čáda) 교수의 강의를 들었으며 박사학위 논문을 준비하였고 개혁교회 단체들(예로님Jeroným, 철학 단체 Fil. jednota, 개혁교회 재단 Evangelická matice)의 활동에 참가하였다. 그 당시의 그의 많은 논평들은 그가 열심히 연구한 증거이다. 적극적으로 그는 체코개혁교회들[10]의 일치를 위한 노력에 기여하였다. '관용의 칙령'(Toleranční patent) 이전에 이미 당시 오스트리아 제국의 영토에서 생존하였던 장로교회와 루터교회의 존재를 보헤미아와 모라비아 지역에서도 가능하게 하였다. 교회개혁을 주장하는 사람들 사이에 '형제단'(Jednota bratrská) 전통이 있었음에도 불구하고, 그들도 체코 민족주의에 대한 염려 때문에 '형제단'을 허락하지 않았다. 베를린에서 '형제단'은 체코장로교와 형제공동체(교회)들의 지원을 받았다. 1915

---

8 JLH., CTP 52.
9 보조 목회자(vikář): 지역 교회에서 목회 훈련과 실습을 받는 예비 목회자. (역자주)
10 체코 개혁교회들은 체코 종교개혁의 같은 뿌리를 가지고 있으면서 반종교개혁 시대에 형제 신앙고백, 루터 신앙고백, 칼빈 신앙고백의 세 개의 신앙고백 교회들이 존재하게 되었다. (역자주)

년 후스 기념일에 모습을 찾은 후스 전통(구시가 광장에 후스 동상 건립)과 연결되어 점차적으로 발전하던 민족의식이 "강제된" 두 신앙고백을 하나의 교회로 연합하려는 체코개혁교도들의 갈망을 강화시켰다. 호로마드카는 젊은 보조 목회자로서 이미 교회의 연합을 위한 노력에 열심히 참여하였다. 그는 스코틀랜드에서 장로교의 전통을 알았고 호드슬라비체 교회의 전통이 초기 형제단 전통에서 온 것임을 알았다. 그는 프라하에서 흐레이사(F. Hrejsa) 소우체크(J. Souček) 질카(F. Žilka) 등의 체코 프로테스탄트 교회 대표들의 활동에 합류하였다. 1917년 5월 16일 교회일치 회의 일정준비를 위해 '체코개혁교회들의 통합'[11] 문서를 준비하였다. 이미 이 문서에서 민족 프로그램과 체코형제단의 정체성과의 약간의 거리감을 볼 수 있다. 1918년 10월 28일 독립 이후 1918년 12월 17일, 18일 프라하에서 열린 체코개혁교도들의 총회에서 교회통합의 노력이 결실을 보게 되었다. 총회에서 매우 강하게 민족적 경향의 소리가 퍼졌다. 개혁주의는 체코민족의 대망과 연합되었다.

오스트리아와 헝가리 제국에서 교회기관을 권력의 목적을 위해 남용함으로 인하여 불경스럽게 된 교회의 개념이, 그리스도의 몸으로서의 교회를 아주 경시하는 신랄한 비판에 놓이게 된다. 자유주의적 개념이 강하게 지배하였으며 그리고 민족주의와의 연합을 가능하게 하였다. 호로마드카는 쇼노브 교회 목사로서 총회에 참석하였다.

총회에서의 그의 연설은 교회와 교회의 사명에 대한 깊은 이해를 증언하였다: "우리 교회는 종교적 삶의 성장을 위한 조직 그 이상이 되어야 한다. 하나님이 일하시는 것과 그리스도가 사람의 마음을 새

---

11 JLH., *Jednota Českých evanglických církví ve sborníku Snahy ceských evangelíků* (체코개혁교회들의 일치, 체코개혁교도들의 노력과 소망), Praha, 1917, 26-29.

롭게하는 것을 통해서 공동체가 되어야 한다."[12] 마지못해 깊은 영성으로 들어가거나 아예 싫어하는 것을 비판한 1919년의 논문 '체코 교회에 대한 항목'에서 그것을 구체화하고 있다.[13] 20년 이후 통합에 대한 비판적 의견을 썼다.[14]

흐로마드카는 어려서부터 체코 역사에 대한 관계를 자신의 것으로 흡수하였다. 유학은 유럽 신학자들과 교제할 기회가 되었다. 모라비아와 보헤미아로 돌아온 것이 그에게 체코 역사에 대한 관심을 다시 불러일으켰다. 역사적 인물 헬치츠키(Petr Chelčický)가 흐로마드카를 강하게 끌어당겼다. 페트르 헬치츠키는 체코 종교개혁 역사의 중요한 인물이었다. 그의 가르침은 형제단(Jednota bratrská)의 요람이 되었다. 헬치츠키는 봉건사회와 중세교회를 신랄하게 비판하였고, 초대교회로 돌아갈 것을 요구하였으며, 신앙의 폭력 사용과 교회가 권력과 결탁하는 것을 거부하였다.

팔라츠키(F. Palacký)가 헬치츠키의 의미를 강조하였다. 마사리크는 흐로마드카가 재미있게 읽었던(체코 문제, 얀 후스) 자신의 글에 헬치츠키를 열렬하게 인정한 글을 기고하였다. 마사리크는 헬치츠키에게서 "우리들이 갈망해야할 그러한 체코인"[15]을 보았다. 체코 형제단에 기초하고 있는 인도주의적인 이상은 헬치츠키와 매우 밀접하게 연결되었다. 1915년에 흐로마드카는 "헬치츠키와 체코 형제단의 기원"[16]에 대한 글을 썼다. 헬치츠키에게서 마사리크와 흐로마드카는

---

12 *Zpráva gen. synodu* 1918(총회 소식).

13 JLH., *Kapitoly o české církví*(체코 교회에 대한 챕터), *Za Pravdou* 1919, 35-37, 57-60, 78-81.

14 JLH., *Cesty českých evangeliku*(dále jen CČE, 체코 개혁교도들의 길)(이하 CČE), Praha 1934, 48n.

15 JLH., *Masaryk*, Praha 1930, 320.

16 JLH., *Chelčický a počátky Jednoty bratrské*(헬치츠키와 형제단의 기원), Ev. hlasy

신앙의 문제로 인한 폭력 사용의 거부와 모든 형태의 성직주의를 거부하는 것을 배웠다.

"체코종교개혁의 모습들"이 흐로마드카의 관심을 끌었다. 흐로마드카는 헬치츠키 외에 크로메르지시의 얀 밀리치(Jan Milíč z Kroměříže)라는 인물을 연구하였다. 시대에 앞선 새로운 공헌은 "개혁운동에서의 여성"[17]에 대한 그의 연구이다.

흐로마드카는 후에 후스신학대학의 교회사 교수인 페르디난드 흐레이사(Ferdinand Hrejsa)[18]의 보조 목회자였다. 흐레이사는 체코 신앙고백(보헤미아 신앙고백Česká konfese, 1575)[19]에 대한 폭넓은 연구로 16세기 보헤미아와 모라비아의 종교와 교회 역사 평가를 위한 기초를 놓았던 중요한 역사가였다. 흐로마드카는 오스트리아-헝가리 제국의 몰락과 종전이 가까워 질 수록 민족의식의 성장이 강화되면서 체코 역사에 대한 논쟁적 관심으로 형성되는 분위기를 만나게 된다. 16세기 체코 이종성찬주의의 긍정적인 종교적 가치를 보여줌으로써, 흐레이사의 활동이 이러한 자의식을 지지하였다. 흐로마드카는 보헤미아 신앙고백[20]을 추구하며 연구를 하였고, 후스파의 특징—그리스

1915, 114n.

17 JLH., Žena v opravném hnutí(개혁운동에서의 여성), Ev. hlasy 1915, 7n, 17n.

18 흐레이사(1867-1953), 1890년부터 체코개혁루터교회 목사, 1917년부터 감독, 1921-1932년 체코형제복음교회 초대 임원단의 부총회장, 1919-1937년 후스개혁신학부 교회사 교수 역임. (역자주)

19 체코 신앙고백: 라틴어로 보헤미아 신앙고백(Confessio Bohemica). 체코 개혁파인 후스주의의 온건파인 이종성찬파에 의해 1575년에 만들어졌으며 체코 영토 내 형제단과 루터 신앙고백 그룹과 칼빈 신앙고백 그룹 등 다른 개혁파 그룹들의 동의를 받았다. 이 신앙고백은 아우그스부르그 신앙고백을 토대로 작성되었고, 칭의의 주제는 루터 입장을 그리고 성만찬은 칼빈주의의 해석을 유지하였다. 이 신앙고백은 체코의 개혁파들에게 신앙의 자유를 허락한 황제 막시밀란 2세 통치 때, 처음에 구두로 공식 승인되었고, 후에 막시밀란의 아들이자 체코 왕이며 황제가 된 루돌프 2세가 1609년 마예스티 문서로 공식 승인을 한다. (역자주)

20 *Naše konfese 1575, Základy učení křesťanského* (우리의 신앙고백 1575, 기독교

도의 법 순종, 서로 사랑하기, 진리를 위한 십자가와 억압—을 형성한 그 신앙고백의 조항에 주목한다.

정부가 체코 민족의 손으로 다시 돌아올 것이라는 얀 아모스 코멘스키(J. A. Komenský; 라틴어 이름 Comenius 코메니우스)의 예언이 체코 국가의 회복으로 실현되었듯이, 그의 업적은 민족 안에서 살아있었다. 흐로마드카는 코멘스키에게서 구 형제단의 업적의 완성자를 보았다. 코멘스키와 형제단이 그리스도를 따르는 것에 대한 강조를 그는 높이 평가하였다.

흐로마드카는 체코종교개혁의 입장에서 루터파를 비판하였다.[21] 그는 루터파가 보수주의이며, 공공에 대해 소극적 관심을 가졌으며, 그리고 현실을 외면하는 정치권력과 지나친 우호관계에 빠진 것이 문제라고 지적하였다.

기초 교리), Praha 1961, 225-297.

21 JLH., *Žena v opravném hnutí* (개혁운동에서의 여성), Ev. hlasy 1915, 17n.

6장
마사리크의 영향

마사리크의 철학적 업적은 흐로마드카의 변함없는 연구적 관심의 주제였다. 마사리크는 이미 가장 중요한 업적인 그의 최근 연구, "러시아와 유럽"(*Rusko a Evropa*) 논문을 출판하였다. 흐로마드카는 다음과 같이 고백하였다: "현대 인간의 종교적 위기들에 대한 마사리크의 분석이 나를 매료시켰다. 괴테(Goethe)의『파우스트*Faust*』, 알프레드 드 뮈세(Alfred de Musset)로 부터 바이런(Byron), 레르몬토프(Lermontov)의 낭만주의를 거쳐 니체(Nietzsche)까지 잊을 수 없는 자료로 19세기 타이타니즘(거인주의 Titanism)에 대한 그의 연구가 체코 문학 안에 남아있다."[1]

현대인의 종교 욕구를 증명한 마사리크의 분석들이 흐로마드카를 사로잡았다. 그의 분석을 받아들였고 그리고 심리사회학적 분석의 같은 방법으로 마사리크를 극복하려고 하였다. 마사리크는 계시 종교,

---

1 *Proč žiji?* (왜 사는가?), 90.

구체적인 교회를 한쪽에 밀쳐두었고, 흐로마드카는 그것을 자신의 분석에 대입하고 마사리크 연구를 추월하려고 노력하였다. 신학 안에 이상뿐만 아니라 하나님과 인간간의 활동이 있다는 생각을 가지고 있는 둠(Duhm)과 그리고 위에서 내려오는 진리, 하나님과 사람들에 대한 섬김을 요청하는 진리에 대한 순종을 강조한 체코 철학자 에마누엘 라들(Emanuel Rádl)이 그에게 동시에 도움이 되었다.

흐로마드카는 마사리크 철학방법으로 마사리크를 극복하지 못하였다. 질문 앞에 머물러 서게 된다: "과학적이고 이념적인 사상과 그리고 완전히 문화적인 삶의 궁극적인 진리들이 되는 진리들을 깨닫는 것이 실제적으로 종교적인 전제들로 부터 가능한가? 궁극적인 종교적 실현이 헤겔 변증법의 제3의 명제인 합으로 가능한가? 그리스도는 과학적이고 철학적인 영역을 가지고 있는가?"[2] 이것이 "1918년 마사리크의 종교적 문제의 중심"[3]이라는 제목 아래 부분적으로 출판된 흐로마드카의 학위 논문의 기본 사상이다.

보조 목회자 흐로마드카의 삶의 이야기로 돌아가자. 흐로마드카는 짧은 기간이기는 하지만 오스트리아-헝가리 제국이 완전 붕괴되고 군대가 와해되었을 때인 제1차 세계대전의 마지막 달에 (1918년 3월 23일부터) 부코비나(Bukovina)[4]에서 군목으로 지냈다(1918년 11월 귀국). 브레스트 리토프스크 조약(Treaty of Brest-Litovsk)이후 러시아 포로들과 만났던 부코비나에서의 체류는 그에게 소비에트현실을 새롭게 알게 하였다. 부분적으로 이 만남을 위해 혁명서적과 마사리크의 저

---

2 JLH., *Masaryková filosofie* (마사리크의 철학), 47.

3 JLH., *Masaryková ústředmí otázka náboženská v Kalichu 1918/19* (1918/19년 마사리크의 성배의 종교적 문제의 중심), 365-388.

4 부코비나: 역사적 지명으로서 1775-1918년까지 오스트리아-헝가리 제국에 속하였으나 현재 루마니아와 우크라이나 국토로 각각 편입되었다. (역자주)

서 "러시아와 유럽"도 읽었다. 이 만남들은 그의 사회 문제에 대한 관심을 강화시켰다. 또한 갈리치아(우크라이나어: 할리치나), 동헝가리 그리고 부코비나에서의 체류는 그에게 깊은 감동을 주었기 때문에 흐로마드카는 78세 때에도 그 시절을 기억하였다:

> 오스트리아-헝가리 군대의 군목으로서 1918년 브레스트 리토프스크 조약 이후에 나는 포로송환자들과 대화하는 기회와 그리고 러시아 상황에 대한 그들의 단편적인 소식들을 비교하고 분석하는 기회를 가졌다. 남성들 대부분이 레닌에게 크게 호감을 갖지 않았으나, 그들의 말에서 나는 분명하게 볼세비키당이 새로운 어떤 계획을 세웠으며 그리고 잘 조직이 되어, 범죄자들과 황제군대들에 반대하는 새로운 질서를 위해 애를 쓰고 있으며 그리고 잔인함과 공포에 대한 비방들이 단지 볼세비키에게 의도적으로 쌓여져가고 있음을 알게 되었다.[5]

흐로마드카가 증언한 대로 은둔과 고립된 체류는 그에게 또 다른 의미를 갖는다: "신학적 원칙과 종교적 목적을 더 구체적으로 분석하는 기회를 가졌다. 나의 신학이 종교적으로 약하고, 논리적으로 사려 깊지 못한 것을 분명하게 인식하였다. 신학생으로서 그리고 젊은 목회자로서 나를 고민하게 한 것이 군 수용소에서 나를 꽉 붙잡아주었다. 언제나 소위 현대 신학을 선택하였고 그리고 연구기간에 현대신학과 함께 나의 부족함들을 인식하기 시작하였던 것을 기억한다."[6] 내적 혼란의 표현으로서 흐로마드카는 "예언자들에게로 돌아가자"[7]라

---

5 JLH., Říjnová revoluce v pohledu theologa (10월 혁명에 대한 신학자의 관점), *Křesťanská revue* (dále jen KR) (「크리스천 리뷰」. 이후 *KR*) 1967, 224.

6 JLH., CPT 57.

7 JLH., *Zpět k prorokům*(예언자들에게로 돌아가자), *Ev. Církevník*(개혁교회신문),

는 글을 썼고, 그 후에 "전환기에서"[8]라는 제목으로 출판을 다시하면서 의문부호를 달았다. 실제 전환기는 멀리 있지 않았다. 나중에 흐로마드카는 자신의 신학적 변화에 대해 말한다.

그러나 예언서 독서에 대한 압박 아래 놓여있는 흐로마드카에게 미래 길을 보여주는 몇몇 징조가 드러나고 있었다. "깊은 영적 경험과는 거리가 먼 현대인에게 매혹적인 단순함으로, 기분을 좋게 만드는 태도로 그리고 평안하게 하는 친절함으로 그리스도의 증언을 전해준다. 영적 충격 없이, 고통스러운 수술 없이 그리고 깊은 절망 없이 그리스도에게로 가는 사람, 그 사람에게 그리스도의 사랑과 그리스도 안에 있는 하나님의 자비하심에 대한 말이 종교적 문구와 대용물이 되고 있다."[9] "모세에 의해 시작되고 그리고 예언자들을 통해 예수에게 가는 사슬의 마지막 고리가 복음이라는 것을 우리는 잊었다. 아름답고 힘센 전나무 꼭대기를 우리가 잘랐다. 그리고 가지의 가지가 우리의 손에서 말라죽어가는 힘든 순간을 만나게 되었다."[10] "새로운 종교문화가 성장할 수 있도록, 교회와 비교회의 오늘날 영적인 삶은 쟁기로 갈고 갈려지고 뒤집어져야 한다."[11]

1918, 154-158.

8 JLH., Na přelomu 1918 (전환기에서 1918), CPT, 57-64.

9 CPT 59.

10 위의 책, 61.

11 위의 책, 64.

7장
쇼노프(Šonov)교회 목사

왜 하필 쇼노프로 갔을까?

보헤미아와 모라비아 지역의 루터교회는 장로교회와 비교할 때 소수였다. 보헤미아에는 루터교회들이 적었기 때문에 1917년에 쇼노프 교회에서 자리가 생기자, 살바토르 교회 보조 목회자였던 흐로마드카는 포드크르코노시(Podkrkonoší) 지방의 특색이 있는 쇼노프 교회에서의 활동을 자신의 사명으로 받아들였다. 자신의 친구 칼렌다(T. Kalenda)가 1917년 8월 23일, 세상을 떠나기 전까지 활동하였던 교회였기 때문에 쇼노프 교회로의 부임을 망설임 없이 결정한 것이다. 쇼노프 교회는 흐로마드카의 첫 번째 교회이자 마지막 교회가 되었다(프세틴Vsetín교회를 떠나기 전에 그가 설교 실습을 했던 크루쳄부르크 Krucemburk교회 부임에 대해 이야기가 오갔지만 결정하지 않았었다).

앞에서 언급한대로 그는 장로교회와 루터교회를 체코형제복음(개혁)교회로 통합하기로 결정한 1918년 12월 17~18일에 열린 총회에 쇼노프 교회 목사로서 참석하였다. 총회 모든 대표들은 민족적 자신감이 팽배한 당시 국가 분위기의 영향을 강하게 받았다. 앞서 이야기한 바와 같이 흐로마드카는 오스트리아 군대가 격퇴된 후 해방된 날이자, 체코슬로바키아 국가 수립의 날인 1918년 10월 28일까지 짧은 기간이었지만 러시아 국경에 있던 군대 포로수용소에서 군목으로 활동한 적도 있었다. 11월 초, 고국으로 다시 돌아온 그는 보조 목회자로서의 활동을 프라하에서 마치고, 프라하 카렐대학교 인문대학과 통학을 할 수 있는 거리인 쇼노브 교회에서의 단독 목회를 준비하였다.

80세의 흐로마드카는 회고록에서 새로운 독립국가의 초창기에 대한 느낌을 잘 기억하지 못한다고 기록하고 있다. 하지만 한편으로 기쁨이 그를 충만케 하였고, 다른 한편으로 그는 새로운 독립국가가 오스트리아-헝가리 제국의 붕괴 이후의 상황을 어떻게 성공적으로 통치할 것인가를 자문하였다. 당시 체코 정치 지도자들, 팔라츠키(F. Palacký)와 마사리크(T. G. Masaryk) 는 오스트리아-헝가리 제국을 정치적 틀로서 유지시킬 필요가 있다고 오랫동안 고려하고 있었다. 오스트리아-헝가리 제국은 큰 차이가 있었지만 흐로마드카에게 영향을 끼친 민족의 일치된 문화 공동체였다. 흐로마드카는 "구 제국 사람들은 이전 오스트리아 국가의 어떤 지역 출신이든지 간에, 그들의 정신적 구조와, 그들간의 관계, 사건들에 대한 관점에서 공통점을 가졌다"[1]라고 기억하고 있다. 마사리크(T.G. Masaryk)는 체코슬로바키아 국가를 소비에트 연방의 혁명에 기여한 오스트리아-헝가리 제국의 손아귀에서 벗어나게 하겠다고 결심하였다. 마사리크의 말대로 "윤리적이고 사회적인 인도주의는 국내의 어려운 독일 문제를 해결하는데 대단히 강력할 것"[2]이라고 흐로마드카는 확신하였다.

---

1 *Proč žiji?* (왜 사는가?), 88.

2 위의 책, 89.

호로마드카는 대단한 각오와 내적 기쁨으로 쇼노프 교회의 목회에 집중하였다. 교회를 떠나 프라하신학대학으로 갈 때, 그가 자신의 목회에 대해 이렇게 기록하고 있다: "1918년 11월에 부코비나(Bukovina)에서 돌아왔고 그리고 체코 북동쪽에 있는 쇼노프 교회에서 목사로서 단독목회를 시작하였다. 이전까지 나는 교회 지도자 즉 목사의 엄중한 책임에 대해 알지 못하였지만, 목회를 한 이후부터 지도자가 되고 설교자가 되고 목회자가 된다는 것이 무엇인지 알게 되었다. 그러나 나는 쇼노프 교회에서 전담 목사가 되지 못하였다."[3]

그 이유는 흐레이사(Ferdinand Hrejsa)가 집례한 1919년 1월 19일 목사 취임식 이후 몇 개월 만에 호로마드카는 신학대학에서 일할 것을 요청받았기 때문이다. 쇼노프 교회는 체코-독일 교회였다. 호로마드카는 한 달에 한번 샤움버그-리페(Schaumburg-Lippe) 독일 가족을 위해 독일어 설교를 준비하였다. 교회 통합 이후 쇼노프 교회에서 칼렌다(Kalenda)가 지켰던 루터교회 전통들이 점점 사라져갔다. 교회의 독특한 특징이 이에 기여하였다. 쇼노프 교회 교인들에게는 "가족 모임이 종교적 공동체의 주된 중심"[4]이었다. 이 모임은 쇼노프 주위와 나호드(Náchod) 지역에서 활동했던 '발차르파'(balcarák)[5]와 비슷하였다. 호로마드카는 가족 성경공부시간과 일주일에 두 번 모였던 청소년을 대상으로 한 사역을 좋아하였다. 첫 번째 모임은 성경 프로그램으로, 청소년 대상 프로그램에서는 그들에게 문학과 일반 사회 문제들을 소개하였다.

호로마드카에게 쇼노프 교회는 "선동적이고 산만한 프라하와 같지

---

3 CPT, 57.

4 R. Řičan(르지찬), *Mladá léta K. E. Lányho* (라니의 젊은 시절), 프라하, 1936, 53.

5 발차르파는 개혁파들 가운데 하나로 설교자 발차르의 지도 아래 술을 마시지 않는 신앙 그룹이다. (역자주)

않은 조용한 분위기"[6]였다. 그의 대공개 강좌들 가운데 우리는 단지 1920년 나호드에서 〈우리에게 무엇이 필요한가〉라는 주제로 열린 공개강좌 시리즈에 대해서만 알고 있다. 이러한 대공개 강좌로 인하여 흐로마드카는 집중적으로 연구를 할 수 있었다. 우리가 알고 있듯이 그는 살바토르 교회 보조 목회자로서 1916년 프라하 카렐대학교 인문대학 여름학기에 등록하였고 그리고 후에 박사과정까지도 신청하였다. 그의 학업에 대한 관심은 대학입학을 결심하기 이전부터 강하였다. 종교교육 강사비와 물가인상에 대한 사회보장지원비를 받고 무보수 보조 목회자로 살바토르교회[7]에서 일하였다는 사실은 그가 얼마나 학업에 열정적이었는지를 보여준다. 그러나 보조 목회자 직업이 군대 대체 복무로서 가능하였지만, 전쟁으로 결국 그는 군대를 가게 되었다.

박사학위 논문은 마사리크의 철학에 대한 연구였고, 논문 심사위원들은 사회학자이자 철학자인 카렐대학교 교수 포우스트카(B. Foustka)와 심리학자이자 철학자이며 정치가였던 크레이치(F. Krejčí)였다. 이 연구로 흐로마드카는 1920년 2월 12일 카렐대학교에서 학위를 받았다. 동시에 1920년 4월 18일 후스대학의 특별 교수로 임명되기 위해 대학교수 취득 논문도 썼다.

흐로마드카는 이 연구과제 때문에 "풀타임 전임 목회자"가 되지 못한 것이다. 그러나 그는 전 생애 동안 "목회자의 독자성의 책임감과 부요함과 기쁨을 맛볼 수 있었던 것"[8]에 대해 감사하고 있다. 교회와 그가 호흡이 잘 맞았기 때문에, 교수로 임명된 이후에도 총회 위원회의 허락에 의해 프라하를 오가면서 쇼노프 교회의 목사로 계속 남아

6 CPT, 98.

7 살바토르교회는 1611년에 세워진 체코 개혁교회이며, 프라하 구시가 광장과 카렐대학교와 인접해 있다. (역자주)

8 위의 책, 65.

사례비도 없이 일을 하였다. 1922년 7월 31일, 에밀 포코르니(Emil Pokorný)가 부임하기까지 그의 목회는 계속되었다.

흐로마드카의 독자적인 교회 목회는 짧았다. 그러나 그의 활동은 교회론의 뛰어난 특징으로 깊이 아로새겨졌다. 흐로마드카는 쇼노프 교회에서 그리스도에게 순종하고, 함께 성경을 읽고 해석하는 형제자매들의 살아있는 공동체로서의 교회를 경험하였다. 이러한 교회 개념이 1920년대의 그를 사로잡았다. 그는 교회 목회활동의 이러한 모습에서 교회 갱신의 자원을 발견하기도 했다. "프라하 전역에 그리고 지방에 많은 소그룹의 성경공부와 기도 모임을 만드는 것은 거기서 조용하게 미래에 다가올 일을 준비하는 것이다. 이러한 모임들로부터 도시에서, 거리에서, 시골에서 선교활동이 발전되어져야 한다. 우리 개교회들안에 거룩한 씨앗—우리나라의 기둥, 우리 시온의 버팀목—이 있다는 것을 그리고 커다란 가능성들이 있다는 것을 믿는다."[9]

흐로마드카의 교회론은 가톨릭, 정교회와의 대화에서 그리고 에큐메니칼과 평화 활동에서 점점 깊어지고 확장되었다. 그러나 언제나 그의 교회론에는 친밀한 신앙 공동체, 성령이 빛을 비추는 기도 공동체, 교회보다도 더 폭넓은 인간 공동체를 가진 하나님 나라의 새 시대로서 무엇인가를 실현하는 공동체에 대한 강조가 있었다. 역사상 현존하는 구체적인 교회와의 이러한 공동체의 관계는 흐로마드카의 씨름(연구)의 목표였고 그 씨름은 때로는 쉽지 않았다.

교회 목회 외에 흐로마드카는 신학 연구에도 열심이었다. 그는 자신의 신학의 토대를 찾고 있었다. 당시에 자신의 발전에 대해 이렇게 묘사하였다: "나는 조금씩 발전하였다. 1920년대 나의 글에서 심리학과 사회학에 얼마나 내가 열중했는지 그리고 문화와 종교의 문제를

---

9 위의 책, 105n.

내가 종교적 가치와 문화적 가치간의 정신적 사회적 긴장에 대한 문제로써 어떻게 해결하였는가를 여러분들은 알고 있다. 그러나 1919-1920년에 다시 구체적으로 연구했던 마사리크 덕분에, 신학이 '신학' 되려면, 객관적인 신의 원칙을 이성의 원칙으로 대신하는 철학 그리고 종교적 목적을 이방사상과 일체시키는 철학, 즉 도덕적으로 문화적으로 가장 높고 가장 청결하고 가장 보편적인 이상이 있어도, 그 어떤 철학으로도 만족하지 못한다는 것을 분명하게 알게 되었다."[10]

제1차 세계대전 후 체코슬로바키아가 독립하고 마사리크가 초대 대통령이 되어서야 사람들은 마사리크에 대해 관심을 갖게 되었지만 흐로마드카는 이미 전쟁이전에 마사리크 종교철학에 대해 깊은 관심을 갖고 있었다. 마사리크가 체코 개혁교도들 사이에서 유명 인사가 된 것은 마사리크의 프로그램에서 오스트리아-헝가리 시대에 체코슬로바키아 독립을 위해 일했던 그의 노력을 보았기 때문이다. 그러나 흐로마드카는 전국가적인 추앙과는 거리를 두고 마사리크에 대해 연구를 계속 했다. 즉 계몽주의적 철학으로 형성된 정신적 프로필을 지니고 있는 현대인은 종교를 필요로 하는가? 그것은 어떤 종교인가? 오늘날 종교의 필요의 동기는 무엇이며 그리고 종교의 객관적인 진리를 현대사상과의 대화에서 어떻게 입증할 것인가? 등에 대해 끊임없이 고민하고 연구하였다. 1920년 흐로마드카가 후스신학대학에 제출한 교수임용 논문 "종교에 대한 마사리크 철학과 과학적 교리학의 전제 조건"을 보면 이들 질문에 대한 그의 고민을 잘 알 수 있다.

흐로마드카는 중세인에게 종교적 확신을 제공한 신화적 객관주의로서 종교의 전통적인 개념에 대한 마사리크의 분석을 토대로 연구를 발전시킬 수 있었다. 흐로마드카의 질문은 다음과 같았다: 현대인은

---

10 위의 책, 11.

신화적 객관주의에서 종교적 확신을 발견할 수 없다. 그래서 종교적 위기가 나타난다. 현대인에게 관심을 불러 일으켰던 새로운 확신으로, 즉 스콜라 시대가 세계에 대한 자신의 그림에 의존하였던 확신처럼 같은 강도를 가진 새로운 확신으로, 신화적 객관주의를 어떻게 대체할 것인가. 그러나 마사리크는 흐로마드카에게 이 질문에 대한 대답까지 주지는 않았다. 흐로마드카에 의하면 마사리크는 종교를 일반적으로 분석하였고 그리고 구체적인 종교의 역사적 현상에 대해 깊이 집중하지 않았기 때문에 "절대적 종교적 객관성의 기초"에 도달하지 못했다고 보는 것이다.

이 대답을 찾기 위해 흐로마드카는 독일 관념주의(객관성이 생각에 내재함)와 그리고 객관성이 "개인의 역사적 실재"에 있는 긍정 신학(정통신앙ortodoxie, 슐라이어마허, 헤르만)의 통합에 집중한다. 흐로마드카에 의하면 근본적인 사실은 역사적 사건, 가장 높은 이데아 그리고 절대적인 윤리적 원칙의 통일성이다. 그 모든 것은 예수의 인성에 담겨있다. 교수임용 논문 결론에 흐로마드카는 사용한 방법론의 가능성과 효율성에 대해 질문을 한다: "과학적이고 이데올로기적 사상과 문화적 삶의 궁극적 진리들이 되는 진리들을 긍정적으로 종교적 전제조건들로 부터 파악하는 것이 가능한가? 최종적인 종교적 실현은 삶의 통합이 될 수 있는가? 그리스도는 과학적 철학적 영역을 가지고 있는가?"[11]

흐로마드카의 교수임용 논문은 마사리크의 종교철학을 어떻게 완전하게 극복하고 있는지 보여주고 있다. 흐로마드카는 오랫동안 마사리크의 저서를 읽었고, 당시 그의 마지막 저서인 "러시아와 유럽"을 읽고 큰 영향을 받았으며, 비판적으로 그의 계시의 종교와 "눈에 보이

---

11 JLH., *Masaryková filosofie* (마사리크의 철학) 47.

는 교회"에 대한 그의 무관심을 극복하였으나, 종교의 질문에 대한 그의 방법론을 찾기까지 그리고 자신만의 논리를 발견하기까지는 몇 년이 걸렸다. 그는 제1공화국의 자신의 모든 활동을 통해서 마사리크를 극복하여 갔다. 교수임용 논문을 보면 마사리크와의 대화가 대부분 차지한다. 에른스트 트뢸취도 역시 언급되었지만 그렇게 많지 않다. 다만 외국 신학자들 가운데 베른하르드 둠(Bernhard Duhm)의 논문 "종교의 비밀"(*Das Geheimnis der Religion*, 1896)이 흐로마드카가 대답을 찾는데 가장 많은 도움을 주었다고 한다.

흐로마드카가 인정하였듯이 많은 것을 배웠고, 긴밀한 협력을 나눴던 그리고 다음 장에서 우리가 주목하게 될 프라하 카렐대학교의 노교수 에마누엘 라들(Emanuel Rádl)이라는 이름이 교수 임용 논문에 나온다. 라들은 원래 자연과학을 전공하였고 자신의 논문 "19세기 생물학의 발전이론의 역사"(1909년)로 유명하게 되었다. 그는 마사리크 제자였지만, 때때로 그의 사상을 비판하였다. 많은 열정을 독일 낭만주의 과학과 민족 문제 반대 투쟁에 쏟았다. 흐로마드카는 교수임용 논문을 쓸 때 라들의 마사리크 철학 비판에 사로잡혔다. 흐로마드카에 의하면 라들은 마사리크에게서 "위에서 오는 그리고 우리를 하나님의 종과 백성이 되게 하는 진리에 대해 개방적이고 열린 마음의 관계"[12]가 결핍된 것을 느꼈다. 흐로마드카는 라들과의 협력을 "의미 있는 경험"이라고 지적하였다.

1918년에 흐로마드카는 자신에게 결정적인 영향을 주었다고 고백을 하였으나, 교수 임용 논문에서 이름이 등장하지 않는 또 다른 유명 인사와 만난다. 목회활동을 하지 않고 있던 개혁교회 목사 얀 카라피아트(Jan Karafiát)이다. "카라피아트는 개인적인 만남과 그의 저술을

12 위의 책, 90.

통해 나에게 영향을 가장 많이 준 사람들 가운데 한 사람이다" 라고 하였다."13

마사리크와 라들은 공적 생활 그리고 흐로마드카가 종교적 입장에서 영향을 끼치기를 원하였던 문화계 그리고 특별한 힘으로 흐로마드카를 끌어당겼던 사회의 대표적인 인물이었던 것에 반해 얀 카라피아트는 교회의 특별한 인물이었으며, 교회문화 안에 고립되어 있던 상태였다. 정통 개혁신학의 뛰어난 그의 프로필은 이미 오스트리아-헝가리 제국 시기에 그리스도의 희생과 신성에 대한 핵심적인 질문들에서 마사리크 교수의 자유주의적인 종교적 태도와 충돌되었다. 얀 카라피아트가 장로교회와 루터교회와의 통합에 동의하지 않았던 것은 그의 신앙 고백의 엄격함과 관련되어 있었다. 그는 프라하에서 살면서 자신의 집에서 설교하고 있었다.

신학적으로 카라피아트는 자신의 교회의 전통 외에, 콜브뤼헤(H. Kohlbrűgge)가 활동했던 부퍼탈(Wuppertal)의 분위기와 스코틀랜드 자유교회와의 밀접한 관계에 의해 영향을 받았다. 그의 신학은 에두아르드 뵐(Eduard Böhl)의 비엔나 조직신학 학파와 가까웠다. 뵐 학파는 그러나 1916년 젊은 보조 목회자 흐로마드카에게 깊은 감명을 주지 못하였다. 1919년부터 얀 카라피아트와 그의 저술들과의 개인적인 관계가 점점 흐로마드카의 신학적 입장을 변화시키고 있었다. 흐로마드카가 쓴 글에서 보듯이, 카라피아트는 신학적 시스템의 견고함, 통찰력과 장로교 신론으로 흐로마드카에게 상당히 영향을 끼쳤다. 그 장로교 신론은 통찰력 있는 시스템으로 믿음의 기본적인 진리들의 질서를 위한 관점과 틀을 만들었다. 후에 흐로마드카가 세상의 개선에 대한 도덕적 노력을 주입시킨 세계관에 대해 언급하였다.

---

13 JLH., *Jan Karafiát*(얀 카라피아트), 프라하 1925, 1946.

8장
후스신학대학과 교수들

교수 임용 논문 "마사리크 종교철학과 과학적 교의학의 전제조건"으로 흐로마드카는 1920년 4월에 프라하 후스신학대학의 특별 조직신학 교수가 되었다.

후스신학대학은 과거 체코종교개혁에 대한 연구를 증진시키기 위한 특별한 목적을 가진 체코 신학자들의 학교로서 의회의 몇몇 의원들의 제안으로 1919년 4월 8일에 설립되었다. 사회주의당들은 신학대학 설립을 반대하였고, 1918년에 창립이 된 '체코슬로바키아 인민당'(Československá strana lidová)과 '모라비아 체코 기독교사회당'(Moravské a české křesťansko-socialní strany)의 지지로 설립이 되었던 것은 탈종교, 탈기독교의 경향이 지배적이었던 당시 분위기를 이해하는데 도움이 된다. 체코 지식인들과 교수들도 이러한 세속화 분위기에 물들어 있었다. 철학적으로 실증주의에 기대고 있었다. 그 외에도 구 오스트리아-헝가리 제국과 관련되어 있는 로마 가톨릭 전통이 관료주의적인 국가체제 안에서 강하였다.

그래서 신학대학은 최고로 불리한 환경을 맞게 되어 아주 소박하게 시작되었다. 이전에 비엔나에서 활동하였던 구스타프 아돌프 스칼스키(Gustav Adolf Skalský, 1857-1926) 실천신학 교수가 신학대학의 학장이 되었다. 그는 실천신학의 역사적 개념(Achelis와 Zezschwitz 처럼 유사하게)을 주장하였고, 특히 형제단과 관용의 이전 시대에 대해 관심을 가졌다. 스칼스키는 흐로마드카가 시험을 치뤄야 했던 비엔나에서 1896년부터 1919년까지 교수로 활동하였다. 오스트리아-헝가리 제국의 멸망으로 스칼스키는 교수직을 그만두게 되었다. 프라하로 부름을 받아, 비엔나신학대학을 모델로 후스신학대학을 조직하였다. 비엔나에서 두 번째 체코 교수, 요세프 보하테츠(Josef Bohatec, 1876-1954)는 오스트리아에서 결혼을 하여, 비엔나신학대학에서 계속 가르쳤다.

스칼스키 이외에 페르디난드 흐레이사(Ferdinand Hrejsa)와 프란티쉐크 질카(František Žilka)가 교수로 임명되었다. 페르디난드 흐레이사는 총회 임원회에서 요세프 소우체크 총회장 보좌로서 체코개혁교회의 걸출한 대표였다. 그는 루터교회 전통을 가지고 있었다. 흐로마드카는 앞에서 언급한대로 그의 보조 목회자가 되었다. 흐레이사는 신학대학에서 활동하는 기간 동안 특별히 형제단에 대해 연구를 하였다. "종교개혁 논총"(*Reformační sborník*) 출판을 계획하였다. 프란티쉐크 질카는 개혁 전통에 속하였다. 흐로마드카가 자신의 연구를 발표하였던 "성배"(*Kalich*)라는 신학 월간지의 편집위원이었다. 원래 질카는 조직신학을 강의하기로 되어 있었지만 결국 신약을 강의하기로 결정하였다. 이로 인해 흐로마드카는 중요한 위치에 오르게 되었다. 이 시기를 특징짓고 있는 교리적인 불명확성은 조직신학 연구를 매우 어렵게 하였다.

흐로마드카 이외에 1920년에 슬라보밀 다네크(Slavomil Daněk)가 특별 교수로 임명되었고, 그도 마찬가지로 당시 대세였던 신학의 역사주의 방법론에 대해 비판을 하고, 각 성경은 예전적이며 그리고 제례의식적인 배경을 가지고 있는 종교서적이라고 강조하는 구약 연구의 새로운 길을 개척한 둠(Duhm) 교수의 제자였다. 1922년에 프란티세크 베드나르즈(František Bednář, 1884-1963)가 실천신학 교수로 그리고 프란티세크 린하르트(František Linhart, 1882-1959)가 종교철학 교수로 임명되었다.

전반적인 신학교 분위기는 하르나크(A. Harnack)와 리츨(A. Ritschel)에 의해 영향을 강하게 받은 프란티세크 질카가 중요한 지지자였던 "자유주의적 기독교"의 지배를 받았다(질카가 1903년 "하르나크의 교리 역사" 번역). 자유주의적 입장의 조직신학자 프란티세크 린하르트는 신학대학에 '변증법적'신학의 침투를 절대적으로 반대하는 입장이었다. 교수들은 1923년에 공화국 대통령에게 명예박사를 수여하는 근거가 되었던 마사리크 프로그램의 분명한 지지자들이었다. 명예학위 수여식은 신학대학이 공식적으로 국가 정책을 지지한다는 사실을 보여주었다.

흐로마드카는 신학대학 교수들 가운데 가장 젊었다. 그는 매우 일찍부터 자유주의적 기독교와 기독교적 인도주의의 주류들과는 차이가 나기 시작하였다. 오직 구약신학자 다네크(S. Daněk)만이 그의 입장과 비슷하였다. 흐로마드카는 교수 사회에서 그리고 교회에서 무서운 아이(enfant terrible, 앙팡 테리블, 문제아)가 되는 상황에 처하게 된다. 1927년에 "프로테스탄트 신학자의 길'(*Cesta protestantského theologa*)이란 책에서 자신의 길, 자신의 추구, 논쟁, 전환점 그리고 입장들을 회고하며 기술할 필요를 느꼈다. "체코 개혁교회의 사상적 혼돈에 흐로마드카가 가장 많이 이바지하였다"는 비난을 1920년대에 들어야 했다.[1] 흐로마드카의 동료 린하르트는 흐로마드카의 발언들은 "오늘날 종교의 위기를 해결하기 위해 마치 구원의 약처럼 받아들인 쇠퇴하는 바르트 독일 신학 외에는, 현대 신학과 철학의 사상의 흐름을 모르며, 그리고 세계 신학에서 바르트의 신학경향이 그다지 영향이 없다는 것을 몰랐다는 분명한 증거"[2]라고 하였다. 가장 존경받는 교수들 가운데 한 사람인 질카는 흐로마드카가 논쟁하고 말싸움하는 것을 비판한다. 그리고 우리들은 가톨릭에 대한 입장으로 인해서 흐로마드카가 들었던 비판을 언급하지 않았다. 흐로마드카에 대한 우르바네크(J. Urbánek)의 견해에 의하면 "그는 정면적인 비판 외에 다른 방법은 없었고, 그것은 그의 생애에 처음이 아닐 것이다."[3]

이와 같은 거친 공격을 촉발하였던 것, 그것은 흐로마드카의 "정면적 비판"이 아니라, 그의 신학사상에서 조직신학적 변화임을 우리가 살펴보게 될 설명에서 부분적으로 밝혀질 것이다. 이와 관련하여 현실에 만족해하는 교회 일꾼들이 흐로마드카를 자극한 몇 가지 요인들을 언급해 보자. 정통 신학과 현대 신학 간의 그리고 코자크(J. B. Kozák)가 대표하는 신학의 철학적 실험 사이의 긴장을 본 흐로마드카가 체코 프로테스탄트주의에 대한 논쟁에 "양 쪽이 모두 내적으로 가장 강하고 가장 좋은 것을 꽃피우기 위한 토론을 전제로, 즉 대립되는 견해에 대한 정직성과 진실성의 상호 신뢰를 전제조건으로 개입하였다. 비판적 신학으로부터가 아니라 신앙생활의 새로운 분위기에서 위기가 나타났다. 새로운 신앙고백으로 내적 체험들이 새롭게 형성되는 경우는 역사에서 매우 드물다. 그러나 신앙생활의 자극과 전환점을 새롭게 표현할 필요를 느끼지 못하는 사람은 누구인가?"[4] 흐로마드카

---

1 A. Boháč(보하츠), 「콘스탄츠의 불꽃」(역자주: 교회연합 주간신문), 1925, 84, 흐로마드카의 『프로테스탄트 신학자의 길』(이하 CPT), 5쪽에서 인용.

2 F. Linhart(린하르트), 『콘스탄츠의 불꽃』, 1927, 12n, CPT 5쪽에서 인용.

3 CPT, 16.

는 어느 한쪽도 편들지 않았고, 더 깊이 숙고할 것을 요청하였다. 그것은 일반적이지 않았으며 도발적이었다. 그러나 핵심으로 들어가지 못하는 얄팍한 영적생활에 대한 그의 비판이 교회 지도자들의 감정을 가장 크게 거슬리게 하였다. "전체 총회 임원회, 콘스탄츠연합위원회, 후스신학대학, '콘스탄츠의 불꽃'(교회연합주간신문, *Kostnické jiskry*), '후스'(*Hus*), '체코형제의 소리들'(*Českobratrské hlasy*)의 편집진 그리고 목회자들이 지도하는 프라하와 시골 농촌교회들의 엘리트가 어느 날 구세군의 회개의 의자 위에 상한 영혼과 함께 나타나고 주 예수의 손으로부터 새로운 가슴, 새로운 가문을 받는다면, 아마 이것이 도움이 될 수 있을 것이다."[5] 흐로마드카는 도하츠(Doháč)를 다음과 같이 비판하였다: "볼셰비즘과 모든 정치적 경향들을 어떤 견해에 의해 평가하는 가에 달려있다. 종교는 종교이며 기독교는 기독교이다! 당신의 비판은 기독교적이고, 체코형제복음(개혁)교회적이라고 생각하고 있지만 당신의 견해는 온전히 소시민적이다."[6] 흐로마드카는 "우리들은 좋은 애국자, 체코슬로바키아 공화국의 충성된 시민이 되는 것이 아니라 그리스도 안에서 하나님의 자비의 깊이에 도달하는 것이다"라며 복음을 민족주의적 반로마가톨릭 분위기와 값싸게 동일시하는 문제에 대해 신랄한 비평을 하였다. "그래서 우리는 반로마가톨릭 선동을 하려는 것이 아니라, 그리스도의 복음으로 로마를 극복하려고 한다."[7]

4 위의 책, 58.
5 위의 책, 56.
6 위의 책, 94.
7 위의 책, 101.

9장
신학적 변화

호로마드카가 신학교에서 가르칠 때 그의 신학적 입장은 어떠했을까? 이미 1919년 호로마드카가 담임 목회자가 되었을 때, 그는 학업 기간 동안에 그리고 교회의 사역 초기에 물밀 듯 몰려온 자유주의신학을 검토하고 수정하려고 노력하였다. 호로마드카는 자유주의신학을 퇴보시키는 것이 아니라 더 좋게 개선하는 것에 대해서 말하였다. 그의 연구는 점점 깊어져 1925년경 그의 저술에서 그의 뚜렷한 입장을 갖게 된다. 그의 입장은 자유주의신학의 불분명성과 분명하게 달랐다. 그의 입장은 반대뿐 아니라 관심도 같이 불러일으켰다. 가장 젊은 신학자들의 이목을 끌었으며, 이 점에 대해 계속 설명할 것이다.

먼저 호로마드카의 신학적 변화의 핵심을 살펴보고 그리고 어떻게 접근하고 있는지 살펴보자. 호로마드카의 저술, 특히 그의 "프로테스탄트 신학자의 길"(1927)에서 언급한 것을 통해 다음과 같이 알 수 있다: 호로마드카가 자유주의신학을 극복하도록 도운 영향들을 몇 가지 부분에서 살펴볼 필요가 있다. 호로마드카에게는 마사리크에 대한 분석과 이해는 의심의 여지없이 중요한 과제였다. 호로마드카의 마사리크 극복은 교수임용논문에서 끝나지 않았다. 흐로마드카는 뚜렷한 전환점을 볼 수 있는 도스토옙스키에 대한 마사리크의 입장과 저서들, 흐로마드카가 1925년 자신의 책에서 언급한 마사리크의 새로운 책 "세계 혁명"에 대한 연구를 지속하였다. 흐로마드카는 마사리크가 종교의 위기를 분석하면서 종교의 부흥에 대해 도전하지 않은 이유에 대해 숙고하였다.

1922년에 흐로마드카는 당시 자신의 제자들이 그의 사상과 자유주의 극복의 전환점을 보았던 "기독교와 과학사상"의 강연을 출판하였다. 흐로마드카를 사로잡았고, 내재론(immanentism)의 포로로 만들었던, 통합된 종교 문화의 개념이 갑작스럽게 심각한 균열을 겪었다. 흐로마드카는 마사리크가 아닌 둠(B. Duhm)과 라들(Rádl)의 신학적 도움으로 내재론의 포로로부터 벗어나길 원하였다. 이 균열은 하나님의 '초월성'의 개념에서 자신의 표현을 발견하게 하였다. 종교와 문화의 통합이 아니라 분리였다. 그것은 휴머니즘을 복음과 동일시하는 것의 종지부를 찍었다. 자유주의에서는 하나님의 초월성의 원칙이 '손상'된다. 그래서 흐로마드카는 내재론과 심리주의에 빠졌다. 종교 문화 통합이 존재할 수 없으며, 신학은 기독교와 문화 사이에서 발생하는 긴장을 결코 숨겨서는 안 된다. 균열은 자비의 개념에서 발생된다.

마사리크의 종교적 입장에 대한 극복은 물론 이것으로 끝나지 않고 계속되었다. 이와 관련해서 우리는 흐로마드카 사상의 전환점을 주목할 것이다. 이러한 전환점은 흐로마드카에게 계몽주의에 많이 영향을 받지 않은 관용의 교회의 교리적 전통의 화신이었던 카라피아트와의 만남에서 준비되었다.

흐로마드카는 대학에서 '심볼리즘' 전공과목을 강의하면서 중요한 종교적 전통에 대한 연구를 하였다: "나는 기독교 역사의 창의적 인물과 중심이 되는 흐름을 연구하고 분석하였으며 그리고 무엇이 그들의 중심이며 그리고 무엇으로 기독교가 자신의 특유의 종교적 사명을 수행하면서 도덕적 사회적 문화를 더 창조하게 되는지를 알게 되었다."[1] 그는 카라피아트에 대한 관심과 함께 체코종교개혁의 교리 형성, 특히 카라피아트가 언급하였던 '형제단'(Jednota bratrská)의 교리에 대한 관심과 밀접하게 연결시켰다.[2]

호로마드카는 기독교의 중심적 흐름을 연구하면서 국내 상황의 영향을 받아 가톨릭에 대한 연구를 시작하였다. 이 전통들을 문화, 신비주의, 정치적 야망의 침전물 아래에 있는 역사적 연속성들의 토대에 침투시키려고 하였다. 동시에 호로마드카는 세계와 역사에 대한 신앙의 관점의 기본적인 윤곽을 그리기 시작 한다:

> 그리스도는 세계와 우주의 사건의 중심이 되고, 그리스도를 통해 그리고 그리스도를 위해 모든 것은 창조되었다. 하나님-그리스도-성령: 하나님-그리스도-교회: 하나님-세상을 창조하였고, 인간의 죄로 세상은 타락하였으며, 그리스도로 구속(救贖)되었고, 하나님과 화해되었으며: 교회-믿는 자들의, 화해된 자들의, 거룩한 자들의 공동체이며, 하나님께 속한 자들의 공동체이다.[3]

기독교인들의 신앙의 결과인 기독교의 도덕적 이상을 교리의 기본적 틀 안에 집어넣는다. 하나님 나라를 위한 노력은 자기중심성을 해방시킨다. "기독교인의 도덕성, 그것은 끊임없는 활동이다."[4] 하나님

---

1 호로마드카, *křesťanství, církev, klerikalismus* (기독교, 교회, 교권주의), Praha, 1925.

2 *J. Karafiát*(얀 카라피아트), 회고록 IV, 74 호로마드카의 인용, 얀 카라피아트, 41.

3 호로마드카, *křesťanství, církev, klerikalismus*, 16.

나라에 대한 노력은 신앙의 목표이며 혁명적인 힘의 자원인 교회에 대한 긍정적인 관심으로 이끈다. "그것은 기독교의 가장 진보적인 힘이다. … 교회와 국가 간의 그리고 교회와 민족 간의 긴장에서 문화 발전과 건강의 동력이다. 민족과 문화와 하나가 되려고 하는 교회는 저질 기독교 차원으로 추락하는 것을 의미한다."[5] 기독교는 언제나 같지만 지속적으로 새로운 과제들을 갖는다. 오늘날: 평화, 새로운 사회 질서를 위한 투쟁, 국제 친선."[6]

흐로마드카는 이미 자신의 신학의 길 초창기에 오늘날까지 신학에서 여전히 감추어져 있는 권력과 교권주의(教權主義, clericalism, 또는 성직권주의)에 대한 질문을 제기하였고 제1공화국에서 가톨릭교회의 정치적 영향에 대한 질문을 하기에 이른다. "넓은 의미에서 교권주의는 정치적이며 사회적인 이득을 위한 종교의 남용도 있고, 종교와 교회의 이익을 위해 정치적 민족적 사회적 분위기를 이용하는 것도 있다. 교권주의는 종교적 안락, 무관심 그리고 완고함이다."[7]

그러나 다른 면에서 중세시대에 대한 흐로마드카의 감탄("중세시대의 가톨릭교회의 대확장은 아직 교권주의가 아니었다").[8] 그리고 제네바의 하나님 백성의 권력을 위한 칼빈의 투쟁에 대한 흐로마드카의 동조는 당시 그의 입장에 대해 몇가지 의문점을 야기시킨다.

그래서 흐로마드카는 내적 확신으로 그리고 현대인의 사상의 상황 안에서 기독교 교리의 전통적인 내용(창조, 원죄, 성육신, 대속, 교회, 하나님 나라)을 표현하려고 노력하는 신학적 토대를 얻는다. 물론 이러

---

4 위의 책, 17.
5 위의 책, 19, 21.
6 위의 책, 23.
7 위의 책, 27.
8 위의 책, 25.

한 내용들은 그가 교회와 민족의 회복에 대한 도덕적인 노력을 함으로써 그리고 사회규범을 형성하는 일에 참여함으로써 접촉점들을 갖는다. 그래서 그는 경건주의 카라피아트의 유산을 마사리크 프로그램과 연결시킨다. 흐로마드카는 "체코슬로바키아 개혁교도들이 T. G. 마사리크에게"(*Českoslovenští evangelící T. G. Masarykovi,* Kalich, 1930)라는 논문집에서 "마사리크와 카라피아트"(*Masaryk a Karafiát*)[9]에 대한 연구 논문을 기고하였다. 흐로마드카의 신학적 토대의 폭—마사리크부터 카라피아트까지, 카라피아트부터 마사리크까지—은 흐로마드카로 하여금 대외적인 활동에서 자유주의신학 성향의 신학대학 교수(F. 질카 교수)와의 협력을 가능하게 하였을 뿐만 아니라, 교회에서 그가 작성한 '교회 원칙'은 교회에서 수용되었으며, 동시에 그는 당시 총회장 요세프 소우체크와 서로 잘 호흡이 맞았다. 다음 장에서 계속 살펴보기로 하자.

---

9 흐로마드카, 마사리크과 카라피아트(체코슬로바키아 개혁교도들이 마사리크에게 논문집에서), 프라하, 1930, 88-100.

10장
학계와 교계에서 흐로마드카의 위치

흐로마드카가 얀 카르피아트로부터 정통신학을 접촉함으로써, 마사리크의 저서를 통해 관심을 갖게 된 사회문제와 정통신학의 통합을 시도하였다는 설명으로 이전 장을 끝맺었다. 그는 자신의 입장을 1920년대-1930년대에 다음과 같이 규정하였다: "기독교 신학은 한편으로는 우리들에게 은혜를 베풀어 주시는 자유로운 창조주를 믿는 믿음과 다른 한편으로는 하나님의 은혜의 내적 도덕과 이성적인 규칙을 믿는 믿음, 이 두 경향을 왕래한다. 은혜와 이성 그리고 은혜와 도덕법칙은 통합을 이룬다: 이 통합은 추상적인 반추나 논리적인 결론으로 나타난 것이 아니라 분석할 수 없는 믿음의 행위에 의해서이다."[1] "그리스도의 성육신은 오직 은혜와 사랑에서 비롯되었지 형이상학적, 논리적, 도덕적 또는 자연적인 필요에 의해서가 아니다: 그러나 원래의 계획들에 대한 하나님의 변함없으심, 인간에 대한 그의 신실함 그리고 죄로 인하여 깨어진 하나님과 세상과의 관계의 회복이 그 배경이

---

1 흐로마드카, *Křesťanství v myšlení a životě* (사상과 삶의 기독교), 프라하, 1931, 155.

다."[2] "그리스도는 모든 인류 종교의 추상적인 대표자가 아니다: 그는 하나님이 실제로 나타난 자리이며, 인간에게 스스로 자신을 주셨으며 그리고 피조물을 회복시켰다. 그러나 성육신하신 하나님은 창조 때부터 인간에게 준 것을 계속해서 이루어가고 계신다. 성육화는 창조주 하나님과 깨어진 이성적이고 도덕적인 관계를 다시 일깨워 회복시킨다. 신학은 자연적이고 도덕적인 신 인식과 그리스도의 역사적 계시를 유기적인 통합으로 일치시키기를 원한다."[3]

이러한 입장은 흐로마드카로 하여금 한 편으로 철학은 물론, 세계 변화를 위한 인문학 그리고 사회주의와의 대화도 가능하게 하였고, 다른 한편으로는 "전통적인 기독교"를 옹호하는 사람들과도 소통이 가능하게 하였다. 교수들 가운데서 가장 젊은 흐로마드카는 모든 동료 교수들과 교제를 하였고 그리고 신학대학, 교회, 민족과 에큐메니즘에서 나온 공동의 과제를 놓고 그들과 긴밀하게 협력하였다. 다양한 문제들과 씨름할 바로 그때 그는 신학대학에 오게 되었다. 당시에는 신학대학에서 역사비평적 신학연구 방법이 일반적이었고, 모든 교수들에게도 점증하는 세속화 극복문제와 사회문제가 전면에 등장하였다. 교수들 모두는 새로운 이슈인 에큐메니칼 운동에 몰두하였다. 질카 교수는 쇠더블롬(N. Söderblom) 교수와 가까운 협력자였다: 국내에서도 에큐메니칼적인 노력이 확대되었고 흐로마드카도 역시 신학대학 교수들과 함께 에큐메니칼적인 노력을 하였다. 공적인 일에 대한 흐로마드카의 관심은 그의 동료 교수들의 관심이 되었다. 공화국이 위협을 받던 시대에서 드러났던 것처럼, 교수사회의 연대를 방해하는 차이점들도 물론 있었다. 흐로마드카는 마사리크를 종교적인

---

2 위의 책, 156.
3 위의 책, 157.

문제의 범주가 아닌, 공공의 삶의 문제의 지도자로 인식한 것이 차이점 중에 하나였다. 바르트 신학과 가톨릭 평가에 대한 격렬한 논쟁은 다음에 설명하게 될 것이다. 사회문제에 있어 흐로마드카는 마르크스주의 문제와 공산주의자들과의 협력에 대해 열려 있었다. 교수들 사이에서 차이점은 제1공화국 내내 점점 확대되었다. 교수들마다 개별적으로 독자적인 잡지를 발간하였다: 질카 교수는 "칼리흐"(성배) 잡지를, 흐레이사 교수는 바르토시 교수와 함께 "종교개혁 논문집"을, 린하르트는 레오나르드 라가즈(Ragaz) 교수의 경우를 본 따서 「노바 체스타(새로운 길)」 잡지를, 흐로마드카는 "크리스천 리뷰"를 각각 발간하였다. 그 잡지들은 그들의 차이점들을 드러냈다.

"기독교의 근본 계열"에 깊이 내린 흐로마드카의 뿌리는 정치 참여와 그리고 역사와의 관계에 있어서 흐로마드카보다 더 신중한 입장이었던 교수 S. 다네크(Daňek) 그리고 체코형제복음교회의 '정통주의' 그룹과 '군소'교회들과 가깝게 했다. 1920년대와 1930년대 체코형제복음교회의 영적 프로필은 유럽의 다원주의 모델에 대한 응답이었다. 흐로마드카가 계속해서 반복적으로 글로 발표하였던 교회의 내적 영적 위기는 그의 견해에 따르면 교회들이 자신의 존재인식을 점점 상실하고, 자신의 시대의 아픔을 이해하지 못하였고 그리고 분파주의화되고 보편성 의식을 상실하였고 그리고 기독교 경건성의 토대와 기초가 점점 부식되고 있는 문제와 결부되어있다고 한다.

민족 안에서 체코형제복음교회의 상황에 대한 분석에 흐로마드카는 총회장 요세프 소우체크(1864-1938)의 분석과 일치하였다. 그는 많은 사람들과 다른 관점으로 학교와 인텔리 계층으로 파고드는 '세속주의의 정신'을 교회의 가장 중요한 위협으로 보았지, 많은 개혁교도들이 첫 번째 적으로 보고 있었던 가톨릭 교계 제도는 아니었다. 요세프 소우체크 교수는 흐로마드카의 장인 A. 루클(Lukl) 처럼 체네크 두세크(Čeněk Dušek) 교수의 제자였다. 소우체크도 두세크처럼 국가로부터 독립된 교회와 장로 제도의 특징들에 대해 강조하는 스코틀랜드 장로교의 영향을 받았다. 그는 도덕적 가치를 강조하는 종교개혁의 입장을 지지하였다. 소우체크와 흐로마드카는 25살 차이가 났으나 그들의 상호 협력은 매우 밀접하였다. 흐로마드카의 신학적 위치는 소우체크의 지지 덕분에 교회 안에서 호응을 얻게 되고 그것은 또한 어느 정도 교회연합을 위한 토대가 되었다. 1925년 제3차 교회 총회는 '체코형제복음교회의 정책' 준비를 5인 위원회(회장 요세프 네슈포르 Josef Nešpor, 위원 프란티쉐크 흐레이사František Hrejsa, 페르디난드 카브카Ferdinand Kavka, 포코르니V. Pokorný 그리고 흐로마드카J. L. Hromádka)에 위임하였다. 그리고 위원회는 흐로마드카에게 정책안을 작성하도록 위탁하였다.[4] 흐로마드카가 작성한 정책안은 첨가와 수정을 거쳐 1927년 제4회 총회에 의해 받아 들여졌다. 출판된 정책안은 곧 재판을 내게 되었다. 그리고 흐로마드카는 신앙고백연구위원회 위원이 되었다. 이후 호르마드카는 1935년 제7차 총회에서 '형제단 신앙고백 400년'에 대한 강연을 하게 된다.[5]

체코형제복음교회 원칙(Zásady)에서 흐로마드카는 전체적으로 특별히 코멘스키의 형제단 종교개혁 연구 결과에서 나오는 종교개혁의 관점을 견지하고 있다.

체코슬로바키아의 다른 개혁교회들과 긍정적인 관계는 흐로마드카의 새로운 인물됨의 모습이었다. 그것은 일반적이지 않았다. 체코형제복음교회는 헤른후트연합교회(Ochranovská Jednota církve)와

---

4 흐로마드카, 『체코형제복음교회 정책』, Praha, 1927.

5 강연은 『형제단의 유산』(*Odkaz Jednoty*, Praha 1936)의 이름으로 발간되었다.

함께 합법적 등록단체가 되었으며, 19세기 또는 20세기 초에 생긴 다른 교회들은 등록된 공공단체가 되지 않았다. 그 후 그 교회들은 분파주의로 규정되었다. 흐로마드카는 이러한 군소교단들을 체코 종교개혁성의 한 부분이며 그 이정표로 보았다. "선교적인 교회들은 모든 복음적인 활동을 위해 마치 다른 나라에서처럼 체코슬로바키아에서 상당한 의의를 갖는다. … 예수 그리스도를 믿는 믿음의 개인적인 증언을 통해 모든 교회들에게 어디로 가야만 하는가를 보여주는 신자들의 공동체가 우리들에게 있게 하기 위하여 그것은 대단히 중요하다."[6] 흐로마드카는 감리교회의 설립을 환영하였다: "모든 체코 개혁교도들과의 내적 연대를 느끼며, 모든 우리 체코슬로바키아 교회의 현재에 대해서만 아니라 미래에 대해서도 함께 책임이 있다. 각각의 우리 살아있는 교회가 존재 이유를 오랫동안 간직할 수 있기를 기원한다."[7] 흐로마드카는 형제단의 몇몇 중요한 인물들과 특별히 가까워졌다. 특히 흐로마드카는 아들로프(O. A. Adlof)에게서 배우고, 그의 증언을 받아들이고 그를 모델로 삼는 것을 멈추지 않았다고 말했다. 흐로마드카는 프란티세크 우르바네크(František Urbánek)를 사람들이 의지할 만한 남자로 보았다. 교회 설교자들은 흐로마드카의 일을 높게 평가하였다. 흐로마드카는 그들이 세계의 사건의 관련성들을 신앙의 관점에서 이해하도록 도왔다.[8] 체코슬로바키아교회[9] 설립에 대해 흐로마드

---

6 체코형제복음교회(CČE), 86.

7 위의 책, 46.

8 형제교회(cirkev batrska)와 흐로마드카의 관계에 대하여: 「크리스천 리뷰」, 1928, 65. 「크리스천 리뷰」 1948, 242 그리고 믿음의 주권에 대한 논문집의 하브라네크과 미할, 흐로마드카와 체코형제단 1959, 110 그리고 하브라네크과 우르반, 흐로마드카, 길에 대한 복음 1986, 333-342(A. Havrânek a Michal, JLH a Jednota českobratrska ve sborníku O svrchovanost víry 1959, 110nn a A. Havrânek a J. Urban, JLH z vděčnosti, Evangelium o cestě 1986, 333-342).

9 체코슬로바키아 교회는 현재 '체코슬로바키아후스교회'(Církev československá hu-

카는 개혁교회의 변혁운동에 대하여 했던 것처럼 비판적으로, 1920-22년 사이의 종교적이고 교회적인 변화의 다양한 동기들을 연구하였다. 체코슬로바키아 교회 대표자들의 글들을 통해서 그 교회의 신학을 비판적으로 분석하였다.[10] 그러나 희망적으로 「종교 리뷰」(*Náboženská revue*)와의 협력 가능성을 기대하였다.

---

sitská, 약자로 CČSH 또는 CČH)라고 부르지만 1920년 1월 8일 설립된 이후 1971년까지 체코슬로바키아교회(Církev československá, 약자로 CČS)라고 하였다. 2011년 인구 조사를 보면 체코에서 39,276명 그리고 슬로바키아에서 1,782명의 교세로 나타났다. 1919년과 1920년에 체코 로마가톨릭교회에서 분리되어 초대교회와 기독교의 근원으로 돌아가는 것과 체코형제복음교회처럼 얀 후스와 후스파 종교개혁의 신앙유산을 이어가는 것을 선언하고 장로교 정치로 세워졌으며, 체코 민족 교회의 특징이 강하다. 교회의 사도성과 예전의 원칙으로서 그리스도의 현존을 강조하고 있어, 정교회의 전통과 가톨릭의 7성사를 받아들이고 있다. (역자주)

10 흐로마드카, JLH., *O duchovní směr v církví českobratrské*, KR(『체코형제복음교회의 영적 방향에 대하여』, 「크리스천 리뷰」), 1928/29, 272.

11장
강의와 학생들

흐로마드카는 강의활동 초창기에 자신의 외국 유학시절에 모았던 자료들, 특별히 신약 전공분야와 논문 준비를 위한 연구자료들을 중심으로 강의하였는데 학생들은 신약의 문제에 대한 그의 해박한 지식에 놀라워하였다.

그는 해외유학 시절에 그가 만났던 하르나크(Harnack), 트뢸취(Troeltsch), 베르레(Paul Wernle) 등의 조직신학 분야의 학자들에게 관심을 가졌고 다른 유명한 신학자들에 대해서도 집중적으로 연구하였다. 그리고 그가 사용한 윤리학 강의 교재를 보면 그의 관심이 마사리크가 언급했던 계몽주의 철학자(데이빗 흄, 포이에르바흐, 콩트, 칸트, 톨스토이, 니체, 키에르케고르)들도 포함된 것을 알 수 있다.[1]

후에 자신의 강의를 위해 이웃나라 독일의 신학 경향을 살펴 본 그는 변증법적 신학을 알게 되었다. 1921년 신문에서 처음 바르트학파에 대해 읽었지만, 특별한 관심은 없었던 듯하다. 1923년 여름학기의

---

1 JLH., *Doom and Resurrection* (죽음과 부활), Richmond, 1945.

강의에서 현대 신학의 기독론에 대해 설명하는 최신 신학서적이 소개된다. 그는 스위스 신학의 기여에 대해 강의할 때야 비로소 "로마서"(*Römerbrief*)를 읽었고 1925년에 되어서야 에밀 브루너(Emil Brunner)의 저서들을 읽었다. 그렇게 흐로마드카는 독자적으로 자신의 신학적 입장을 발전시켜 나갔다. 신학대학에서 활동을 시작한 첫 10년 동안 흐로마드카의 강의와 세미나는 1931년 발간된 그의 거작인 『사상과 삶에 나타난 기독교』(*Křesťanství v myšlení a životě*) 그리고 윤리학 교재의 토대가 된다.[2]

그 당시의 흐로마드카는 심볼리즘(Symbolism) 강의에서 가톨릭과 정교회에 대해 집중적으로 다루었다. 가톨릭 문제를 별도로 다루고자 하는 것은 흐로마드카의 가톨릭 문제의 해결은 철저히 그의 신학대학 활동 밖에서 이루어졌기 때문이다. 신학대학 강의를 위해 당시 개신교 저자들(하르나크와 리츠만 A. Harnack과 H Lietzmann ,"로마의 베드로와 바울" *Petrus und Paulus in Rom*, "예전과 고고학 연구" *Liturgische und archeologische Studien 1915*, 솜과 프지발 R. Sohm과 E. Przywar, "오늘의 싸움" *Ringen der Gegenwart* 1929, "뮈흘러의 심볼리즘" *Möhlerova Symbolika*) 이외에, 펜트(L. Fendt)의 새로운 논문[3]을 사용하였다.[4] 또한 가톨릭 신비주의자 로욜라 이냐시오(Ignacio de Loyola) , 토마스 아 켐피스(Thomas à Kempis), 예수의 테레사(Teresa de Jesús), 후안 데 라 크루

---

2 JLH., *Základy theologické ethiky*(기독교 윤리의 기초), Praha, 1929.

3 L. Fendt, Symbolik des römischen Katholizismus(로마가톨릭의 상징), Berlin, 1926.

4 H. Lietzmann, *Petrus und Paulus in Rom. Liturgische und archeologische Studien* (로마 예전과 고고학 연구의 베드로와 바울), Berlin, 1915; E. Przywaru, *Ringen der Gegenwart*(오늘의 노력), 1929; K. Sell, *Katholizismus und Protestantismus in Geschichte, Religion, Politik, Kultur*(역사, 종교, 정치, 문화의 가톨릭과 개신교), 1908.

즈 (Juan del la Cruz)에 대한 연구에도 몰두하였다. 흐로마드카의 강의와 저서들은 처음으로 보헤미아와 모라비아 지역의 개혁신학에서 원본 연구(덴징거)[5]와 근본적인 흐름(어거스틴, 토마스, 신비주의)의 분석에 토대를 둔 가톨릭에 대한 심층적 분석을 소개한다. 흐로마드카는 가톨릭이 세상에 대해 관심을 갖는 것은 좋아하였지만, 다른 한편 하나님과 세상 간의 거리를 잃어버린 것에 대해 문제의식을 가졌다.

가톨릭 외에도 흐로마드카는 정교회, 블라디미르 솔로비예프(Vl. Solovjev), 베르다예프(N. Berdjajev) 그리고 불가코프(S. Bulgakov)에 대해 매우 철저히 연구를 하였다. 체코슬로바키아 교회(Církev československá, 체코슬로바키아 후스교회)가 자신의 주교 서품 방식을 연구하면서 정교회 방식을 선택하였을 때, 정교회도 사회에서 분명한 역할을 시작하였다. 정교회와의 관계에 대해 공식적인 국가 입장은 부정적으로 볼 수 있을 정도로 당시에 매우 소극적이었다. 체코슬로바키아 공화국의 정교회 문제에 대한 흐로마드카의 관심은 정교회에 대해 매우 좋게 언급한 "오늘날 정교회의 길"(*Cesta dnešního pravoslaví*)[6]이라는 연구에서도 잘 나타난다. 그는 정교회 신학 전공자 파벨 코팔-스테훌레(Pavel Kopal-Stěhule)를 신학교 부교수(docent)로 청빙하였다.

---

5 Heinrich Joseph, *Denzinger*(1819~1883). 독일의 가톨릭 신학자. 벨기에 리에주에서 출생하고 독일 뷔르츠부르크에서 별세. 1844년에 사제가 되었고, 1848년 뷔르츠부르크대학에서 신학을 가르치기 시작하였다. 교의신학 및 역사신학 부문에서 많은 저서를 내어 19세기 신학의 쇄신에 지대한 공헌을 하였다. 주요 저서로는 "*Vier Buchere von der religsiosen Erkenntnis*"(Wurzburg, 1856-1857), "*Ritus Orientalium, Coptorum, Syrorum et Armenorum*"(Wurzburg, 1863-1864) 등이 있다. 특히 "*Enchiridion Symbolorum et Definitionum*"은 가장 잘 알려져 있는 그의 저서이며, 모든 신학자들에게 널리 애용되어 왔다. 1854년 뷔르츠부르크에서 초판이 나온 이 책은 32판을 거듭했으며 최신판은 쇤메처(A. Schonmetzer)에 의하여 1963년 바르셀로나에서 간행된 것이다(출처, 『가톨릭대사전』). (역자주)

6 J. Šuvarský(슈바르스키), 비숍 고라즈드(Biskup Gorazd), 1979, 184.

마사리크의 "러시아와 유럽"에서 정교회의 신앙과 경건의 신학적 토대에 대한 문제의 대답을 찾지 못한 흐로마드카는 원사료를 파고들기 위해 러시아어를 배우기에 이른다. 러시아 철학자들의 책들에 의존하였던 1920년대의 강의에서 흐로마드카는 러시아정교회에 대한 관심을 계속해서 가졌다. 그리고 소련혁명의 발전을 주의 깊게 지켜본 흐로마드카는 러시아정교회가 정화와 개혁의 혁명적 과정을 겪을 것을 예상하였다. 그는 1931년 하라호프(Harrachov)에서 열린 아카데미 YMCA 1차 동계 컨퍼런스 중에서 한 "소련의 교회와 종교 상황"(Církevní a náboženská situace v SSSR) 강의에서 다음과 같이 말하였다. "혁명과 이어지는 모든 사건들은 아마도 교회의 몸의 부정적인 퇴적물을 태우는는 필요한 정화의 불이다. 러시아 소비에트 혁명은 종교역사에서 매우 긍정적일 수 있다."[7]

마르크스주의 국내 대표자들, 특별히 「크리스천 리뷰」에 실렸던 네에들리(Z. Nejedlý)와의 대담("마사리크에 대한 네에들리 논문평" *Recenze Nejedlého spisu o Masarykovi*, 「크리스천 리뷰」 1933, 227)에서도 나타나듯이 흐로마드카의 사회주의와 공산주의에 대한 관심은 다양하게 연구되어 발표되었다. 연구의 내용은 스페인, 이탈리아 그리고 독일에서 성장하는 파시즘에 강력하게 반대하는 입장이었다. 프랑스 인민전선의 조직과 그리고 그 조직과의 협력 가능성에 대한 추기경 베르디에르(Verdier)의 시사점은 위협적인 위험에 반대하는 투쟁을 위한 협력의 관심에서 공산주의자들과 기독교인들의 대화의 가능성을 열었다. 이 점에서 흐로마드카는 진보적이었고, 교회는 그의 뒤 저 멀리에 있었다.

1930년대 전쟁 초기가 되자 흐로마드카의 관심의 중심은 세계와

7 JLH, *Církevní a náboženské situace v SSSR* (소련의 교회와 종교 상황), KR 1931/32, 99-105

체코슬로바키아의 종교개혁에 대한 연구로 옮겨간다. 그의 저서 "사상과 삶에 나타난 기독교"(*Křesťanství v myšlení a životě*)에서 종교개혁에 대한 장(章)이 가장 개략적이었던 것은 이 주제에 대해 별도로 책을 쓰려고 했기 때문이다. 체코형제복음교회의 기독교 과제가 "신학적으로 논의된 종교개혁의 골격"(이것은 종교개혁에서 신학적으로 이해되고 그리고 계몽주의적 퇴적물이 제거된 것을 의미한다)에서 정교회와 가톨릭과도 함께 공통적으로 우리가 갖고 있는 '일반적인 기독교 기초'를 설명하면서 교회의 과제를 알게 되자, 1924년에 '체코형제복음교회의 과제'[8]로 정해놓은 체계적인 절차를 실행해간다. "프로테스탄트 경건주의의 기독교 뿌리들"은 세계 기독교의 배경에서 그 과제를 돋보이게 한다. 이는 후에 에큐메니즘 그리고 신앙과 직제의 신학적 활동의 심도 있는 준비가 된다.

종교개혁에 대한 관심은 첫 번째로 종교개혁을 단지 인도주의와 민주주의 사상과 또는 교회의 실천의 도구로서 이해한 그리고 신학적 배경을 무시한 신프로테스탄트를 극복할 필요성 때문이었다. 신학대학의 많은 역사학자들과 흐로마드카의 동료들은 팔라츠키와 마사리크에 의존하고 있는 이러한 견해들을 지지하였다. 계속해서 종교개혁의 흐름을 평가하는 것과 상호 대화하도록 하는 것은 체코 프로테스탄트주의의 내적 필요가 되었다. 결국 시대의 중대성, 위협받는 민족의 존재는 민족의 유산과 지속성에 대한 관심으로 이끌었다. 그리고 많은 중요한 기념행사들(팔라츠키, 마사리크, 형제단 고백 400주년)이 주목받았다. 흐로마드카는 회고록에 다음과 같이 기록한다: "우리 민족의 존재 문제가 대두된 1930년대 심각한 위기는 우리의 역사 · 정치 · 정

---

8 JLH, *Náboženské úkoly českobratrství v Kalichu* (성찬잔의 체코형제복음교회의 종교적 과제) 1924, 66n

신적 전통의 토대를 재검토하도록 우리를 압박하였다. … 그러나 사실상 우리는 종교개혁의 투쟁과 신학의 뿌리를 다시 살펴보았다."[9]

신학대학 초창기에는 학생 숫자가 매우 적었다. 그러나 곧 신학대학 학생들 숫자가 증가하기 시작하였다. 비엔나신학대학 조직신학자 뵐(Böhl)교수의 많은 영향을 받은, 체코형제복음교회 총회장 빅토르 하예크(Hájek, 1900-1968, 1950-1968년간 총회장 역임)가 흐로마드카의 첫 제자들 가운데 하나였다. 하예크는 고전적 기독교계에 깊이 뿌리를 내리고 있는 흐로마드카를 높이 평가하였다. 총회장으로서 흐로마드카와 협력하였으나, 몇 가지 문제에서는(예를 들어 기독교 국가들에 대한 문제) 사소한 견해차이가 있었다. 바로 그 다음 학년도에 흐로마드카는 학생들 가운데서 자신의 사상을 추종하는 학생들을 얻었으며, 그들 가운데 소우체크(J.B. Souček, 1902-1972)와 다음 학년에 도비아쉬(F.M. Dobiáš, 1907-1972)와 미로슬라브 크레이치(Miroslav Krejčí, 1906-1992)등 많은 학생들이 후에 신학대학에서 그의 동료가 되었다. 그들을 전쟁 후에 교수로서 후스신학대학에서 그리고 1950년부터 코멘스키신학대학에서 만날 수 있었다.[10] 1920년대와 1930년

---

9 *Proč žije?* (왜 사는가?) 92

10 후스와 코멘스키신학대학. '관용의 칙령'으로 인하여 당시 체코개혁교회 목사들은 비엔나신학대학에서 신학 공부를 해야만 했다. 체코슬로바키아가 1918년 오스트리아-헝가리 제국으로부터 독립하면서 체코 개혁교도들은 체코형제복음교회(Českobratrská církev evangelická) 이름으로 자신들의 교회를 자유롭게 처음 설립하게 되었고, 다음해인 1919년에 프라하에 후스 체코슬로바키아 개혁신학대학(Husová československá evangelická bohoslovecká fakulta)을 설립한다. 이 학교가 1950년에 체코형제복음교회, 다른 개신교회들과 슬로바키아 장로교회의 학생들을 위한 코멘스키개혁신학대학(Komenská evangelická bohoslovecká fakulta)과 앞 제10장 "학계와 교계에서 흐로마드카의 위치"에서 보충 설명한 후스 체코슬로바키아 신학대학(Husová československá bohoslovecká fakulta)으로 각각 분리되었다. 두 신학대학은 1990년에 모두 카렐대학교에 편입되었으며, 이때 코멘스키개혁신학대학은 카렐대학교 개혁신학대학(Evangelická teologická fakulta Univerzity Karlovy)이라는 현재 이름으로 바뀐다. (역자주)

대에 그들은 흐로마드카와 바르트의 열정어린 지지자들이며, 자신의 선생의 활동적인 동역자들이었다. 교수들 가운데 그들과 나이가 제일 비슷한 흐로마드카는 강의와 세미나에서 선생으로 그리고 목회자로서 그들과 만났다.

흐로마드카가 신학대학에서 활동하던 초창기에는 신학적인 문제를 토론하기 위한 신학생 모임이 그리고 또 교회 목회자로 활동할 때는 교회에 대해서 논의하는 대화 모임들이 생겼다. 그들의 연구와 토론의 주제는 바르트 신학, 브루너 신학, 종교개혁, 에큐메니칼 운동과 옥스포드 운동 그리고 후에 독일에서 일어난 일련의 사태이었다. 슬라보밀 다네크(Slavomil Daněk) 교수 역시 모임에 자주 참석하였다. 이 모임은 점점 커졌고 1930년대 초에 이르자 교회의 내적 부흥과 교회의 문제에 신학적 응답을 하려는 열정을 가진 젊은 목사들의 정기 모임으로 확장되었다. 이 모임은 벨케 오파토비체(Velké Opatovice)에서 결의한 소위 '오파토비체 테제'에서 자신들의 프로그램을 표현하려고 노력하였다(1934. 7.30–8.2).

미슬리보지체(Myslibořice)에서 열린 모임(1935.8.27-28)은 독일에서의 나치주의의 등장과 정치적 분위기의 영향을 받은 것이었다. '독일 기독교인들'의 대표적인 저항자인 칼 바르트가 초청되어 "교회 건설을 위한 신학적 전제조건"이란 주제로 강연[11]을 했는데 그는 1934년 11월 26일, 독일제국으로부터 해직당한 후 진정서에 대한 협상이 끝난 1935년 6월 22일에 공식적으로 퇴직처리를 받았다. '칼 바르트 사건'은 나치주의와의 투쟁의 신호가 되었다. 바르트는 독일제국 당국의 막대한 공격을 받은 지 두 달 만에 바젤신학대학 교의학 교수

---

11 K. Barth, *Bohoslovecké předpoklady pro výstavbu církve* (교회건설을 위한 신학적 전제조건), Praha, 1936.

의 신분으로 체코슬로바키아 공화국을 방문하게 되었다. 그의 방문은 나치주의 반대 운동의 지지가 되었고, 흐로마드카에게 영향을 주었다(흐로마드카가 후에 나치 반대 운동의 지도자로 발전되는 과정은 앞으로 설명될 것이다). 흐로마드카는 바르트에 대해 "바르트는 그때(1933-1935) 진정으로 교회 역사에 독창적으로 개입하였다"[12]고 썼다.

나치주의에 대한 입장에 관한 한, 바르트 방문의 반응은 분명하였다: 바르트 신학에 대해 언급한다면, 흐로마드카는 바르트와 라가즈와의 통합에서 미래를 보게 된다는 관점을 가졌다. 바르트에 대한 논쟁이 일어났고, 그 논쟁에 특별히 소우체크가 개입하였다. 그는 1928년 3월 크리스천 리뷰에서 1927년 발간된 초판 "바르트 교의학 개론"을 긍정적으로 서평한 적이 있었다.[13]

문학 플랫폼으로써 흐로마드카가 편집, 출판한 기획시리즈 『오솔길』(*Stezka*)이 1934년부터 출판되었다. 시리즈로 발간된 간행물들은 흐로마드카가 그룹과 함께 문제를 해결했다는 증거이다. 국내 관용의 칙령시대 이후 전통("체코 개혁교도의 길", 1934)과의 연결과 1918년에 이루어진 아우크스부르크, 제네바 그리고 형제단의 신앙고백들의 연합에 대한 신학적 검토가 질문들이었다. 계속해서 신앙고백의 방향을 해결하는 것이 중요하였다. 흐로마드카와 그의 제자들은 신앙고백보다 성경의 권위의 분명한 우월성에 대해 그리고 체코 개혁주의의 근본적인 우선성을 보여주는 신앙고백들의 일치를 선포하려고 노력하였다. 그 와중에 교회 안에서 흐로마드카와 그의 제자들이 칼빈주의적 종교개혁전통을 지나치게 강조하고 루터 전통을 약화시킨다는 비판의 목소리가 나왔다. 형제단 전통의 위치를 찾았지만, 흐로마드카는

---

12 *Proč žije?* (왜 사는가?), 92.

13 Th. L. Haitjema, Karl Barths, *Kritische Theologie* (신학비평), J.B. Souček 서평, KR 1927/28, 247.

제자들과 함께 단순한 구호를 거부하였고 심도 있는 신학적 토론을 위해 루터주의, 칼빈주의와 체코형제 신앙고백 등의 전통을 가진 사람들을 초청하였다.[14] "오솔길" 시리즈 편집에 바르트의 강의도 실었다(1936).

이 외에 흐로마드카는「크리스천 리뷰」월간잡지를 편집하였다(이 잡지에 대해 나중에 다시 언급할 것이다). 흐로마드카는 루터와 칼빈의 고전적인 종교개혁 문서 번역에 자신의 제자들을 참여시켰고, 종교개혁 유산에 대한 신학적 입장의 풍부한 이해를 서론으로 썼다. 종교개혁 유산은 체코 신프로테스탄트주의에서 민족과 체코 개혁교도들의 진보적 인식 그리고 인도주의 자원으로 해석되었다. 또한 종교개혁에 대한 폭 좁은 평가에 대해 경고하고 그리고 종교개혁의 가장 중요한 신학적 내용을 가까이 하려고 노력하였다. 이 과정에서 그는 몰나르(A. Molnár)를 자신의 계승자로 발견하였고, 동시에 그의 동료 바르토쉬(F. M. Bartoš)가 주장한 종교개혁의 계몽주의적 마사리크 개념을 전폭적으로 지지하였다.

이 외에도 젊은 목회자들의 실무 모임에서 교회생활의 구체적인 문제에 대해 이야기를 나누었으며 이 토론 역시 흐로마드카가 쓴 글들의 주제가 되었다.[15]

---

14 J.B. Souček, *K zákonu a svědectví* (율법과 증언에 대해), Praha, 1935.

15 *Česky bratr*(체코 형제), 1934, 26-29; 51-54; 74-78; 99-103; 151-154.

12장
루클(Lukl) 가문

1924년 6월 24일, 요세프 흐로마드카는 의사였던 아돌프 루클(Adolf Lukl)의 딸, 나데예 루클로바(Naděje Luklova)와 결혼하였다. 아내의 이름을 받아들이면서, 요세프 흐로마드카의 이름은 요세프 루클 흐로마드카(Josef Lukl Hromádka)가 된다. 아돌프 루클은 체코 개혁교회에서 영향력이 있는 사람이었다. 총회장 요세프 소우체크와 같이 종전 직전에 죽은 체코개혁교회 마지막 감독 체네크 두세크(Čeněk Dušek)(1843-1918)의 제자였다. 체네크 두세크는 1905년부터 에큐메니칼 단체인 '콘스탄츠 연합'(Kostnická jednota)의 초대 회장이었으며, 이 단체는 가톨릭국가인 오스트리아-헝가리 제국으로 부터 위협을 받던 모든 교회들(안식교회를 포함해서)이 해외 교회들과 더불어 체코 종교개혁의 유산을 교류하기 위하여 연합한 단체였다. 콘스탄츠 연합이 1903년에 설립되었을 때, 이러한 설립을 제국교회들과의 관계의 문제에서 비롯된 오스트리아-헝가리 제국에 대한 충성이 부족한 현상이라는 비난이 일어나자, 콘스탄츠 연합은 이러한 비난을 거부하고, 자신들의 신앙의 표현을 위해 조직의 존속을 선포하였다.

아돌프 루클은 자신의 스승 두세크를 특별히 중요하게 생각하였기에 콘스탄츠 연합의 의장으로서 자신의 활동을 이어갔다. 그리고 그는 흐로마드카가 가족들과 함께 등록한 대표적인 프라하 교회인 비노흐라디(Vinohrady) 교회의 대표장로(kurátor)[1]로서 교회의 중요한 직책을 가졌다. 흐로마드카에게서 1925년에 장녀 나데예 에우니케(Naděje Euniké)가 그리고 1928년에 차녀 알레나(Alena)가 태어났고 알레나는 후에 신학을 공부하였다.

루클과의 관계는 흐로마드카의 '콘스탄츠 연합'(Kostnická jednota)[2]과의 협력을 강화시켰다. 1차 대전 이후 콘스탄츠 연합의 돛에 순풍이 불었다. 콘스탄츠 연합이 지지하였던 종교개혁 유산이 민족의 인정을 받았다는 사실을 개혁교도들이 알게 되었다. 1919년부터 흐로마드카가 편집진으로 협력을 한 「콘스탄츠의 불꽃」(*Kostnické jiskry*) 주간지가 개신교도들 사이에서 큰 반향을 일으켰다. 체코개혁교회 안에 가톨릭에 대한 거부가 지배적이었고, 일종의 정치적 반응으로서의 이들 거부감을 문화적으로 종교개혁의 민족적 가치와 관련시키는 경향때문에, 흐로마드카는 "콘스탄츠의 불꽃"에 가톨릭에 대한 글을 기고하게 되었던 것 같다. 기고 글의 결과로 「콘스탄츠의 불꽃」은 독자

---

1 대표장로(kurátor): 체코형제복음교회 헌법은 2인의 공동 법적 대표를 갖도록 되어있다. 1인은 목사며 다른 1인은 공동의회가 선출한 임기 6년의 당회가 평신도 당회원 가운데 투표로 선출한다. 이를 평신도 대표장로(kurátor)라고 한다. 대표장로는 목사와 달리 안수를 받거나 신학을 공부하지 않은 평신도이다. 이 제도는 체코형제복음교회는 합법화된 조직교회로 세워지기 전 오랫동안 종교개혁 시대에 평신도에 의해 유지되었던 신앙유산의 전통으로 이해될 수 있다. 목사와 대표장로는 교회 공동체의 영적 지도자로서 신앙적 법적 책임을 지며, 일반 행정은 목사의 서명으로 처리되지만 교회 중요한 모든 문서는 두 사람의 공동서명을 요구한다. 당회는 당회 회의를 주관하는 의장을 교회대표 2인(목사와 대표장로) 가운데 한 사람을 투표로 선출하고 나머지 한사람은 자동적으로 부의장이 된다. (역자주)

2 콘스탄츠 연합은 1903년에 설립된 개혁교도들의 연합기관으로, 주간지 *Kostnické jiskry* (콘스탄츠의 불꽃)를 발간한다. (역자주)

를 잃었고 그리고 편집장 흘라드키(B. Hladký)가 교체되지 않으면 안 될 지경이었다. 콘스탄츠 연합은 에큐메니칼 사명을 가졌다. 이 사명은 체코슬로바키아 공화국 내에서 실현되었다. 1919년 9월에 콘스탄츠 연합은 흐로마드카를 포함한 대표단을 슬로바키아에 보낸다. 그때부터 흐로마드카는 슬로바키아 개혁교도들에 대해 적극적으로 관심을 갖게 되었다.

1923년에 열린 체코슬로바키아 개혁교회 전국대회에서는 체코슬로바키아 공화국의 개혁교회연맹 창립준비를 콘스탄츠 연합에게 위임하였다. 흐로마드카는 적극적으로 이 일에 가담하였다. 1926년 3월 25일 체코슬로바키아 공화국의 개혁교회 연맹이 창립되었다. 흐로마드카는 1927-1935년에 최고 실무자(Jednatel)가 되었고 1936-1939년에는 부의장이 되었다. 독일루터개혁교회 의장 버렌페니그(Wehren pfenig)가 브라티슬라바 도시에서 열린 설립모임에 참석하여 설교를 하였고, 연맹과는 친교관계를 맺었지만 회원이 되지는 않았다. 체코슬로바키아교회(Církev československá), 슬로바키아장로교회(Refor-movaná Církev na Slovensku) 그리고 체코형제연합(Jednota českobratrská)은 회원이 되지 않았다(체코형제 연합은 1936년에 회원이 되었다).

13장
후스신학대학 학장

2차 세계대전 이전에 흐로마드카는 두 차례 후스신학대학 학장이 되었다. 첫 번째가 1928-1929학년도이다. 취임강연에서는 "신학사상의 진리의 문제"1에 대해서 발표를 하였다. 강연을 통해서 신학대학 학장으로서 흐로마드카가 신학에서처럼, 과학과 철학 사상에서도 같은 진리의 우주성에 얼마나 의존하고 있는지 그리고 기구적인 교회의 차원에서 신학의 폭이 좁아지는 것을 어떻게 막고 있으며 그리고 어떻게 신학을 학문적인 대학 사회에 뿌리내리려고 노력하고 있는지 알게 된다. 그의 강연내용들은 그가 라들(E. Rádl)의 강한 영향아래 있는 것으로 보였다. 이러한 방향으로 '자연종교'2의 연구를 지속하여, 개혁자들이 하나님을 자연적으로 인식한 것 즉 개혁자들의 신 인식방법에 대한 과목을 개설하려고 적극적으로 노력한다.

---

1 JLH., *Problém pravdy v myšlení theologickém* (신학사상의 진리의 문제), Praha, 1928.

2 JLH., Přirozené náboženství (자연종교) 후스신학대학 논총 1919-1929, 189-199.

1934-1935년 불안정한 시대에 흐로마드카는 학장에 연임되었고, "현대 세계의 투쟁에서의 신학"이란 제목으로 취임강연을 하였다.

흐로마드카의 공적인 활동에 대해 이야기를 해보자. 1928년 학장 취임 강연은 흐로마드카가 신학대학에서의 신학 작업을 "체코민족의 정신"("오솔길" Stezka 시리즈에 '체코민족 정신에 대한 노력')에 대한 폭넓은 노력에 참예하는 것으로써 이해하였다는 사실을 보여준다. 그러나 노력을 위해 그가 지금까지 자신의 투쟁을 수행한 신학대학, 교회, 콘스탄츠 연합, 젊은 목회자들 그룹, 학생회 등과 같은 발판들로는 충분치 못하였다. 그래서 흐로마드카는 에마누엘 라들(Emanuel Rádl 1873- 1942)과 협력하여, 기독학생운동을 염두에 둔 새로운 발판을 만든다.

1920년 오스트라바 도시에서 열린 청년 컨퍼런스에서 기독청년들의 활동이 교회와 분리되지 않도록 의견을 개진하였고: 그의 의견에 따라 오직 교회의 범주에서 그 활동이 대단한 영적 깊이에서 일어날 수 있었다. 그러나 흐로마드카의 견해와 달리, 기독교 청년 활동을 청년 연합회의 범주로 제한하는 견해가 채택되었다. 1920년에 "체코슬로바키아 학생회 부흥운동"이 설립되었다. 1926-1927년에 그 운동은 라들의 활동의 영향으로 부흥운동이 기독교적으로 방향을 잡은 그룹(YMCA)과 체코슬로바키아 학생회 윤리운동(Etické hnutí čs. studenstva)으로 나누어지게 된다. 흐로마드카는 아카데미 YMCA의 의장이 되었다. 그는 1925 년 7월 25일 학생회의 컨퍼런스에서 "중심되는 프로테스탄트 원칙"(Ústřední principy protestanstké)이라는 보고서를 통해 자신의 프로그램을 발표하였다. 그 프로그램은 근본적인 종교개혁조항들에 동의하였으며, 신앙의 종말론적인 특징, 신앙과 문화와의 차이점들을 강조하였다.

호로마드카는 라들과 함께 월간지 「크리스천 리뷰」를 발간하였다. 그들은 프로그램에 대해 다음과 같이 언급하였다: "우리의 프로그램은 이것이다. 우리는 크리스천이 되길 원하며 그리고 무엇보다도 모든 다른 종교적인 삶을 측정할 기독교의 토대와 방법을 아는 것을 원한다. … 기독교를 몇몇 허구의 수식어로서 이해하지 않고, 커다란 영적 현실로서 이해한다. 이 영적현실은 예수 그리스도의 시대부터 사도의 시대, 초대 교회, 교회들의 회의들, 중세시대와 종교개혁의 시대를 거쳐 새로운 시대까지 인류 안에서 살았고 활동하였던 것이며 그리고 오늘날까지 많은 혼란으로 감추어진 채 현실에 존재하고 있다. … 우리들은 어떤 교회의 기관도 아니며, 그러나 비교회적이지도 않다. 우리들은 교회들의 협력에 대한 현재의 노력에 집중하고 그것을 지원하길 원한다. … 오늘날의 종교적 혼란과 딜레탕티즘(dilettantism)을 해결하기 위한 분명한 프로그램으로서의 기독교적인 인식을 우리 체코슬로바키아의 삶은 필요로 한다."[3]

제1차 세계대전 말, 호로마드카가 마사리크에 대해 관심을 가졌던 때에 라들을 만났다. 호로마드카가 라들의 비판을 받아들이고 발전시켰던 마사리크 철학에 대한 씨름은 둘을 가깝게 만들었다. 심리학적 그리고 사회학적 요인들에 의지하지 않고, '위로부터' 오는 진리의 개념이 두 사람을 공고하게 결합시켰다. 두 사람은 철학적 방법에 의해 '계시'의 개념을 함께 이해하게 되었다.

그 외에 공공문제에 대한 관심이 그들을 더욱 연합하게 하였다. 라들은 매우 일찍부터 민족 문제, 독일 민족주의의 위험의 중대성 그리고 사회적 문제의 중압감을 통찰하였다. 라들이 의장을 하였고, 호로마드카가 참석을 하였던 1934년 프라하 세계철학회의는 체코슬로바

---

3 E. Rádl과 함께 씀, *Úvodník*(사설) *KR*, 1927, 1n.

키아 공화국이 위협을 받던 시기에 민주주의를 위한 민족주의적 사회주의 반대 시위가 되었다.

호로마드카는 라들에 대해서 깊은 관심을 가졌다. 라들이 죽었을 때, 미국에 있던 호로마드카는 자신의 저서 "체코 철학의 돈키호테"(*Don Quijote české filozofie*, 1943)에서 라들에 대해 다음과 같이 썼다: "15년, 아마 그 이상 나는 그와 함께 일하였다. 우리들은 철학연합(Filosofická jednota)[4]에서 토론을 하고, 성경을 읽었으며, 청년회의 관계로 외국으로 함께 여행을 다녔다. 또 체코슬로바키아 YMCA를 조직하는 일을 도왔고, 기독교 학생회에서 밀접한 관계를 가졌고, 「크리스천 리뷰」를 발간하였다"고 썼다.[5] 「크리스천 리뷰」 2호부터 유능한 저널리스트, 평화주의자, 사회 민주주의자, 강제 수용소에서 죽은 반나치주의 전사인 야로슬라브 심사(Jaroslav Šimsa, 1900-1945)가 편집 책임자가 된다.

프라하와 다른 도시들에서 활동한 아카데미 YMCA는 강연과 세미나 이외에 여름과 겨울 컨퍼런스를 열었다. 첫 번째 컨퍼런스가 1927년 오포츠노(Opočno)란 도시에서 열렸다. 그리고 외국 강사들이 컨퍼런스들에 거의 정기적으로 참석하였다. 아카데미 YMCA는 사회적 문제들, 사회 복음, 종교 사회주의에 대해 특별히 주목하였다. 1926년에 아카데미 YMCA는 라우션부시(Rauschenbusch, 1861-1918)의 "예수의 사회적 원칙"(체코어 번역. 세들라체크 F. Sedláček)을 호로마드카의 서문을 넣어 재판을 발행한다.[6] 후스신학대학 교수들은 일찍부터 종교 사회주의에 대해 관심을 가졌다. 린하르트는 이미 1918년에 종교사회

---

4 철학연합은 철학을 성장시키기 위한 학회로 1881년에 시작되었다. (역자주)

5 JLH., *Don Quijote české filozofie* (체코 철학의 돈키호테), New York, 1943.

6 W. Rauschenbusch, *Sociální zásady Ježíšovy*(예수의 사회적 원칙, 번역. F. Sedláček, Praha, 1926).

주의에 대해 관심을 가졌으며 그리고 중요한 지지자가 되었다. 그는 라가즈(Leonhard Ragaz)를 "우리들 시대의 예언자"로 생각하였다. 후에 종교사회주의의 대표자들과 관계를 유지하였으며 그리고 그의 프로그램을 확산시킨 "새로운 길"(*Nová cesta*)이란 잡지를 발간하였다.

쿠터(H. Kutter) 그리고 라가즈에 대한 흐로마드카의 언급은 그의 신학대학 활동의 첫해(1925)에 바르트와 관련해서 나타난다. "그들에게서 나는 이스라엘의 하나님과 예수 그리스도의 말씀은 인간역사에 급격하게 침투한다는 것을 배웠다. … 하나님이라는 단어를 말할 때, 인간의 느낌도, 종교적인 분위기도 소용없고, 인간의 삶의 대개혁의 떨림이 있다."[7] 예수 그리스도의 복음은 교회 제도의 경계를 넘어서고, 반종교적인 외부 운동 속에서 보이지 않게 활동하고 있다. "이들 두 이름들(쿠터, 라가즈)을 이미 제1차 세계대전 전에 나의 신학적 성장 시기에 들었다. 그러나 양차 세계대전 사이에 우리들의 신학적 그리고 교회적인 투쟁의 시기에 내게 긴급한 음성이 되었다."[8]

아카데미 YMCA 발판에서 깊은 교제가 이루어진다: 라가즈는 체코슬로바키아 공화국을 1932, 1934년에, 프리츠 리브(Fritz Lieb)는 1928년에 그리고 두 차례 더 방문한다. 1938년 리브의 방문은 중요하였으며, 리브(Fritz Lieb)가 바르트의 메시지로 전달하였던 그의 호소 "저항하세요"(Resistez)에 "예, 우리는 저항하겠습니다"(Nous resisterons)라는 만장일치의 대답이 울려 퍼졌다. 투르나이젠(E. Thurneysen)은 브란디스 나드 라벰(Brandýs nad Labem) 도시에서 열린 컨퍼런스에서 "그리스도와 혁명"이란 주제로 1929년에 강연을 하였다(강연은 「크리스천 리뷰」에 실렸다. 1930년 3권, 7; 35; 70).[9] 그리고 또 하나 중요한

7 *Proč žije?* (왜 사는가?), 90n.
8 위의 책, 90.

것은 유명한 스위스 종교사회주의 대표자 리흐텐한스(R. Liechtenhans)가 이들 컨퍼런스에 참석하였다[10]는 것이다. 1930년 리토미슬(Litomyšl)도시에서 열린 컨퍼런스에서 "예수와 새로운 사회 질서(Ježíš a nový společenský řád)"란 주제로 강연하였다(「크리스천 리뷰」 4권, 6, 35, 105). 바젤과 취리히에서 유학하던 흐로마드카의 제자들의 연구로 변증법적 신학의 영향이 체코슬로바키아에서 증대되었다.

1928년 12월 12일 아카데미 YMCA가 세계기독학생회총연맹 회원으로 받아들여졌다. 그것은 흐로마드카에게 새로운 형태의 에큐메니칼 운동의 문을 열어 주었다. 흐로마드카는 유럽 전역과 해외(인도 1928, 미국1931)로 여행을 하게 된다. 인도로 가서 스리랑카까지 방문하고 그리고 이라크, 시리아와 팔레스틴을 여행한 것은 그에게 매우 소중한 경험이었다[11](「크리스천 리뷰」에 실린 여행보고서, 1928-29: 오늘날 세계와 기독교).

체코슬로바키아 프로테스탄트 교회 범주에서 흐로마드카의 에큐메니칼 활동을 우리들은 이미 살펴보았다. 관용의 교회들과의 연합에서 중요한 역할을 하였으며 보헤미아와 모라비아의 "작은" 다른 개신교회들에 대해서 그의 생각은 열려있었다. 콘스탄츠 연합에서의 경험은 그에게 슬로바키아 교회들과의 관계와 체코슬로바키아 교회연맹 설립의 참여와 그 이후 활동을 가능하게 하였다. 교회를 매개로 하는 국제 친교를 위한 세계연맹은 자주 간과되었던 세계 에큐메니칼 운동에 중요한 기여가 되었다. 이 에큐메니칼 평화 운동이 1928년 8월

---

9 E. Thurnezsen, "Kristus a revoluce"(그리스도와 혁명), 「크리스천 리뷰」(*KR*), 1930, 7nn, 35nn, 70nn.

10 R. Liechtenhans, Ježíš a nový společenský řád(예수와 새로운 사회질서), *KR*, 1930/31, 6nn, 35nn, 105nn.

11 JLH., *Dnešní svět a křesťanství*(오늘날 세계와 기독교), *KR*, 1928/29, 196n, 299nn.

24-30일까지 프라하에서 컨퍼런스를 열었다. 컨퍼런스 준비에서 질카와 흐로마드카의 지도아래 체코 개혁교도들이 매우 뛰어나게 역할을 감당하였다.

흐로마드카의 에큐메니칼 지평이 아카데미 YMCA의 활동을 통해서 대단히 확산되었다. 흐로마드카의 에큐메니즘은 형식적이거나 관습적이지 않았다. 정교회와 로마 가톨릭에 대한 통찰력 있는 연구는 흐로마드카가 에큐메니칼 문제들을 심도 있는 신학적 전제들로 해결하는데 무기가 되었다. 흐로마드카는 신앙과 직제 운동에서 활동을 하게 되었다. 교회의 대표로서 에딘버러 세계 컨퍼런스에 참여하였다(1937년 8월 3-18일). 신앙과 직제 운동에서의 그의 활동은 1960년 스몰리크(J. Smolík)를 위원회 회원으로 제안을 할 때까지 지속되었다.

에큐메니칼 활동에서 많은 중요한 신학자들: 비서트 후프트(Visser't Hooft), 존 모트(John R. Mott), 피에르 마우리(Pierre Maury), 라인놀드 본 타덴(Reinold von Thadden), 청년 운동에서 활동한 릴(H. Lilj), 에큐메니칼 운동의 창시자 나탄 쇠데르블롬(N. Söderblom), 유그브 브릴리오스(J. Brilioth), 앤더슨 니그렌(A. Nygren)을 알게 되었다. 저명한 정치가 간디(M. Gandhi)와 네루(J. Nehrú)도 만났다.

국내 에큐메니칼 활동의 지도자는 이론의 여지없이 프란티세크 질카(František Žilka)였다. 그는 생활과 실천(Life and Work)운동 설립에 참여하였고 폭넓은 에큐메니칼 접촉을 가졌다. 제네바 출신 쉔펠트(H. Schönfeld)의 1938년 2월 21일 프라하 방문을 통해 질카는 위트레흐트(Utrecht)에서 열린 세계교회협의회 설립에 대한 회의에 체코슬로바키아 공화국 교회 대표로 임명받았다. 동시에 체코슬로바키아 공화국에 기독교 교회의 에큐메니칼협의회(Ekumenická rada)를 설립하기로 결정하였다. 이 모든 것은 전쟁 후에 실현될 예정이었다.

질카가 죽은 후(1944) 암스테르담 1차 총회에 흐로마드카가 체코슬로바키아 에큐메니칼 대표로 참석하였다. 독일의 강점시기에 질카는 흐로마드카에게 미국으로 가서 그곳에서 체코를 위해 일하도록 강권하였던 인물이었다. 흐로마드카 외에 체코형제복음교회의 암스테르담 회의 대표로 베드나르즈(Fr. Bednář)가 되었다.

14장
가톨릭을 이해하기 위한 노력

호로마드카는 후스신학대학에서 일을 시작했을 때부터 자신의 신학활동을 "민족의 정신을 위한 투쟁"으로 이해하였다. 가톨릭에 대한 자신의 연구들을 1925년에 "가톨릭과 기독교를 위한 투쟁"이라는 책에서 요약하였다. 체코슬로바키아 공화국의 기독교를 위한 투쟁은 그에게 민족의 정신을 위한 투쟁이다. 민족정신에 대한 호로마드카의 정의를 민족주의의 표현으로 이해하는 것은 완전히 날조이다. "개혁 기독교가… 하나님에 대한 투쟁(하나님을 어떻게 더 신실하게 믿을 것인가의 씨름), 그러나 이 투쟁으로 모든 민족의 건전한 힘과 세계의 문화에 대한 투쟁을 투쟁한다."[1] 이 문장은 협소한 민족주의에 대해 분명하게 반대하고 있다. 민족주의 쇼비니즘이 아니라 '세계적인 문화'이다. 개혁교회와 로마 가톨릭 사이의 영적 전쟁의 의미에서 호로마드카는 미래를 위한 싸움과 그리고 모든 민족의 삶의 내적 충족감으로 이끄는 전쟁터를 보았다.

---

1 JLH., *Dnešní svět a křesťanství*(오늘날 세계와 기독교), Praha, 1925, 263.

20년 후에 권력 투쟁에서 체코슬로바키아 공화국은 민족의 삶의 통치로 마르크스주의 프로그램을 받아들인다. 프로그램의 근간을 이룬 세속주의의 강한 경향은 민족의 정신적 프로필 투쟁에 포함되지 않는다. 흐로마드카는 종교에 대한 마르크스주의 비판과 종교의 문제는 민족의 삶에 영향을 주지 않는다는 마르크스주의 관점을 물론 알았다: 종교문제가 국영신문의 사설에서 나타나지만: 대중을 선동하는 것은 실제로 정치·경제적 문제들이다. 흐로마드카는 위의 분석에 대해 지적하기를 "마르크스주의의 기독교에 대한 무관심, 그렇다. 기독교에 대한 반대는 오늘날 역사적 절대권력이다. 그에 반대하는 소위 현대 종교에 대한 지성인들의 관심은 별로 의미가 없다."[2]

흐로마드카는 마르크스주의가 "거대한 역사적 권력"을 의미하는 것임을 알고 있을지라도, 이러한 권력이 『프란티세크 살다』(František Xaver Šalda)[3]의 저서에서 마사리크의 개념에 대한 그의 비판에서, 그리고 문화전선의 중요한 대표자들의 저서에서 나드러났을지라도, 여전히 그는 1920년-1930년대에 종교의 영역에서 정신적 프로필을 위한 투쟁이 일어나고 있는 전선을 보고 있어도, "체코 문제는 종교적 문제"라는 마사리크의 주장에 의존하고 있다. 사회주의와 마르크스주의에 대한 흐로마드카의 관심에 대해 다음 장에서 설명할 것이다. 1920년대에 흐로마드카는 '민족의 정신'에 대한 노력을 하나님에 대한 투쟁(하나님을 더 신실하게 믿는 씨름)으로서 이해하고 있다. 그는 "체코 개혁교회의 유일한 사명을 수행하도록, 개혁 기독교가 가톨릭

---

2 위의 책, 8.

3 '프란티세크 살다'는 1867년에 태어나 1937년에 죽음. 체코 문학비평가, 언론인, 소설가. 1895년 '체코현대예술 선언'(Manifest české moderny) 작성자 가운데 한사람이다. 19세기말 구시대의 규격화되고 정렬된 표현방식에서 탈피하여 자유로운 표현양식의 선언을 주창하였다. (역자주)

교회와 그의 도덕적이고 문화적인 형태에 대해 승리하도록"하는 것은 매우 중요하다[4]라고 말하고 있다.

호로마드카는 이 프로그램에서 기본적으로 체코 개혁교도들의 입장에 동의하였다. 그렇지만 가톨릭에 대한 호로마드카의 입장은 거친 논쟁과 공격을 불러일으켰다. 무엇이 논쟁의 본질이었을까? 백산전투(Bitva na Bílé hoře)[5] 이후 폭력적인 반종교개혁은 체코 개혁교도들의 가톨릭에 대해 조직적인 저항을 불러 일으켰으며 그리고 체코 개혁교도들은 이 저항을 미래를 위한 기본적인 과제와 과거에 대한 근본적인 의무로 보았다. 이러한 관점에서 우리는 팔라츠키와 마사리크를 만나게 되고, 가톨릭에 대한 도스토옙스키의 비판도 울려 퍼졌다.

개혁교도 진영의 로마 가톨릭과의 투쟁은 특별히 오스트리아 가톨릭교회의 몰락이후 수월하게 되었다. 신프로테스탄트들의 입장들은 가톨릭교회가 오직 권력적이고 정치적인 이익과 미신이 있다고 보았다. 가톨릭주의는 그들에게 개혁될 수 없는 것으로 그리고 민주적이고 진보적인 세계의 역사의 무대를 포기하였다고 판결을 받은 것으로 보였다. 마사리크는 "가톨릭주의는 스스로 오늘날 망상이 되었고 퇴색된 세기의 망상"이라고 생각하였다.[6]

이 지점에서 호로마드카는 자신의 비판을 시작한다. 호로마드카는 유럽 가톨릭주의의 르네상스를 연구하고, 독일 가톨릭주의의 진보적인 힘에 감동을 받는다. 그는 역사의 현상으로서 가톨릭주의를 새로운 개신교 반대자들이 생각하는 만큼 신속하게 제거할 수 없다는 결론

---

4 위의 책, 262.

5 백산전투: 백산은 체코명으로 하얀 산을 의미하는 '빌라 호라'이며, 현재는 프라하 6구에 속해있었지만 중세 시대에는 프라하 도시 근교 지역으로 1620년 11월 8일 소위 '30년 전쟁'이 일어났던 곳이다. 이 전투에서 체코개혁파 군대는 가톨릭 연합군에게 대패하고, 체코 영토는 이 전쟁 이후 재가톨릭화의 참혹한 반종교개혁 박해가 시작된다. (역자주)

6 JLH., *Masaryk*(마사리크), 1930, 200.

에 이른다. 흐로마드카는 그러나 훨씬 더 깊이 파고든다. 그는 가톨릭주의에서 그리고 아우구스티누스, 토마스 아퀴나스 뿐 아니라 반종교개혁시대의 스페인 가톨릭주의의 인물에서 종교적 가치의 모습과 종교개혁이 가톨릭 전통과 이어지고, 가톨릭교회 신앙의 기본적인 교리를 받아들이고 있음을 발견하였다. 가톨릭교회의 성과에서 공공에 대한 관심과 경건성의 결합이 경건성의 손상 없이 실현되지 않았다는 것을 인식하더라도, 흐로마드카는 가톨릭교회에서 일어났던 이 결합에 마음이 끌렸다.[7]

흐로마드카가 자신의 설명에서 가톨릭주의의 어두운 면을 숨기지 않았지만 가톨릭 전통의 종교적 가치에 대한 그의 설명은 반대파의 예기치 않은 분노를 불러일으켰다. 흐로마드카는 마치 백산전투를 보상받으려는 모든 사람들의 등에 비수를 꽂은 사람처럼 가톨릭주의 반대 투쟁의 반역자처럼 보였다. 흐로마드카는 완전히 고립되었고, 그의 가까운 친구들도 공개적으로 감히 그를 지지할 엄두를 내지 못했다. 오직 라들(E. Rádl)만이 흐로마드카와 연대하여 함께 투쟁을 했는데, 그는 원래 로마 가톨릭 교인이었으며 그리고 긍정적으로 그리고 비판적으로 바로크가톨릭[8]에 대해 종교적 가치를 평가할 줄 알았다.

흐로마드카는 처음에 자신의 씨름에 고립되었을지라도, 여전히 신프로테스탄티즘 입장으로 가톨릭교회와 투쟁에서 승리할 수 있다는 현존하던 통념을 동요시켰으며, 고전적 종교개혁의 전제조건이 이 싸움을 가능하게 한다는 것을 확실하게 보여주었다. 오래된 적대감을 극복하고 그리고 진지한 신학적 대화를 시작하여야 했다. 그래서 흐로마드카는 로마 가톨릭교회와 에큐메니칼 접촉을 위한 전제조건을

---

7 JLH., *Katolicism*(가톨릭주의), 60.

8 바로크 가톨릭은 반종교개혁 시대의 가톨릭을 뜻한다. (역자주)

만들었다. 그는 가톨릭교회에 대한 더 깊은 이해를 위한 그의 씨름을 스스로 다음과 같이 규정을 하였다: "프로테스탄티즘, 가톨릭교회, 정교회의 경계를 넘어가는 우리 크리스천들의 에큐메니즘을 일깨우는 시도였다." 반가톨릭 분위기는 여전히 높아지고 있었다. 그러한 분위기는 "개혁자들이 노력하였던 것에 대한 가장 깊은 이해를 제거시킨다. 가톨릭교회가 견고한 형태를 완화시키는 시대가 올 것을 우리들은 어느 정도 예견하였다…."[9]

가톨릭과의 투쟁은 체코 역사가 가지는 의미를 위한 씨름의 또 다른 전선이다. 후스신학대학은 자신의 역사학자들의 연구, 특히 바르토시(F.M.Bartoš)와, 체코 역사의 정점을 보여 준 후스개혁파와 형제단 그리고 체코민족 부흥(České národní obrození)을 종교개혁 전통 계승으로서 이해하였던 마사리크의 개념을 지지하였다. 뛰어난 역사학자 요세프 페카르즈(Josef Pekař)는 이러한 이해를 받아들이지 않았으며 그리고 민족의 삶에서 가톨릭주의의 중요한 역할을 하였던 시기를 드러내어 강조하였다. 체코 개혁교도들이 '어둠의 시기'로 불렀던 반종교개혁 시기는 가톨릭 역사가들과 문인들의 해석대로 그래도 덜 어두운 시기였다. 흐로마드카는 이 문제에 대한 토론의 자리를 「크리스천 리뷰」에 마련하였다.

흐로마드카는 어떠한 현상을 받아들일 때 그와의 관계 안에서 연결되는 현상들의 긍정적인 면을 발견하려고 노력하였다. 그의 전 생애에 걸친 그의 이러한 해석 방식은 정교회나 가톨릭주의뿐 아니라 세속주의 대해서도 마찬가지였다.

1920년대가 지나고 난 후 흐로마드카는 경건성에 깊이 뿌리내리고 내적 부흥에 대한 기다림의 희망을 가지고 만났던 로마 가톨릭주의

9 *Proč žije?* (왜 사는가?), 93.

로부터 실망을 하게 되었다. 그는 자신의 전기에서 다음과 같이 실망감을 표현하였다. "1936년에 내가 매우 깊이 역사적 신중함과 정치적 지혜를 기대하였던 체코 가톨릭 문학가들 가운데 몇 사람들이 스페인 반혁명을 지지하였을 때 얼마나 실망하였는지 침묵할 수 없었다." [10] 프랑코(Francisco Franco) 장군에게 호감을 드러낸 가톨릭 지식인 잡지들("깊은 곳으로*Na hlubinu*", "갱신*Obnova*", "수도회*Řád*" 리뷰)은 흐로마드카에게 충격을 주었으며 그리고 로마 가톨릭과의 관계에서 더 신중하게 하도록 하였다. 그는 야로슬라브 두리흐(Jaroslav Durych, 1886-1962)[11]와 다른 사람들에게 다음과 같이 썼다. "여러분들은 생각하고 있다." "스페인 사람들은 어떻게 교회당에 갇히게 되었고, 어떻게 십자가 문양의 칼을 든 장군들에 의해 행진을 하도록 명령받게 되었으며, 어떻게 히틀러와 무솔리니를 돕게 되었는지 잊지 않고 있다. … (가톨릭 교인들은) 바로크적이고 군주적인 용감한 제스처, 빛남 그리고 화려함으로 오직 예술적 도취로 인해, 가장 쉽게 현실의 의미를 잃어버린다. … 체코 가톨릭이 자신의 재앙적인 과거 유산을 얼마나 힘들게 극복해야만 하는가."[12]

체코 가톨릭의 보수적인 반동의 얼굴은 점증하는 위기가 있었던 1930년대에 점점 더 분명해졌다. 「크리스천 리뷰」는 가톨릭 공격을 받은 베네시(Beneš) 대통령을 지지하여야 했었다. 뮌헨협정 이후 흐로마드카는 "총체적인 체코슬로바키아 가톨릭"의 정치적 입장을 다음과 같이 기록하고 있다: "오랫동안 우리 국내 정치 프로그램에 반대를

---

10 위의 책, 94.

11 야로슬라브 두리흐는 체코 군의관, 산문가(散文家), 시인, 극작가, 저널리스트이며, 20세기 전반에 체코 가톨릭주의의 발전에 지대한 영향을 끼친 인물이다. (역자주)

12 JLH., O demokracii, Španělsku a našich katolících(민주주의, 스페인과 우리의 가톨릭에 대하여), *KR*, 1938, 13n.

하였으나 특별히 1938년 9월 14일부터 그들이 베네시를 더욱 거칠게 공격한다. 이러한 공격들의 의미는 아마도 다음과 같다: 새로운 사회 건설 중에 일어나는 것 즉 예를 들어, 질서와 권위의 의미, 인간에 대한 형이상학적인 이해를 위한 이해 그리고 사회생활의 계급적인 질서를 위한 이해가 결핍된 허약한 혁명적 사회에 대해 근본적으로 반동인 이데올로기가 세계대전 중에 우리의 승리한 저항의 대표자들에 의해 체코 가톨릭 민족에게 강제되었다. 이러한 이데올로기는 인위적으로 인간을 건설하였다고 하며 그리고 그의 선함과 합리성에 대한 환상에 전념하였다고 한다. 이데올로기는 사람과 사람을 묶고 있는 모든 개인이 스스로 해결할 수 없는 수갑을 풀었다. 이 외에도 임의대로 체코슬로바키아의 구조적인 역사 전통에 개입하였다. 체코 사람의 힘과 저항을 위해 진보적인 체코사회에 의해 과소평가된… 가톨릭교회, 귀족 그리고 왕조 중세 시대(성 바츨라프와 카렐 4세) 그리고 1620년 이후 재가톨릭화의 반종교개혁 시기… 이러한 역사 기간은 의미를 갖는다고 한다."[13]

비록 체코 가톨릭 내부에 런던에 있는 베네시의 협력자들이 있었을지라도, 보헤미아와 모라비아 보호령에서(가톨릭대통령 하하 Hácha) 그리고 슬로바키아 정부에서(티소 Tiso, 투카 Tuka) 다음 발전은 반동의 위험한 경향임을 확인하였다.

---

13 JLH., *Lidé a program* (사람들과 프로그램), 1939, 79n.

15장
자유민주주의를 위한 투쟁

1920년대에 '경건' 그리고 '공적활동의 참여,' 이 둘의 결합이 흐로마드카로 하여금 가톨릭주의에 관심을 갖게 하였다. 신프로테스탄트주의에서 경건을 저평가하였기 때문에 이러한 결합이 실종되었다. 1920년대의 흐로마드카의 확신에 의하면 "어떤 경건은 가톨릭의 정치적 활동의 배경이었다."[1] "경건한 사람은 특정한 방법으로 세상을 본다: 가톨릭도 세상에 대한, 세상의 처음과 발전과 종말에 대한 자신의 견해를 가지고 있다. … 여기에 가톨릭의 힘이 있어, 가톨릭의 '경건'은 견고한 사상적 체계에 의해 확립된다… 사상적 딜레탕티즘은 경건한 사람이 자신의 감정, 꿈 그리고 체험으로 만족하도록 그리고 현대적이고 최신식의 흐름으로부터 세계관을 단순히 이어받도록 요구할 수 있다."[2]

가톨릭적인 개념의 '경건'은 확장성의 본질이다. "기독교 자체가 능

1 JLH., Křesťanství v myšlení a životě (사상과 삶의 기독교), Praha, 1931, 59.
2 위의 책, 53.

동적인 공격성을 가지고 있고 그리고 세상에서 그리스도의 명예와 영광과 진리를 위해 투쟁한다. 가톨릭교회는 물론 새로운 전제조건으로부터 그리고 정치적이고 사회적인 완전히 새로운 프로그램과 함께 그리스도의 왕되심을 위한 투쟁을 동시에 이끌고 있는 기독교 역사의 모습이다."[3]

'경건'에 대한 흐로마드카의 강조는 당시에 그의 태도의 특징들을 만든다. 후에 이 강조로 인하여, 그의 사고는 철학적 신학적 명확성을 갖게 된다. 철학적인 면에서 '위로부터' 오는 진리에 대한 책임과 한계이다. '경건'안에서 하나님이 주체로 남아있는 하나님과 인간 사이의 사건은 가치가 있다. 인간을 끌어당기는 그러한 사건의 도구는 '말씀'이다. 그러나 동시에 이러한 사건은 인간의 사상과 인간의 적극성을 '기독교 세계관'의 범주에 있는, 공적 활동의 프로그램을 만드는 것과 그리고 그 프로그램에 참여시키는 것으로 연결된다.

교회 경험이 없는 사람들이 유사한 프로그램을 방문할때 왜 '경건'이 필요한가? 전통적인 경건을 거부한 마사리크의 프로그램이 제1공화국 때에 흐로마드카가 지지하였던 프로그램—민주, 약자에 대한 관심, 인간의 존엄성, 사랑, 인도주의—과 왜 일치하지 않는가!

'경건'에 대한 흐로마드카의 열렬한 강조의 근거는 당시 그가 이야기했던 대로 심오한 '종교적인' 원천들로부터, 그리스도의 계시의 원천으로부터 살지 않을 때, '인도주의적인 이상들'이 실현될 수 없고 지켜질 수 없다는 확신에서 왔다. 흐로마드카가 마사리크에게서 배운 것처럼, 현대인의 위기에 대한 분석은 흐로마드카로 하여금 모든 문제의 뿌리에 종교적인 질문이 있다고 확신하게 하였다. 마사리크도 함께 살펴볼 것이다. 계속해서 그 질문에 대답을 하려고 노력한다. 대답은

---

3 위의 책, 61.

마사리크가 받아들이지 않은 계시에서 찾는다.

그 점에서 마사리크와 흐로마드카의 차이점이 드러나며, 이것을 흐로마드카는 "마사리크"(1930)라는 자신의 논문에서 연구한다.[4] 마사리크는 종교적 질문에 대해 긍정적인 대답을 하지 않았기에 종교 지도자가 될 수 없다. 마사리크는 역사적·사회학적·심리학적 사상의 내재론을 관통하려고 하였고 어느 기간 동안 도스토옙스키와 키레옙스키의 분석을 통해 매우 깊이 파헤쳤지만, 계시와 사랑에 의해 이해하지 않고 문화인류학적인 관심의 포로로 남아있었다. 구호 '영원의 관점 아래에서'(sub specie aeternitatis)는 인간의 전제조건으로 관통할 수 없는 내적 실재의 극복이 아니다.

이와 관련된 두 번째 사실이다. 이 사실은 마사리크 프로그램의 평가를 위해 그리고 흐로마드카의 공적 활동을 위해 실제적 영향을 갖는다. 계시에 대한 몰입은 흐로마드카가 자유민주주의에서 하나님 나라로 가는 곧은 길을 보지 못하도록 하고 있으며, 그리고 제1공화국의 사회제도가 하나님 나라와 일치하려는 모든 경향을 가로 막고 있다. 흐로마드카는 세상 정치 프로그램들의 신화화와 맞섰고, 프로그램을 비판하며, 새로운 상황을 위해 개방적으로 그것을 실행하였으며, 그리고 프로그램에서 모든 절대주의와 궁극성을 제거한다. 계시를 가능하게 하였던 이러한 간격, 흐로마드카가 자주 언급하였던 '문화'(kultura)에 대해 이러한 종말론적인 비판적 거리감은 그에게 자유와 정치 현실과의 다이나믹한 관계를 만든다.

여기서도 자유 민주주의는 계속 마르크스주의와의 그리고 소련과의 긍정적인 대화와 협력을 이루지 못한 폐쇄적인 제도가 되었다고 생각하는 마사리크와의 차이를 볼 수 있다. 우리는 흐로마드카에게서

---

4 JLH., *Masaryk* (마사리크), Praha, 1930.

소련에 대한 개방성을 더 일찍 발견한다.

'경건' 즉 그리스도 신앙관에 대한 흐로마드카의 강조는 경건이 그의 정치 활동을 위한 치장이 아니라 정치 활동에서 경건은 뗄래야 뗄 수 없는 자신의 자리가 있고 그리고 정치 활동을 위해 존재론적으로 필요하기 때문이다. 흐로마드카의 신앙에 대한 강조는 하나님 나라와 연결된 교회에 대한 강조와 매우 밀접함으로 기독교인들의 공적 활동과도 매우 깊은 관련이 있었다. 세상에서의 교회 활동의 중세 모델을 긍정적으로 평가하고 칼빈의 신권정치 모델을 위한 열정을 표현하는 목소리가 초창기에 흐로마드카에게서 들린다.

후에 카라피아트(Karafiát)와 형제단에 대한 연구의 영향과 1930년대 정치 상황의 압박 아래서, 즉 이러한 광범위한 맥락에서 흐로마드카는 교회 공동체가 인도주의와 민주주의 프로그램이 실제로 실현된 장소이며, 나중에 사회에 영향을 주고, 사회가 교회 공동체에 따라서 모델이 되고 있다고 생각하기 시작하였다. 흐로마드카는 그리스도 신앙이 믿음, 소망, 사랑의 공교회로 일체화되어야 함을 매우 강하게 강조하였다. 그에게 교회는 세상에서 단지 하나님 나라를 보여주는 경고뿐만 아니라 동시에 시간과 공간에서 하나님 나라에 대한 현실적인 기대인 것이다(그것이 흐로마드카와 니버의 차이점 가운데 하나이다).[5] 흐로마드카는 교회, 신학대학, YMCA, 후에 '기독교평화회의' (Křesťanská mírová konference)에서 활동하던 모든 곳에서 그리스도 왕국의 현존을 느끼는 공동체를 형성하였다. "그의 인간됨의 매력"과 그가 하는 일의 효과도 그 안에 있었다. 그의 영향의 영역에 한번이라도 들어온 사람은 그 영향을 자신의 상황에서 실천하였다.

---

5 J. Smolík(스몰리크), "Faith and Illusion"(믿음과 환상), *Communio viatorum*, 1964, 240-298.

자유 민주사회가 점점 황혼에 그리고 뮌헨 재앙에 접어들면 들수록 혼돈 가운데서 기댈 유일한 장소로서 기독교 공동체와 하나님의 말씀이 흐로마드카의 발언에서 점점 더 강조되었다. 물론 그것은 흐로마드카가 어려운 시기에 사회로부터의 도피나 교회의 게토나 아카데미즘 신학의 길을 선언하기 시작하였다는 뜻이 아니다. 1933년부터 "중부 유럽의 점증하는 불안에 대한 공포"[6]가 그를 괴롭혔던 바로 그 어려운 시기에 흐로마드카는 공화국의 미래를 위한 정치 투쟁의 장에 등장하여 체코슬로바키아 라디오 방송 대담에서 베네시(Beneš)를 지지하였고 공산주의자들과 협력하였다.

1930년대의 마사리크에 대한 흐로마드카의 비판은 마사리크 프로그램에 대한 헌신성을 충분히 이끌어 내지 못하게 하여, 마사리크의 지위를 약화시켰다는 책망을 받게 되었다. 민주주의와 1933년 부터 전 유럽을 위협한 파시즘을 반대하는 투쟁의 마사리크 프로그램에 대한 충성을 흐로마드카는 1937년 9월 22일 마사리크 장례식 때 강연에서 고백하였다("마사리크의 횃불" YMCA, 1938):

> 자신의 백성들을 위해 어떻게 일해야 하는가 묻는다면, 마사리크에게 자문을 구하라! 어두운 오늘날에 그를 기억하라. 그리고 마사리크의 횃불을 높이 드는 일 밖에 할 수 없음을 알게 될 것이다! [7]

공화국의 미래를 위한 투쟁은 흐로마드카에게 독일에서 일어났던 사건을 연구하고 분석하는 것을 의미하였다. 흐로마드카는 독일에서 다가오는 민족주의를 반대할 수 있는 힘에 대해서 질문하였다. 처음

---

6 JLH., *Lidé a program*(사람들과 프로그램), Praha, 1939, 4.

7 JLH., *Pochodeň Masarykova*(마사리크의 횃불), Praha, 1938.

에 그는 트뢸취가 국제주의와 민주주의 프로그램으로 독일 민족주의에 대항할 힘의 조력자가 될 수 있다고 생각하였다. 그러나 독일의 신학적 그리고 정치적 자유주의 그 어느 것도 당면한 과제를 위해 충분하지 않다는 것을 알았다. 그래서 흐로마드카는 이미 1933년에 파시즘을 신랄하게 비판한 라들과 함께 고백교회 사건을 큰 관심을 가지고 지켜보게 된다. 흐로마드카는 바르멘선언(1934)[8]을 환영하였고 독일 신학상황을 분석한다.[9]

흐로마드카는 정치 망명가들과 관계를 유지하며 그들을 지원하였다. 에리흐 비쇼프(Erich A. Bischof)의 그림을 출판하고 독일학 학자 숄즈(prof. G. Scholz)를 도왔다. 또한 에른스트 텔만(E. Thälmann)의 석방을 요구하는 성명서에서 흐로마드카의 서명을 발견할 수 있다. "독일여성의 운명"(*Deutsche Frauenschicksale*)이라는 논총집에는 서론을 썼다.[10] 논총집에는 토마스(Thomas) 그리고 하인리히 만(Heinrich Mann) 두 형제의 논문도 포함되어 있다. 스페인 내전(1936-39)은 흐로마드카의 싸움의 또 다른 초점이 되었다. "프랑코의 승리는 곧 바로 체코슬로바키아 민중의 자유를 질식시키게 할 힘의 승리와 연결된다"[11]고 흐로마드카는 확신하였다. 흐로마드카는 '민주적인 스페인을 돕기 위한 체코슬로바키아 위원회'(Čs. výbor pro pomoc demokratickému Španělsku)[12] 회원이 되었다. 위원회에서의 활동은 흐로마드카가 사

---

8 JLH., *Německý protestantismus*(독일 프로테스탄티즘), *KR*, 1933, 242-246.

9 JLH., *Německý protestantismus na cestě za poznáním*(인식을 위한 도상에서의 독일 프로테스탄티즘), *KR, 1*937, 19.

10 Wieland Herzfeld, *Deutsche Frauenschicksale*(독일 여성의 운명), Merlin, 1937.

11 JLH., O demokracii, *Španělsku a našich katolicích* (민주주의, 스페인과 우리 가톨릭에 대하여), *KR*, 1938, 17.

12 민주적인 스페인을 돕기 위한 체코슬로바키아위원회는 스페인 내전 발발 이후 스페인 공화국과의 연대운동으로 인해 1936년 10월 조직된 시민단체이다. 40개 이상의 체코

회의 많은 진보적 인사들과 그리고 공산주의자들(푸치크 J. Fučík, 네예들리Z. Nejedlý, 세카니나I. Sekanina)과의 만남을 가능하게 하였다. 위원회의 대표로서 적극적으로 그의 활동에 참여하였다. 흐로마드카의 정치적 프로필은 농민당에 대해 부정적 입장을 보여주고 있다. "농촌"(*Venkov*)이라는 잡지의 원고 청탁을 그는 단호하게 거절하였다.

사태는 정점으로 치달았다. 히틀러에 대한 서방 권력들의 입장 정리가 있었던 1938년 9월은 극적이었다. 그러한 분위기에서 바르트는 흐로마드카에게 1938년 9월 19일 에큐메니칼 역사에 길이 남을 편지를 쓰게 된다.[13] 그 편지에서 바르트는 옛날 후스파의 후예들이 매우 나약한 유럽에 여전히 오늘날에도 신사들이 존재하고 있음을 보여주는 것은 희망이라고 언급하였다. "우리들을 위해—나는 오늘 거리낌 없이 말한다: 히틀러와 무솔리니가 격동시키는 사회분위기에서 조롱거리가 되고, 또는 전멸될 수 있는 바로 예수 그리스도의 교회를 위해 — 모든 체코 군인들은 전투를 하고 고난을 겪겠지만, 행동할 것이다."[14] 1938년 9월 25일 "프라거 프레스"(*Prager Presse*)에 그리고 "개혁적인 스위스를 위한 교회신문"(*Kirchenblatt für die reformierte Schweiz*)에 편지는 요약되어 게재되었다.

한편 바르트는 서방에서 자신의 주장으로 인해 완전히 고립된 것을 느꼈고, 그리고 신랄한 공격(전쟁 선동가로서 신학 교수, 유대인-체코인-칼 바르트)을 당하지만, 전체 체코민족은 히틀러와의 전쟁에 참여를

슬로바키아 진보단체와 기관들이 회원으로 신청하였다. 위원회는 프랑코파와 싸운 스페인 민주주의 세력을 지원하는 활동을 조직하였다. 몇 차례 모금활동을 하여 막대한 지원금을 스페인 야전병원에 보냈고, 프랑스에 있는 반파시스트 스페인 전사들의 120명 고아들과 난민촌을 지원하였다. 이 위원회는 1937년 11월에 '민주주의스페인친우회'(Společnost přátel demokratického Španělska)로 재조직된다. (역자주)

13 *Evang. Theologie*(개혁교회 신학), 1988, 523(체코어 번역: *KR*, 1939, 17-19).

14 *KR*, 1938, 18.

결단하였다. 뮌헨 배반[15] 3일 전인 9월 25일 흐로마드카는 체코슬로바키아 라디오 방송에서 대담을 하였다: "평화나 전쟁이 닥쳐와도, 민족과 국가 위에 있는 하나님의 통치를 믿음으로 자신의 잘못과 죄를 고백하면, 우리들에게 위대한 날이 될 것이며, 진리와 인간됨을 위해 그리고 정의와 자유를 위해 깃발을 높이 들 것이다. 활동하자, 필요하면 투쟁하자, 두려워 떨지 말자 그리고 세상과 민족 위에 계신 주님께 복종하자."[16] 9월 23일 전시동원을 한 직후 흐로마드카는 다음과 같이 말하였다:

> 전 국민이 일치하여, 우리 모두가 올바른 전선에 서 있으며, 우리 모두가 큰 희생을 결심하였고, 우리 모두가 친구들과 동맹국들을 신뢰하였고, 우리 모두가 어제의 유럽의 가장 위협받는 첨병에 서 있는 용감한 사람이며, 우리 모두는 자유와 더 나은 내일의 승리를 위해 마땅히 투쟁하길 원한다고 우리 모두는 확신한다.[17]

흐로마드카는 마음을 단단히 먹고 질문한다. "모든 것이 실수와 착각인가?" 그러한 깊은 경험들을 통해서 체코슬로바키아 국가와 흐로마드카 생애에서 그 다음에 일어났던 모든 것을 이해할 수 있다. 흐로마드카 입장에 대해 전쟁이후 적지 않은 비판자들이 흐로마드카와 전 국민의 그와 같은 경험을 간과하거나 저평가하여, 그의 입장에 깊게 들어갈 수 없었다.

흐로마드카는 그러한 충격적인 경험을 다시 기억하였다. 80세 때

---

15 '뮌헨협정'을 체코인들은 '뮌헨 배반'이라고 한다. (역자주)

16 JLH., *Lidé a programy*(사람들과 프로그램), 64.

17 위의 책, 74.

에 다음과 같이 썼다: "유럽의 위기, 특별히 서방의 위기는 심각한 격변일 뿐 아니라 역사적으로 철학적으로 불가사의였으며 신학적 질문이었다. 대부분 서방 통치자들뿐 아니라 서방 사회의 폭넓은 대중들 역시 중부 유럽의 반혁명보다 동유럽의 공산주의를 훨씬 두려워하였다. 1938-39년 민주주의 체코슬로바키아의 몰락은 정치적일 뿐 아니라 정신적으로 우리를 떨게 하였으며 그리고 우리에게 새로운 시작이 어떠할지 분명한 전망 없이 한 시대가 끝이 났음을 의미하였다."[18]

그러한 상황에서 "우리들은 자신의 신학의 토대, 우리 역사적 정치적 정신적 전통의 토대, 종교개혁 노력의 뿌리 그리고 자신의 신학 역시 재점검하였던 것을 이해할 수 있었다."[19]

"충격적 사건의 여파에서 우리 개혁교회들의 특성이 두드러졌다. 이 교회들은 안정적이거나, 정치적으로 보장받거나 그리고 전통적으로 인정받는 기관이 전혀 될 수 없었다. 도상에 있는 '계약 백성이다' (communio viatorum). 그들의 시선은 전방으로 그리스도의 마지막 승리를 응시하고 있었고 그리고 이러한 면에서 종교적 그리고 사상적 주관주의의 위험이 극복되었다."[20] 흐로마드카가 1920년대 초에 자신의 자유주의 입장을 수정하여, '전환점'이라고 말했지만 30년대 말에 "우리의 신학적 씨름과 교회 건설은 우리나라 전통으로 부터 발전되어져야 한다"[21]고 더욱 분명하게 다시 수정을 하였다.

몇 년 뒤에 흐로마드카는 뮌헨협정에서 그리고 '심판과 부활'의 신학적 카테고리에서 드러난 서방 자유주의 사회의 위기의 충격적인 경험을 배경으로 하는 세계의 상황과 자신의 국가 상황을 분석하였다.

---

18 *Proč žije?* (왜 사는가?), 96.
19 위의 책, 98.
20 위의 책, 97.
21 위의 책, 98.

'개정'(*Revise*)이라는 제목으로 흐로마드카는 1939년 11월에 "우리의 시대"(*Naše doba*)에 논문을 기고한다.[22] 논문의 결론에서 그의 시각이 계속 더 자주 초점을 맞추게 될 전망이 열리고 있다. 흐로마드카는 다음과 같이 상기시킨다. 마사리크가 마르크스주의 비판에서 "마르크스와 엥겔스의 철학체계에 대한 이해 … 인간에 대한 이해, 그의 구체적이고 물리적이고 사회적인 연관성에 대한 이해, 아주 작고 그리고 겉보기에 의미 없는 삶의 조건들에 대한 인간의 의존과, 그리고 단지 하루하루 호구지책을 하며 살아가고 물질적인 보장이 없는 사람들의 고통에 대한 이해를 드러냈다. 이것은 오늘 우리들에게도 도전이다. 미천하고 가장 미천한 사람들에 대한 이해와 함께, 민족의 큰 공동체를 세우는 것 그리고 사회의 모든 계층을 윤리적이고 종교적이고 문화적인 희망의 상속자가 되도록 하는 것이다."[23]

새로운 사회에 대한 전망이 뚜렷하게 아직 형성되지 않았어도, 이 전망은 흐로마드카로 하여금 뮌헨 협정의 결과가 되었던 구 부르조아 사회가 역사의 장에서 퇴장하고 미래를 지배하기에 충분하지 않다는 인식을 가능하게 하였다. "오늘날 우리들은 1789-1938년의 자유주의 유럽은 되돌아오지 않고 지나가고 있는 것을 보고 있다. 자유와 관용 그리고 인권은 지나간 시대에 있었던 것과는 다른 수단으로 보장받아야 된다. 1918-1938년의 체코슬로바키아는 되돌아오지 않을 것이다."[24] 이 말을 흐로마드카는 1948년 혁명 이후가 아닌 이미 1938년 뮌헨협정 이후에 하였다.

1939년 초는 흐로마드카에게 시련의 시기였다. 신학자들과 교회

---

22 JLH., *Naše doba,* 1939(개정), 6-14.

23 JLH., *Lidé a programy* (사람들과 프로그램), 87n.

24 위의 책, 93.

들 사이에 소동을 불러일으켰던 1938년 9월 칼 바르트의 편지에 대한 호로마드카의 답장에서 알 수 있다. 호로마드카는 1938년 암흑의 9월부터 거의 병이 들었고 거의 절망상태였다고 편지를 썼다. 독일에서 바르트를 반대하는 격정적인 캠페인을 불러일으킨 편지를 공개하는 것이 그에게 부담이 될지 바르트에게 물어본다.[25] 그러자 바르트는 3월 1일 호로마드카에게 답장을 하여 그 편지를 원하는대로 하라고 하였다.

"그 편지에 쓴 내용에 대해 말하자면… 편지 내용이 나를 대신해서 사과하길 원했던 몇몇 사람들이 생각한 것처럼 경솔하지 않았고, 반대로 반드시 그렇게 언급했어야 했고, 앞으로 다른 말로 다시 그렇게 언급되어져야 할 것이다." 소우체크 교수는 "정당성과 법"(*Rechtfertigung und Recht*) 논문에서 1938년 9월 바르트의 편지를 해석의 구체적인 완성이라고 언급하였기에, 1938년 11월 편지에서 바르트는 그에게 인사를 한다. 바르트는 여름에 체코슬로바키아로 가길 원하였으며, 그것이 가능할 것이라고 희망적으로 말하였다. 그는 호로마드카가 자신에게 많은 것을 설명할 것을 기대하며 다음과 같이 말하기도 하였다. "멀리서 보면 당신 나라와 민족은 기다란 손톱을 가진 괴물의 손에 완전히 사라지게 될 것이라고 생각하는 것이 가능하다."[26]

스위스에서 살고 있는 바르트의 견해는 2주일 만에 그대로 실현되었다. 3월 15일 독일 군대가 진입하여 축소된 체코슬로바키아 영토에 보헤미아와 모라비아 보호령을 내린다.[27]

---

25 M Rohkrämer, *Evag. Theologie*(개혁교회 신학) 1988, 523, 코메니우스신학대학 고문서 편지.

26 위의 책, 523.

27 "축소된 체코슬로바키아 영토"는 수데텐(Sudeten) 지역을 말한다. 이 지역은 독일과 체코슬로바키아의 국경을 이루고 있는 수데텐산맥 일대의 북서쪽 보헤미아와 남부 모라비아 지역이다. 1918년 체코슬로바키아가 오스트리아-헝가리 제국으로부터 독립

호로마드카의 국내와 국외 진보적인 활동가들과의 관계를 우리는 살펴보았다. 흐로마드카는 위험한 상황에 처하게 되었다. 친구들은 그가 더 늦기 전에 고국을 떠날 것을 권면하였다. 흐로마드카는 4월에 체코슬로바키아를 떠날 결심을 하게 된다. 언급한 이유 외에 신학대학 내부적으로 위촉사항이 있었는데, 신학대학교 교수회에서 가장 존경받는 회원인 질카가 흐로마드카에게 해외에서 체코 문제를 다루도록 위임하였다. 질카는 고령 때문에(68세) 이 문제를 감당할 만한 형편이 되지 못했다. 흐로마드카는 출국 직전에 '민주주의 스페인을 위한 위원회'에서 함께 일하였던 친구 공산주의자 이반 세카니나(Ivan Sekanina)와 만났던 것을 기억하였다. 흐로마드카가 그에게 서방으로 떠난다고 이야기했을 때, 세카니나가 다음과 말하였다: "만약 내가 떠난다면 동쪽으로 갈 것이다." 흐로마드카는 비서트 후프트가 자신에게 강연 초청을 주선해 준, 제네바를 경유해서 미국으로 떠나는 것을 좋아하지 않았다. 그것보다 동료들과 남아서 독일인들과의 전쟁에 참

하면서 새로운 국경이 결정될 때 이 수데텐산맥 일대에 독일인들 거주 숫자가 현저하게 많았다. 수데텐 지역을 포함 체코 내 거주한 독일인의 숫자가 당시 3백만에 달하였다. 독일인 거주자가 다수였던 수데텐 지역은 독일과 체코슬로바키아와 중요한 분쟁지역이 되었다. 수데텐 독일 거주자를 체코슬로바키아 통치 아래 두기로 결정한 1919년 생제르맹 조약 이후 수데텐 지역 독일인들은 독일 민족주의, 반체코, 반유대인 찬성이 증가하였고, 1930년대 중반에 그들이 수데텐 독일정당을 만들어 이 선전을 퍼트렸다. 이 당은 당시 대공황으로 실업자의 급증과 맞물려 1935년 의회선거에서 수데텐 지역 주민의 2/3를 득표하여 체코슬로바키아 의회 의원들의 두 번째 큰 정치세력이 되었다. 수데텐 나치는 수데텐 지역을 독일과 병합하려는 활동을 활발하게 하였다. 그들은 체코슬로바키아 정부를 곤경에 빠트렸고, 반면에 영국과 프랑스를 설득함으로써 수데텐 지역 분쟁을 최고조로 자극하였다. 체코슬로바키아 지도자들은 전쟁을 피하기 위해 그 지역을 독일에 양도하여 그들의 극단적 활동을 설득하며 막았다. 그러나 체코슬로바키아 정부는 수데텐 지역 분쟁을 빌미로 체코슬로바키아를 인수하려는 히틀러와 화해할 수 없었다. 1938년 영국, 프랑스, 이태리, 독일이 뮌헨에서 만나 10월 10일까지 수데텐 지역을 독일에 양보하도록 체코슬로바키아에 최후통첩을 결정한다. 2차 세계대전 이후 체코슬로바키아가 이 지역에서 거주하던 독일인들을 강제추방시킴으로써 다시 자신의 영토로 복원시킨다. (역자주)

여하는 것을 더 원하였다. "나는 개인적으로 나의 고국을 떠나는 것을 매우 고통스럽고 유감스럽게 생각하며 체코슬로바키아가 독일 군대에게 저항하지 않았던 현실에 대해 커다란 비애를 느꼈다."[28]

---

28 JLH., *Mezi Východem a Západem* (소련과 서방 사이에서), Praha, 1946, 33.

16장
미국에서

비서트 후프트가 흐로마드카를 미국으로 망명시키기 위해 그의 제네바 강연을 주선하였다. 흐로마드카는 가족과 함께 프라하를 떠나 제네바와 파리를 경유하여 1939년 5월 22일 미국에 도착하였다. 그리고 9월부터 교수로서 활동을 시작하였다. 처음에는 뉴욕에 있는 유니온 신학교와 프린스턴 신학교에서 초빙 강사(visiting lecturer)로 활동하였다. 두 신학교는 미국에서 가장 오래된 대학에 속한다. 유니온 신학교에는 당시에 유럽 사태를 주의 깊게 바라보고 있었던 라인홀드 니버(Reinhold Niebuhr)가 활동하고 있었다. 니버는 독일을 떠나야만 했던 기독교 사회주의자 파울 틸리히(Paul Tillich)를 미국으로 초청하였다. 마찬가지로 흐로마드카의 투쟁도 그의 관심을 피할 수 없었다. 신학대학교들안에 있었던 근본주의(fundamentalism)와 모더니즘과의 긴장과 깊은 충격은 이미 절정을 넘어섰지만, 이 긴장과 깊은 충격은 흐로마드카가 프린스톤에서 중요하게 개입하여야했던 미국 신학대학교 상황의 일부분이었다.

흐로마드카는 니버에 대해 비판적이었다. 흐로마드카는 미국 자유

신학의 신학적 개선과 성서학적 발전을 위한 그의 노력을 높게 평가하였다. 그러나 니버의 신학은 그를 만족시키지 못하였다. "왜 우리는 동일한 시대에 현대 역사와 국제 상황의 이해에서 니버와 분리되어야 하는 가를 나는 많이 생각하였다. 이러한 원인이 우리들의 다른 기독론적 강조에 있는 것은 아닌지 나는 질문을 하였다. 나는 아주 자제하며 말한다…. 니버의 약점(정치적인 생각에서도)은 그의 지나친 추상적인 것, 거의 상상적으로 만든 기독론이다. 자신의 나라와 현대사회의 전체적인 사상적 정신적 상황을 뛰어나게 분석할 줄 알았으며, 마찬가지로 인간의 개념에서 근대 민족주의와 이상주의의 불충분성을 예리하게 드러낼 줄 알았다. 마찬가지로 근대 자연주의와 물질주의의 우선성과 불충분성을 정확하게 설명할 줄 알았다. 양 측면에서의 불충분성들을 극복하려고 하였다. 그러나 성서적 사고 또는 신·구약성경의 증언의 깊이에서가 아니라 상상적으로 만든 기독론으로 극복하려고 하였다. … 거룩하고 자비하신 하나님이 인간의 죄성의 가장 깊은 곳으로 들어오심에 대한 성서의 증언의 가장 깊은 톤들이 없으며, 그래서 죄인이며 무기력한 인간과의 하나님의 연대에 대한 뜨거운 증언이 그에게 없는 것을 그의 글에서 느낀다. 이러한 면에서 폴 틸리히는 미국의 정신적인 삶에 실질적 도움이 없었고 지금도 없다. 연속성에 대한 그의 신학과, 존재와 삶에 대한 용기 그리고 하나님은 인간존재의 가장 깊은 토대라는 그의 강조는 죄 용서와 하나님과의 화해 그리고 새로운 창조를 갈망하는 인간의 비명에 대한 대답이 아니다."[1]

변증론과 기독교 윤리학과의 쿠이젠가 석좌 교수(prof. John E. Kuizenga, Stuart Chair of Apologetics and Christian Ethics)의 퇴임 이후 프리스턴에서 변증론과 기독교 윤리학과가 비워있을 때, 흐로마

---

1 JLH., *Amerika*(아메리카), *KR*, 1967, 81n.

드카가 1940년에 프린스턴신학대학 교수가 되어, 유니온신학대학의 일을 그만두고 프린스턴 알렉산더 거리(Alexander Street)에 위치한 집에 정착하게 된다.

스코트랜드 출신이며 흐로마드카가 매우 가깝게 지냈던 존 맥케이(John A. Mackay)가 프린스턴신학대학의 학장이 되었다. 맥케이는 라틴 아메리카의 상황을 자신의 경험을 통해 알았다. 그는 이 대륙에서 정치적·사회적 자유에 대한 민족의 투쟁과 프로테스탄트 교회들의 혁명 활동에 매우 공감을 하였다. 이러한 투쟁에 동참하도록 자신의 학생들(예를 들면, R. Shaull)에게 불을 지폈다. 자신의 라틴 아메리카 경험을 통해 맥케이는 흐로마드카와 유럽 상황을 잘 이해할 수 있었다. 학장 맥케이는 미국 생활에 적응해 가고 있는 흐로마드카에게 학생들과 교수들과 만남의 길을 열어주었다. 이것은 흐로마드카에게 큰 도움이 되었다. 왜냐하면 그가 영어를 알고 있었을지라도, 만족하게 말하게 되는 데는 2년이 걸렸기 때문이다.

존 맥케이는 흐로마드카와의 둘 사이의 깊은 친구관계에 대해서 그리고 그의 미국에서의 활동과 그에 대해서 다음과 같이 증언하고 있다: "유럽의 재앙으로 흐로마드카는 미합중국에게 선물이 되었다. 히틀러 군대가 체코슬로바키아 공화국을 침공하였을 때, 흐로마드카는 신학교 교실을 떠나 자신의 조국으로부터 도망쳐야 했다. 정치적·종교적 자유를 지지하는 그의 타협 없는 태도는 그가 중요한 인물이 되게 하였다. 용감한 스위스인이 모든 체코슬로바키아 크리스천들에게 저항하도록 도전하였던 친구 칼 바르트의 편지가 공개되었을 때, 흐로마드카 박사의 체포는 히틀러 비밀경찰의 목표가 되었다. 그는 하나님의 자비하신 인도하심으로 스위스로 피신하는데 성공하였다. 1939년에 여기 미합중국으로 왔다. 1940년부터 1947년까지 프린스턴신학대학의 변증론과 기독교 윤리학과 교수가 되었다. 이 기간에 월터 홀턴 박사(Dr. Walter Horton)가 자신의 책 『유럽대륙 신학』(*Continental theology*)에서 중부유럽의 프로테스탄트 신학 지도자로 언급한 체코 교수는 미국 사회에서 큰 신망을 얻게 되었다. 강연과 출판물로 미국과 캐나다의 목사들과 교회 교인들의 지지를 얻게 되었다."[2]

호로마드카의 책 『죽음과 부활』(*Doom and Resurrection*)은 미국에서의 그의 강연과 세미나 활동을 증언하고 있다.[3] 그 책에는 버지니아 유니온신학대학에서 1944년 2월부터 한 강의들이 들어있다. 호로마드카는 역사적 상황과는 거리가 먼 대학의 교사는 아니었다. 그의 강연들은 역사 상황과 문제해결을 깊이 분석하였다. 1941년 12월 8일 월요일 오전 10시 30분, 기독론 정규 강의 시작에서 학생들에게 이렇게 말하였다: "어제 12월 7일부터 미합중국은 일본과 전쟁을 시작하였다. 이러한 일련의 사건이 있기에, 나는 여러분들에게 대략적으로나마 개인의 관점을 설명해야 할 책임감을 느끼고 있다."[4]

호로마드카는 『죽음과 부활』의 제목 아래 출판된 강연들에서 제2차 세계대전의 마지막 단계의 세계 상황에 대한 분석에 관심이 있었다. 그의 분석은 마사리크, 라들, 도스토옙스키의 깊은 역사적 분석과 바르트 신학의 분석으로부터 온다. 호로마드카는 예언자적으로 평화적인 미래는 문화, 과학 그리고 권리와 자유 국가 그리고 경제 기관의 당시의 개념을 넘어서는 믿음의 가장 깊은 토대 없이 상상할 수 없음을 보여주려고 하였다. 그렇지 않으면 "증대하는 부, 고통과 고난을 극복하는 기술발전, 자기 의로움, 그리고 동유럽, 아시아와 아프리카에

---

2 JLH., "서론(předmluva)", *Sprung über die Mauer*(벽을 뛰어 넘어서), Berlin, 1961.

3 JLH., *Doom and Resurrection*(죽음과 부활), Richmond, 1945, 런던(Londýn), 1945.

4 JLH., *S druhého břehu*(건너편 언덕에서), Praha, 1946, 50.

서 새롭게 출현하는 사회에 대한 거의 형이상학적인 고통"은 새로운 전쟁 위협의 상황을 만들게 될 것이다.

호로마드카는 1944년 "죽음과 부활"을 미국 부통령 헨리 월러스(H. A. Wallace)에게 주었다. 이들 강의들은 미국 신학자들이 흐로마드카의 신학적 업적과 1948년 이후(공산주의통치)에도 그의 씨름을 주목하는데 도움이 되었다(예를 들면, Charles West, "공산주의와 신학자들, 부딪침에 대한 연구*Communism and the Theologians, Study of an Encounter*", London 1958, "심판과 희망으로서의 공산주의*Communism as Judgement and Hope*", 51-57).[5] 흐로마드카는 전쟁 후반기인 1948년 혁명의 강압이 아니라 '자유의'사회 중심에서 역사적 현실에 투사함으로써 신학적 결론에 도달하였다.

1961년 서베를린(Käthe Vogt)에서 독일어로 출판된 흐로마드카의 1945년 강의들은 전쟁 이후에 그의 관점의 깊이와 유효성을 입증하고 있다. 흐로마드카의 강의 주제들의 범위는 매우 넓었다. 기독론, 기독교 윤리, 종교 철학, 교회와 국가의 문제, 비교 기독교론, 에큐메니칼 컨퍼런스 신학(스톡홀름, 로잔, 에딘버러, 옥스포드)을 강의하였다. '위기 신학'(Theology of Crisis)에 대한 강의가 가장 관심을 끌었다. 흐로마드카는 이 강의를 체코슬로바키아 공화국에 돌아와서 반복하였으며, 쿠체라(V. Kučera)가 녹음한 것을 토대로 오포첸스키(M. Opočenský)가 편집하여 교재로 출판하였다.[6] 이 강의에서 미국 학생들에게 뵐(E. Böhl), 콜브뤼헤(H. Kohlbrügge), 블룸하르트(Blumhardt), 라가즈(L. Ragaz)

---

5 Charles West, "공산주의와 신학자, 부딪침에 대한 연구", *Communism and the Theologians, Study of an Encounter*, (Londýn, 1958), 51-57.

6 JLH., *Přelom v protestantské theologii* (프로테스탄트 신학의 전환점), vyd. V. Kučera a M. Opočensk ý (V. 쿠체라 그리고 M. 오포첸스키), 프라하, 1957, 1979(2판), 35.

등의 이름들이 유럽 상황의 기본적인 경향을 어떻게 특징짓고 있는가를 설명하였다. 자유주의신학(1799-1917)의 기본적인 라인의 분석이후에 그들의 내부 논쟁을 보여준다. 전환기의 외적 예상에 대한 해석 이후 19세기 변증법적 신학의 선배들(니체Nietzsche, 마르크스Marx, 포이에르바흐 Feuerbach, 오버백Overbeck, 입센Ibsen, 도스토옙스키Dostojevskij, J.Ch. 불름하르트Blumhardt, Chr. 블룸하르트Blumhardt, 쿠터Kutter, 라가즈Ragaz)을 다룬다. 결론적인 해석들은 바르트의 첫 번째 저술들과 "로마서"(*Römerbrief*)에서 그리고 오토(R. Otto)의 거룩성(Das Heilige)에 증거를 제공하고 있는 전환기에 기여하게 되었다. 위기의 신학은 물론 모든 문제를 해결하지 못하였다. 새로운 문제들(가톨릭과의 토론 등)이 다가왔다. 강의의 결론은 1928년부터의 바르트 신학사상의 발전을 스케치하였다.

'경건들'(『신앙 고전들 독서*Readings in Devotional Classics*』, 초판 1941-42) 글들을 읽었던 흐로마드카의 세미나들은 커다란 인기를 얻었다. 가톨릭에 대한 분석을 통해 이미 후스신학대학에서 흐로마드카는 기독교 신학자들과 신비주의자들의 경건에 깊이 파고 들어갔다. 그는 자신의 미국학생들에게 감추어져있던, 그러나 키에르케고르와 도스토옙스키에 대한 토론에서 나타났던 것처럼, 그들에게 커다란 관심이었던 세상의 문제를 제기하였다.

흐로마드카는 대화에서 프린스턴대학에서의 활동의 시기가 학생들에 대한 그의 영향이 가장 컸던 시기였다고 언급하였다. 그의 학생들 중에는 중국, 인도, 한국, 일본, 아일랜드 출신 청중들이 있었다. 그들 가운데 많은 학생들이 후에 에큐메니즘의 중요한 지위에 있었다. 흐로마드카는 학문적인 자리에 많은 초청 강연을 받게 되었다. 언급한 버지니아 리치먼드대학교 강연 외에도 흐로마드카는 1947년에 조지아(Georgia)주 디케이터(Decatur)에 소재한 콜롬비아신학대학(Columbia Theological Seminary)에서 강연을 하였다.

미국에서 흐로마드카의 활동은 대학 활동만으로 제한되지 않았다. 미국으로 간 이후 유럽 사태를 주목하였으며 무슨 일이 일어났는지 이해하고 '갱신'하는 노력을 하였다.

이러한 목적에 의심할 여지없이 1940년 2월 미국에서 체코슬로바키아 개혁교도들의 민족 연합 출판사가 비용을 대고 출판한 『어제와 내일의 마사리크』(*Masaryk mezi včerejškem a zítřkem*)란 책에[7] 있는 '새로운 유럽을 위한 체코슬로바키아 투쟁'(*Československý boj o novou Evropu*)에 대한 숙고가 이러한 목적에 의심할 여지없이 기여를 하였다. 서론에서 흐로마드카가 전쟁 초기의 전체 상황을 어떻게 이해하고 있는지 그리고 자신의 사명을 어떻게 이해하고 있는지 알 수 있다.

전 세계는 새롭게 조직되어야 한다. 어떤 사상에 따라서? 흐로마드카는 서구 민주주의 사상에 경도되어 있었으나, "영구한 토대위에 세계의 재건을 수행할 만큼 서방 민주주의 원칙들이 도덕적으로 사상적으로 충분히 강한가"라고 질문하였다. "모든 것이 유동적이고, 우리 가운데 누구도 내일의 세계가 어떤 모습이 될지 알지 못한다."[8]

체코와 슬로바키아 민족은 중부 유럽의 미래에 기여하도록 부름을 받았다. 이에 마사리크 사상은 도움이 될 수 있다. 그래서 흐로마드카는 체코슬로바키아 미국인들에게 마사리크의 횃불을 높이 들도록 요청한다[9](「크리스천 리뷰」지 도서관에서 1947년 2쇄 원고 집필). 흐로마드카는 이 연구에서 마사리크의 혁명 개념에 폭넓은 관심을 가졌다. 흐

---

7 JLH., *Masaryk mezi včerejškem a zítřkem* (어제와 내일의 마사리크), Chicago 1940.

8 위의 책, 3.

9 JLH., *Pochodeň Masarykova*(마사리크의 횃불), Praha, 1938, 1947.

로마드카는 혁명의 합법성에 대해 언급한 마사리크의 글들을 인용한다: "폭력에 대한 방어로서 혁명은 도덕적으로 합법적이다." "양심이 불의에 대한 복종을 우리들에게 명령하는 것은 진리가 될 수 없다. 그리고 만약에 전제주의적 폭정을 평화로운 길로서 되돌리는 것을 강제할 수 없다면 혁명이 도덕적으로 그리고 법적으로 정당하다."[10] "그렇다. 마사리크는 강제적이고 혁명적인 몰수를 위해 그리고 러시아 테러리스트를 위해 변명할 말을 찾는다. 몰수자들과 학살자들을 길러내고 그리고 러시아 전국에서 몽둥이를 들고 가장 야만적인 깡패질을 하였던 정부와 경찰이 이 모든 것에 책임이 있다."[11]

"합리적이고 그리고 도덕적으로 확증된 프로그램에 근거하고 있다면, 혁명은 여기서 정당화된다. 혁명가는 무엇을 원하는가 알아야만 하며, 계획은 법과 세상의 양심 앞에서 정당해야만 한다: 억눌린 자들의 선, 정의 그리고 권리가 가치있음을 그리고 이상을 실현시킬 다른 길이 없음을 증명해야만 한다."[12]

호로마드카는 망명 중에도 체코 정치와 문화의 삶의 인물로 돌아왔다: 언급한 그의 책에서 분명하게 보여준 것처럼 가장 자주 마사리크에게로 돌아왔다. 그러나 살다(F.X.Šalda), 카렐 차페크(Karel Čapek), 페르디난드 페로우트카(Ferdinand Peroutka)도 기억하였다. 반대자 카렐 크라마르시(Karel Kramář)와 요세프 페카르시(Josef Pekař)도 언급하였다. 계속해서 빅토르 디크(Viktor Dyk), 에드바르트 베네시(Edvard Beneš) 그리고 즈데네크 네예들리(Zdeněk Nejedlý)를 기억하였다. 그는 특별한 존경을 가지고 라들(Emanuel Rádl)과 대화를 하

---

10 T. G. Masaryk, *Rusko a Evropa II* (러시아와 유럽 II), 67 재인용 *Masaryk mezi včerejškem...* (어제와 내일의 마사리크), 34.

11 위의 책, 79.

12 위의 책, 80

였다. 흐로마드카의 친구 에마누엘 라들의 죽음으로 "체코 철학의 돈키호테"(*Don Quijote české filosofie*)를 집필하였다.[13] 라들이 숙고한 사상과 생각들을 모아놓은 그 책에서 다시 세계 개혁 프로그램을 위해 씨름을 하고, 회의론과 싸우고, 체코인과 독일인의 관계의 문제를 분석하고, 체코 역사의 의미를 해석하였다.

해외 체코슬로바키아 레지스탕스 정치 활동가들과의 접촉으로 이끈 흐로마드카의 공적 활동과 출판 활동이 많았다. 1940년 초, 마사리크의 생일날인 1940년 3월 7일에 시카고에서 미국과 캐나다 지역을 대상으로 한 '체코슬로바키아 프로테스탄트의 민족연합'(Národní jednota československých protestantů)의 월간지 「후스의 사람들」(*Husův Lid*)이 창간(매튜 스핀카Mathew Spinka가 회장이었다)되어, 흐로마드카와 인드르지흐 프로하즈카(Jindřich Procházka)가 공동 편집장이 되었다. 월간지의 탁월한 협력자는 당시 미국에 거주하였던 카렐대학 역사 교수 오타카르 오들로질리크(Otakar Odložilík, 1899-1973)였다. 마사리크 프로그램로 인하여 흐로마드카는 오들로질리크 교수와 연결되었다. 잡지의 목적은 미국에서 난민의 이익과 체코슬로바키아 공화국의 자유를 위해 투쟁을 하는 체코슬로바키아 프로테스탄트들의 일을 코디네이트 하는 것이었다. 잡지는 어디에도 속하지 않아 기고자들은 독립적으로 자유롭게 글을 쓸 수 있었다. 모스크바와 런던에 있는 해외 레지스탕스의 두 센터들이 잡지를 주목하였다. 공개된 흐로마드카의 많은 글들이 전쟁 이후 "건너편 언덕에서"(S druhého břehu), "미국망명 리플렉션"(*Úvahy z amerického exilu, 1940-1945*), "논총집"(프라하, 1946)에 실렸다. 흐로마드카는 오들로질리크가 영국으로 떠난 이후 마사리크 연구소(Masaryk Institute)의 Bulletin

---

13 JLH., *Don Quijote české filosofie* (체코 철학의 돈키호테), Chicago, 1943.

편집인이 되었으며, 오들로질리크가 편집한 「내일」(*Zítřek*)에서 그리고 미국 신학 리뷰에 「기독교와 위기」(*Christianity and Crisis*) 그리고 「오늘의 신학」(*Theology Today*)에 글을 게재하였다.

호로마드카는 공적 활동을 매우 주의깊게 살펴보면서 예리하게 코멘트를 하였다. 전쟁 발발을 이미 1939년 9월에 미국에서 경험하였다. 그 당시 느낌을 이렇게 설명하였다: "1939년 9월에 제2차 세계대전이 발발하였을 때, 유럽이 내게 얼마나 소중한지 다른 어느 때 보다 더 크게 느꼈다….."[14] "1939년 9월에 안도의 한숨을 쉬었다: 하나님께 영광, 기사도는 죽지 않는다! 불행한 유럽은 여전히 노예상인, 폭력자, 폭정자들과 싸우며 피를 흘릴 수 있다."[15] 미국인들이 신사적으로 히틀러를 대하였을 때, 호로마드카는 어려운 시기를 겪었다. 1941년 12월 7일 '대표자들의 집'[16]과 체코슬로바키아 출신 의원도 군복무 연장 반대에 투표하였던 것을 슬픈 마음으로 지켜보았다. 이 외에도 프랑스의 침울한 침몰도 마찬가지였다.

당시에 히틀러의 프로파간다가 미국 여론을 혼돈에 빠트릴 수 있다는 염려로 몸서리쳤다. 전쟁의 모든 짐을 영국에 짐 지웠다. 전쟁 이후 호로마드카는 다음과 같이 썼다: "영국인들이 스스로 전 세계에 서 있었던 그리고 모든 인간들의 정당한 짐을 자신의 어깨에 올려놓았던 1940년 6월과 1941년 6월 사이 1년은 영국 역사에서 가장 영광스러운 해였다고 생각한다."[17]

호로마드카가 극복하려고 했었던 고립주의 분위기가 미국에서는 지배적이었다. 그러나 1941년 12월 7일 일본의 공격이 없었더라면

---

14 JLH., *S druhého břehu* (건너편 언덕에서), 55.

15 위의 책, 56.

16 Dům reprezentantů(의회), (역자주)

17 JLH., *Naše dnešní orientace* (우리의 오늘날 방향), Praha, 1945, 12.

흐로마드카가 시도한대로 고립주의의 분위기를 깨트리는 것을 거의 성공하지 못하였을 것이다. 흐로마드카가 프린스턴에서 학생들에게 말하였던 대로: "그는 거의 확신을 가지고 이 대국이 전쟁에 개입할 것을 기다렸다. 오늘날의 씨름은 거의 우주적 차원이다: 미합중국의 전쟁 참여는 피할 수 없었다. 모든 대륙들이 언젠가 시차를 두고 유럽 전쟁에 개입될 것이라는 사실이 전쟁초기부터 내게 분명하였다. 어제부터, 말 그대로 세계적 싸움에 서 있다. … 전쟁이후 오늘의 세계를 어떻게 조직할 것인가? 어떤 정치적 원칙에서 새로운 질서를 세워야 하는가? 어떤 정치사상과 형태를 가지고 오늘의 혼돈과 혼란을 우리는 극복할 것인가? … 자본주의 시스템은 토지의 사회개혁에 충분하지 않고, 사회 질서와 경제 안전을 세상에 가져다 주지 않는다. 소비에트 러시아의 참여와 대영제국을 포함하여 모든 유럽 국가들의 깊은 사회적 변화는, 고용주들과 노동자들의 관계에 대해, 각각의 사회 계급간의 관계에 대해서, 사회적으로 무기력하고 힘없고 약한 사람들의 권리를 어떻게 도와야 하는가? 그리고 누가 대자본으로 지배하는가에 대한 모든 근본적인 문제에 대해 숙고하고 조사하도록 우리들에게 도전한다. 물론 교회의 프로그램은 정치적이고 경제적인 것은 아니지만, 구약과 신약의 복음은 사회적 불의, 오류 그리고 개혁에 대한 우리의 책임을 촉구한다. 미국도 사회적으로 깊숙하게 변화할 것이며 그리고 이 나라도 강렬한 혁명을 겪게 될 것을 미리 준비하여야 한다. … 오늘 우리들은 과거에 없었던 정신적 위기, 신앙과 교회 공동체의 위기의 중심에 있다. 기독교 교회들은 생동감도 활력도 없었고 그리고 하나님의 진리와 정의의 예언자적 증언이 있었어야 될 그 곳에 오히려 순응하였다."[18]

---

18 JLH., *S druhého břehu* (건너편 언덕에서), 51.

다음 큰 사건은 1941년 6월 22일 소련의 침공이었다. 흐로마드카는 "소비에트는 추축국(樞軸國)과 합의하는 것을 좋아할 것"이라는 끔찍한 공포로 몇 달 동안 시달렸던 것은 실수였다고 고백한다.[19] 1941년 5월 8일 흐로마드카는 뉴욕에서 미국 부통령 헨리 월리스가 "사람들의 혁명은 행진 중에 있고 그리고 사탄과 그의 모든 사자들이 혁명에 대항하여 어떤 것도 할 수 없다"[20]라고 말한 '자유세계'(Free World) 저녁식사에 참석하였다.

1942년 8월과 9월에 독일 군대가 거칠게 소련으로 침공하였다. 흐로마드카는 공포에 떨었다: "우리들은 제2전선을 만들고, 소련 군대를 효과적으로 도우라고 소리치길 원하였다."[21] "연합국가들의 진보적 노동자들이 제2전선과 소비에트 러시아를 돕기 위한 시위를 조직하였으며, 전쟁터에서 보다 더 결정적인 작전을 요청하는 것"[22]을 흐로마드카는 지켜보았다.

스탈린그라드[23]전투의 승리는 흐로마드카에게 "소비에트 사람들의 용감함, 불굴, 희생, 용맹"[24]의 증거였다.

그러나 소비에트 군대가 질풍노도처럼 독일 국경으로 진격하자 1943년 초에 변화가 일어난다. 여론에서 "공산주의의 위험에 대한 형이상학적인 두려움"[25]이 확산되기 시작한 것이다.

흐로마드카가 파시즘의 무너짐, 미래 세계사회에서의 소련의 사명과 세계 평화를 생각할 그때, 소비에트 권력과 영향의 성장에 제동을

19 위의 책, 71.
20 위의 책, 73.
21 위의 책, 75.
22 위의 책, 76.
23 현재의 볼고그라드(Volgograd)이다. (역자주)
24 위의 책, 76.
25 위의 책, 101.

거는 문제를 놓고 서방의 중요한 정치 지도자들이 고민에 빠졌다. 이 숙고의 뿌리는 흐로마드카가 지적하는 것을 멈추지 않았던 것, 소비에트 사람들이 독일의 공격의 압박 아래 있던 당시에 다소 억눌러졌던 것, 그러나 다시 살아나 흐로마드카가 가장 크게 염려하였고, 후에 실제로 그를 가장 힘들게 하였던 사회변혁의 두려움, 반공산주의이다. 흐로마드카는 반공산주의 안에 전쟁의 진짜 원인이 있었으며, 그 안에 소련과 미국의 양 대 강국의 협력에 의존하고 있는 미래는 심각한 위험에 놓여 있다고 보았다. 흐로마드카는 반공산주의 분위기를 극복하기 위해 할 수 있는 노력들을 하기로 결정했다. 1943년 10월 말 모스크바에서 코델 헐(Cordell Hull, 47대 미국 국무장관), 앤서니 이든(Anthony Eden, 영국 외무부장관과 45대 총리), 뱌체슬라프 모로토프(V. Molotov, 소련 외상)의 장관 컨퍼런스가 성공하였다는 소식에 기뻐하였다. 평화가 중심 문제였다. 1918년 이후 연합군들은 평화를 잃어버렸다고 흐로마드카 지속적으로 항상 반복하여 설명하였다. 평화를 구축하려는 투쟁은 이미 전쟁 중에 그리고 잉글랜드에서 나치와의 투쟁을 선동했을 때에도 흐로마드카의 모든 활동에서 첫 번째 문제였다.

흐로마드카는 "평화를 얻는 것"(*Získat mír*) 논문에서 다음과 같이 썼다:

> … 나의 더 많은 조직적인 평화 활동이 미국 체류 기간에 시작되었다. 돌이켜 보면, 1940년에 이미 미합중국이 세계대전에 아직 참여하기 전에 시작되었다. '올바르고 지속적인 평화를 위한 위원회'(Výbor pro spravedlivý a trvalý mír)에서 함께 일할 것을 나에게 요청하였다. 그 위원회 지도자는 존 포스터 덜레스(John Foster Dulles)였다. 그의 서명이 있는 초청이었다. 존 포스터 덜레스를 알게 되었고 협력하였으며,

우리들이 완전히 다른 길로 걸어갈 것을 생각하지 못하였다….

독일의 소련 침공 이후 나의 미국 친구들 대부분이 소련이 몇 주 안에 독일에게 패배하고 그리고 미국이 독일에 대해 승리한 후, 세계를 조직하는 것을 자신의 손에 넣게 될 것으로 생각하였다. 그러나 나는 분명 소련이 패배하지 않을 것이라고 생각하였다. 전 국민들과 함께 사회주의화의 과정을 겪은 이러한 대륙을 압도하는 것이 쉽지 않을 것임을 나는 알았다. 1943년에 스탈린그라드 전투 이후 토론의 여지없이 모든 것이 분명하였다. … 1943-1947년까지 미합중국에서의 나의 마지막 기간을 신학적인 일 외에, 제1차 세계대전 이후처럼 전쟁 승리자들이 다시 평화를 잃어버리지 않도록 서방민주주의들의 소련과의 소통을 위한 실천적 과제에 헌신하였다. 평화를 잃어버릴까봐 나는 깊은 근심 속에 있었다.[26]

"바빌론 멸망 전"[27]인 1943년에 체코슬로바키아의 미래의 모습이 날카롭게 드러나기 시작했다. 근본적으로 뮌헨협정 보상의 문제였다.

체코인들과 슬로바키아인들의 문제의 미래가 흐로마드카로 하여금 망명 중이었던 체코슬로바키아 대통령 베네시 그리고 외교부 장관 얀 마사리크 그리고 다른 사람들과의 관계를 갖도록 이끌었다. 1943년에 흐로마드카는 대영제국에서 장기간 묶여있었다. 6월말 런던의 대학에서 공개강좌를 하고 그리고 스코틀랜드 교회의 초청으로 스코틀랜드에서 장기간 시간을 보내었다. 뮌헨배반의 시기에 베네시가 타협 없는 태도와 뮌헨에 대한 스스로의 책임감을 가진 것과 그리고 제1

---

26 *Durchkreuzter Hass* (교차되는 증오), 150nn.

27 독일 나치의 멸망을 이름. (역자주)

공화국을 위한 투쟁에 대한 이상을 지지하였다는 사실이 흐로마드카가 베네시를 좋아하는 원인이 되었다. 상황을 다루는 충분한 권위를 갖고 있는 유일한 사람인 베네시에게서 지도력을 본 흐로마드카는 그에게 충성을 맹세한다.[28]

「후스의 사람들」(*Husův lid*) 잡지에 실린 1938년에 출판한 즈데네크 네예들리의 책『T. G. 마사리크』에 대한 서평으로 인하여 흐로마드카는 모스크바에 있는 체코슬로바키아 레지스탕스와의 대화를 시작하였다. 네예들리는 체코 민족은 "절대적으로 새로운 오리엔테이션"(naprosto nové orientace)이 필요하다고 주장하였다. "소련은 우리들 시대의 가장 크고 가장 진보적인 힘이 되었으며 그리고 그것은 소련을 지향하는 오리엔테이션이 필요함을 의미한다. 20세기 세계는 레닌과 스탈린의 원칙에 의존하고 있다. 그래서 우리의 과학과 여론은 마르크스주의에 대한 다른 관점을 받아들여야만 한다. 오늘날 마사리크는 불충분하고, 계속해서 전진해야 하고, 우리 과학과 문학은 완전히 달리 오리엔테이션이 되어져야 한다."[29]

1944년 10월 흐로마드카 손에 모스크바에서 발간된 "체코슬로바키아 신문"(*Československé listy*)에 나오는 정치 프로그램 기사들이 포함된 "자유를 향한 길"(*Cesta k svobodě*) 팜플렛이 들려졌다. 공산주의자 지도자들이 편집위원회에 속하였다: 얀 슈베르마(Jan Šverma), 클레멘트 고트발트(Klement Gottwald), 바츨라브 코페츠키(Václav Kopecký) 등. 흐로마드카는 전쟁이후 재건에 대한 기본적인 개념을 받아들이지만,

---

28 JLH., *S druhého břehu...* (건너편 언덕에서), 132.
29 위의 책, 136.

마사리크를 전혀 언급하지 않는 것을 비판하였다.

모스크바에서 발행되는 "체코슬로바키아 신문"의 프로그램 기사들의 내용을 흐로마드카는 네 가지로 요약하였다: 1차 세계대전이후 우리는 서방과의 연맹에서 특히 프랑스와의 동맹으로 안전을 찾았다. 뮌헨 협정 시대의 이러한 정치는 파산되었다. 그러나 "우방 러시아에 대한" 관계가 다시 복원되고 있다. 산업과 농업 대자본의 정당이 뮌헨 협정 시대의 몰락의 원인이 되었다.

국가의 새로운 질서에서 중요한 자리, 가장 책임 있는 과제가 노동자 운동인 '도시와 농촌의 노동자들의 블록'(blok pracujícího lidu měst a venkova)이 차지할 것이다. 체코슬로바키아가 같은 민족이라는 신화를 끝내야 한다. 그리고 슬로바키아인들의 특성을 인정해야 한다.

17장
1945-1947년 체코슬로바키아 공화국 방문

호로마드카는 전쟁이 끝나 프린스턴에서 책임을 벗자마자 해방된 체코슬로바키아를 방문한다. 8월에 와서 11월까지 몇 달간 고국에 머물렀다.

"중부 유럽과 동유럽의 내적 그리고 물리적 상황"[1]에 대한 세계교회협의회의 연구 위임이 있어 방문하게 되었다. 해외 교회들로부터 체코슬로바키아로 들어오는 지원금의 수령과 분배를 승인할 '개혁교회들의 지원위원회'(Pomocný výbor evangelických církví)가 그의 방문 중에 조직되었다. 비서트 후프트의 전후 유럽 재건 활동이 있었다.[2] 호로마드카는 미국에서 반공산주의와 싸우고 있는 자신에게 힘을 분명하게 실어줄 소련을 방문하길 희망하였다. 그러나 첫 번째 고국 방

---

1 JLH., *Rozhovor s redaktorem* (편집자와의 대화), *Kost.Jiskry* (콘스탄츠의 불꽃) 1945, č.24, 127n.

2 Visser't Hooft, 교회 상호간 지원Inter Church Aid. *How it all Began in Hope in the Desert* (어떻게 그 모든 것이 사막에서 희망으로 시작되었나), ed. K. Slack, Geneva, 1986, 1-12.

문에서도 두 번째에서도 소련 여행은 실현되지 못하였다.

후스신학대학은 고국에서 교수의 책무로부터 떠나 프린스턴에 체류하던 흐로마드카를 여전히 자신의 교수로 생각하였다. 신학대학은 흐로마드카가 봄에 떠났던, 1939년부터 커다란 변화를 겪었다. 1939년 가을에 학생 J. 오플레탈(J. Opletal) 장례식 시위 이후 모든 체코대학교들이 휴교가 되었고 그리고 전쟁기간 내내 학교들이 활동을 할 수 없었다. 체코형제복음교회는 프라하에 비정규과정 형식의 대체 수업으로 절반은 합법적인 형태의 신학대학 강좌를 개설하였다. 학생들은 지역 교회에서 임시 디아코니아로서 활동을 하였으며 그리고 대부분 지역 교회들의 목회자들이었던 후스신학대학의 조교수들이 하는 강의와 세미나에 참석을 하였다. 전체 학업을 총회 총무였던 J. B. 소우체크 조교수가 관리하였다. 그 외에 흐로마드카의 제자 도비아시(F. M. Dobiáš), 에쉬케(J. B. Jeschke), 르지찬(R. Říčan), 크레이치(M. Krejčí)가 강의를 하였다. 이들 외에도 보하츠(A. Boháč), 노보트니(A. Novotný)가 강의를 하였다. 전쟁 기간 중의 학생들은 개인적으로 후스대학교의 교수들을 잘 알지 못하였으며, 특별히 흐로마드카를 전혀 알지 못했다. 그러나 수업을 지도하는 흐로마드카 제자들의 영향으로 흐로마드카의 책을 중심으로 공부하게 되자 점점 학생들은 그의 신학의 영향을 받게 되었으며 마찬가지로 바르트의 글 역시 번역, 출판되어 교재로 사용하면서 바르트 영향도 받았다. 이러한 형태로 공부하였던 대학의 후대 교수들이 몰나르(A. Molnár), 로흐만(J. M. Lochman), 스몰리크(J. Smolík), 브로시(L. Brož) 등이며, 이들은 흐로마드카가 미국에서 방문하였을 때 처음으로 만났었다.

전쟁 중에 질카(F. Žilka)가 죽었다(1944). 1946년 전쟁 직후에는 구약신학자 다네크(S. Daněk)가 사망했다. 흐로마드카는 자신의 동료들 가운데 1945-46학년도 학장인 베드나르시(F. Bednář), 린하르트(F. Linhart, 1946-47학년도 학장) 그리고 교수로 임명된 이전 조교수 소우체크(J. B. Souček)와 르지찬(R. Říčan)과 연락을 취하였다. 흐로마드카는 자신의 글을 체코어로 번역하였던 소우체크와 가장 가까운 관계였다.

몰나르(루카시 프라쥬스키 형제 *Bratr Lukáš Pražský*, 1947), 스몰리크(형제단의 사회적 활동 *Soc. působení Jednoty bratrské*, 1948) 이 외에 로흐만(체코 민족 부흥의 종교 사상 *Náboženské myšlení českého obrození*, 1952 출판)의 경우처럼, 당시 박사들의 학위논문과 교수 임용 논문들이 증명하듯이 성서와 체코 종교개혁과 민족 부흥 전통에 대한 관심과 연구가 신학대학 분위기의 대세를 이루었다.

전쟁 기간의 경험들과 고국에서의 만남의 감동으로 흐로마드카는 개혁교회 대중들 특별히 학생들과 강의를 통해 친밀해져갔다. 1945년 9월 5일 '후스의 집'(Husův dům)[3]에서 '우리의 오늘의 방향'(Naše dnešní orientace, 프라하 1945) 강의를 하였다.

그의 강의는 어떻게 흐로마드카 자신에게 뮌헨협정이 "세계 역사의 전환점"[4] 즉 근본적인 전환점이 되었는지 분명히 보여주었다. 뮌헨협정과의 관계에 대해 그리고 그의 평가에 대해 단지 정치적 입장뿐 아니라 도덕적이고 신학적인 입장들을 밝힌다. 흐로마드카에게 뮌헨협정은 회개와 새로운 시작에 대한 요청이 되었다. 이전의 길을 계속 걸어가고 1938년 이전 관계의 회복을 노력하기를 원하는 사람, 그 사람은 무슨 일이 있었는지 이해하지 못하고, 회개하지 않고 미래의 평

---

3 후스의 집은 현재 체코형제복음교회의 총회 본부로 사용되고 있는 융만노바(Jungmannova) 거리 9번지에 건물 이름으로, 당시 신학대학이 함께 사용하였다. (역자주)

4 JLH., *Naše dnešní orientace* (우리의 오늘의 방향), 8.

화로 인도하는 길을 따라 걷지 않을 뿐만 아니라 반대로 폭발적인 폭탄을 모으고 있는 것이다.

뮌헨협정의 평가는 주요한 양대 강국의 평가와 그들과의 협력에 대한 강조로 결론을 맺는다. "자본주의적 시스템은 오늘날 시대에 충분하지 않다."[5] 흐로마드카는 마사리크를 지지한다: "마사리크 없이 이 시대에 이룰 수 있는 것은 없고 그리고 모두에게 이것을 말해야만 한다."[6] 당시에 자신이 처음에 영어로 쓴 중요한 글 모음을 흐로마드카는 1945년에 "소련과 서유럽 사이"(*Mezi Východem a Západem*)란 이름으로 출판하였다.

흐로마드카는 체코슬로바키아를 1946년(8월 -11월)에 두 번째 방문하였다. 두 번째 방문 중에 흐라데츠 크랄로베(Hradec Králové) 교회 목사이자 흐로마드카의 처남이었던 얀 아모스 펠라르(Jan Amos Pellar)가 회장이었던 '개혁교회 사역'(Evangelické Dílo)이 주관한 공개강좌를 두 차례 하였다. '개혁교회 사역'은 키르켄탁(Kirchentag독일교회의 날)과 유사한 모임을 주관하였다. 흐라데츠 크랄로베(Hradec Králové, 1946년 8월 29-31일) 모임에서 흐로마드카는 '변혁의 세계'(Svět v přerodu)와 '기독교 그리고 공산주의'(Křesťanství a komunismus) 주제로 강연을 하였다.[7]

흐라데츠 크랄로베(Hradec Králové) '키르켄탁'의 흐로마드카 강의를 이해하기위해 당시 체코슬로바키아 공화국 상황을 아는 것이 중요하다. 흐로마드카 강의가 있기 몇 개월 전 체코슬로바키아 공산당은 선거를 통해 가장 강한 당으로 등장하였다. 보헤미아와 모라비아 지방에서 43.26% 득표, 슬로바키아에서 30,37%, 그래서 전체 300석

5 위의 책, 17.

6 위의 책, 24.

7 JLH., *Komunismus a křesťanství* (공산주의와 기독교), Hradec Králové, 1946.

가운데 114석을 차지하였다. 사회 민주당 39석과 함께 좌파당이 의회에서 절대적 우위를 가졌다. 공산주의자 클레멘트 코트발트(Klement Gottwald)가 연합정부의 의장을 맡았다. 이러한 상황은 자유주의적 민주주의 개념의 영향을 강하게 받은 프로테스탄트 서클에서 커다란 염려를 불러일으켰다. 흐로마드카는 교인들이 새로운 상황을 이해할 수 있도록 도우려고 노력한다.

"세계는 변혁 가운데 그리고 전쟁과 평화 사이에 있다. 우리는 평화의 문턱에 서있는가 아니면 아무 곳에도…? 만약에 전쟁을 이긴 승리한 연합군들이 합의를 이루지 못하면, 새로운 재앙은 피할 수 없다는 것이 분명하다는 것을 오늘날 모든 사람들이 안다."[8] 제1차 세계대전 이후 기간의 경험들은 지금 평화를 만들어야 함을 분명하게 증명하고 있다. 흐로마드카는 중부 유럽을 위협할 수 있는 독일 상황의 발전을 염려하였다. 금년(1946년)에 이미 핵폭탄 위협의 중대성에 대해 다음과 같이 경고하였다: "만약 핵폭탄이 인간이 인지하고 있는 모든 것을 파괴하지 않는다고 할지라도…."[9]

자신에게 주어진 과제와 사명에 대한 생각이 흐로마드카에게 나타나기 시작하였고 그의 생애 마지막 시기까지 헌신하게 된다. 소련과의 협력에 대한 미국인들의 극도의 거부감이 확산되자 흐로마드카는 공포를 느꼈다. 이에 흐로마드카가 다시 경고를 하였다: "우리들 가운데 소비에트 러시아와의 의리 있는 관계, 소비에트 사람들과의 진실하고 신실한 관계를 악의적으로 그리고 임의적으로 뒤틀리게 하여, 예상치 못한 어떤 결과를 만들려고 한다."[10]

흐로마드카는 "공산주의와 기독교"의 주제로 한 자신의 강의가 소

8 위의 책, 9.
9 위의 책, 22.
10 위의 책, 11.

련에 대한 긍정적인 평가와 그리고 호의적인 관계 형성에 기여하기를 원하였다. 그리고 흐로마드카는 공산주의의 무신론적인 특성을 포기시키려고도 하지 않는다. "공산주의는 본질적으로 불신앙적이며 무신론적이라고 해석하곤 한다. 어떻게 화해를 이룰 수 있을까? 불과 물은 화해가 되지 못한다. 그러나 나는 다시 한 번 기억하길 원하는 것은 공산주의는 자신의 철학과 실천에서 아브라함 시대부터 증언되어졌던 것 그리고 자신의 주인으로 고백하는 신에게 복종하는, 셀 수 없는 수백만의 신자들에 의해 세워진 것에 대한 반작용이다. 공산주의자들의 무신론주의는 역사적으로 심리적으로 설명될 수 있지만, 그러나 그것은 오류이다. 심지어 공산주의가 공산주의에 의해 실행하였던 것의 본질에 속하지 않는 오류이다. 공산주의자들이 무신론주의에 머무른다면, 더 큰 정의를 위해 공산주의 혁명과 역동성이 성공한 것을 보호하고 강화하기 위해 우리는 그들과 싸울 것이며 그리고 이러한 노력 없이는 사회적이고 정치적인 우리의 삶은 다시 비틀거리며 되돌아갈 것이다. 필요하면, 공산주의자들을 반대하면서, 우리는 사회주의적 혁명의 발전을 강화할 것이다."[11] 흐로마드카는 소련은 건설적인 여정에 있다고 생각한다.

흐로마드카는 가톨릭 문제에 대한 염려를 다음과 같이 언급하였다. "서방(유럽과 미국)의 부르주아적인 보수적 프로테스탄트들은 반소비에트 가톨릭 전선을 세계적인 투쟁에서 지지할 것이며 그리고 죽어가는 세계의 어리석은 장식품과 조연자가 될 것이다. 몇몇 가톨릭 교도들 사이에서 미래가 가톨릭과 공산주의 간의 커다란 분쟁의 시기가 있을 것이라는 목소리를 들을 수 있다. 그러나 가톨릭은 정치적 권력과 세계의 반동자들의 하치장이 될 것이며, 공산주의가 종교 운동의

11 위의 책, 44.

본성을 스스로 취하게 되면 분쟁이 일어날 수 있을 것이다. 공산주의도 말 그대로 진정한 기독교도 분쟁을 원치 않았다."[12]

1947년에 흐로마드카는 미합중국에서 돌아와 그의 부재중에 당시 파르두비체(Pardubice) 교회 목사였던 도비아시(F. M. Dobiáš)가 대행하였던 후스신학대학의 조직신학과에서 활동을 하게 되었다. 도비아시는 흐로마드카가 돌아온 후 교수로 임명되었다.

마치 흐로마드카가 서방에 계속 체류하길 원했던 것처럼, 때때로 흐로마드카 귀국 문제에 대한 토론이 일어났다. 그러나 다른 사람들이 이 문제를 토론했었을 뿐 흐로마드카는 아니었다. 많은 미국 친구들이 흐로마드카에게 미국에 남아있으라고 설득하였지만, "귀국 외에 다른 길은 마음에 없었다"고 고백하였다.[13] 흐로마드카의 귀국이 종전이후 2년간 연기된 것은, 미국친구들에게 매우 친절한 환영을 받았던 흐로마드카가 신학교에 어려움이 생기지 않도록 그리고 발생한 상황을 해결하도록 도울 책임을 느꼈기 때문이다. 신학교의 모든 부문이 안정되기 위해 신학교는 흐로마드카를 필요로 하였다. 그러나 이러한 연기 이유 이외에 달리 망설일 이유는 없었다. "나는 귀국 결정을 망설이지 않았다"고 자신의 자서전에 썼다.[14]

1946년에는 우스터대학(Wooster College)에서 1947년에 프린스턴대학(Princeton) 그리고 펜실베이니아 베들레헴(Betlehem) 모라비안대학에서 받은 세 개의 명예박사 수여가 미합중국에서의 흐로마드카의 인기와 영향을 말해주고 있다.

---

12 위의 책, 43.
13 *Proč žiji?*(왜 사는가?), 106.
14 *Proč žiji?*(왜 사는가?), 106.

18장
귀국 그리고 1948년

1947년 여름에 흐로마드카는 가족들과 함께 체코슬로바키아 공화국, 모라브스카(Moravská) 거리 45번지에 있는 자신의 집으로 완전히 귀국하여 그곳에서 오랫동안 살면서, 그의 친구들이 흐로마드카 내외와 함께 형제자매의 교제와 친교를 가졌다.

흐로마드카가 귀국하였을 때는 어떤 상황이었나? 신학대학의 상황이 어떻게 발전되었는지는 이미 언급하였다. 교회는 전쟁 중에 어려운 시련을 겪었다. 교회의 대표자 총회장 요세프 크르제네크(Josef Křenek)와 평신도 총회장(synodní kurátor),[1] 안토닌 보하츠(Antonín Boháč)가 독일의 소련 침공 이후 반소련 성명서 서명을 거부하였기 때문에, 그들은 총회직을 정직 당하였고 그리고 프라하를 떠나야 했었다. 종전은 그들의 복직을 의미하였다. 독일 루터교회 총회장은 독

1 평신도 총회장: 앞에서 언급하였듯이 kurátor는 투표에 의해 선정된 당회 평신도 대표장로 직분이며, 지역교회 당회의 구조처럼 총회 차원에서도 평신도 대표장로가 선출되어 목회자 가운데에서 선출되는 총회장(synodní senior)과 함께 교단의 대표성을 갖는다. (역자주)

일 주민들이 떠난 뒤에 모든 재산을 교회의 손에 넘겼고, 교회는 커다란 과제를 갖게 되었다. 흐로마드카가 망명에서 돌아오자 친구들과 나 포르지치(Na poříčí) 거리에 있는 아카데미 YMCA는 활동을 재개하였다.

전쟁 중에 유대인들을 돕는다는 이유로 교회의 많은 설교자들이 수용소에 갇혔고, 많은 YMCA 회원들이 수용소에서 죽었다. 희생자 중에 전쟁 전 흐로마드카와 매우 가까운 협력자들인, 아카데미 YMCA 비서들 루돌프 마레시(Rudolf Mareš), 야로슬라브 심사(Jaroslav Šimsa) 그리고 야로슬라브 발렌타(Jaroslav Valenta)들이 있었다. 흐로마드카는 코메니우스신학대학(Komenská fakulta) 학장으로서 원래 나 포르지치 거리 YMCA 건물 안에 있던 그들의 희생을 기념하는 현판을 신학대학 공간으로 이전하여 기념하였다.

전체적인 분위기는 점점 좌경화로 옮겨갔다. 공산당원들이 망명으로부터 그리고 수용소로부터 돌아왔으며, 고트발트(K. Gottwald), 코페츠키(V. Kopecký), 네예들리(Zd. Nejedlý) 그리고 그 외 소련에서 돌아온 사람들과 함께 좌파 사회민주당 즈데네크 피에린게르(Zdeněk Fierlinger)가 수반이 된 새 정부의 분명한 프로그램의 기초 위에서 새롭게 설립된 민족위원회들이 국가 재건을 맡았다. 또한 공화국 대통령으로 선출된 에드와르드 베네시는 런던에서 모스크바를 경유하여 몇몇 우파 정치인들과 함께 귀국하였다. 그 무렵 독일 보호령 시대의 대통령 에밀 하하(E. Hácha)는 죽었다. 극우파 농민당은 해산되었다. 이 모든 것은 좌경화가 심화되고, 1938년으로 다시 되돌릴 수 없다는 흐로마드카의 말이 현 상황의 현실적인 평가임을 보여준 분명한 증거이다.

그러나 교회와 아카데미 YMCA 회원들 중에 1938년 이전으로 돌아가 '제1공화국'을 지속하려는 소망이 지배적이었다. 변혁에 대해서 교회들은 준비되지 않았다. 흐로마드카는 자신의 분석을 이해하지 못하는 분위기를 만났다. 제 1공화국 시대에 흐로마드카를 알았던 많은 사람들이 그가 이전 자신들의 입장을 배신하였다고 생각하였다.

1949년에 총회장 요세프 크르제네크(Josef Křenek, 1885-1949)가 죽자 후임으로 신학대학의 흐로마드카 1세대 제자들 가운데 한사람인 빅토르 하예크(Viktor Hájek, 1900-1968)가 선출되었다.

흐로마드카가 1947년 귀국 직후 소련 방문의 소망이 실현되었다. 10월 혁명의 공식 축하행사 참석 대표단으로 임명된 것이다. 그의 방문 소감들은 매우 긍정적이었다.

1947-1948학년도에 흐로마드카는 후스신학대학의 학장과 조직신학과 학과장이 되었다. 흐로마드카는 그 시기에 완전히 신학연구에 파묻혀서, 개혁신학의 전환과 공적 삶의 방향제시 노력에 대해 강의하였다. 1948년 2월 혁명 바로 직전인 1947년 12월에 프라하에서 가장 큰 강의실중 한 곳에서 열린 흐로마드카의 공개강의는 방향제시를 위한 흐로마드카의 노력들을 보여주고 있다('진리 안에 있는 민족 연합' [Jednota národa v pravdě], 흐라데츠 크랄로베 Hradec Králové 1949, 5-40). 이 강의에서 흐로마드카는 뮌헨협정을 체결시킨 세력들에 대항하는 싸움의 결과를 제거시키기 위해, 특히 프랑스의 드골(de Gaulle) 장군이라는 인물을 중심으로 집결하여, 반공산주의를 강화하는 반동의 힘을 염려스럽게 주목한다. 뮌헨협정이 흐로마드카에게 얼마나 중요한 방향제시의 요소인지, 반공산주의와 소련을 고립시키려는 노력이 나타나는 그곳에서 새로운 긴장과 전쟁의 갈등의 위험을 얼마나 염려하는지 이 강의에서 볼 수 있다. 미국에서 있었던 이전의 그의 연설에서와 마찬가지로 '진리 안에서의 민족의 연합'은 분명한 그의 근본적인 방향성—평화를 보장하는 것, 다시 전쟁이 일어나는 것을 막

는 것, 새로운 체코슬로바키아를 건설하는 것 그리고 교회의 더 깊은 영적 삶을 일깨우는 것을 목표로 하는 것—이었다. 이러한 목표들은 강대국들의 협력과 소련과 사회주의와의 긍정적인 관계에 의해 그리고 교회의 개혁에 의해 실천될 수 있다고 보았다. 특히 독일 문제는 이 모든 것에서 중요한 역할을 하고 있었다.

이어지는 20년 동안 흐로마드카가 다루었던 그의 프로그램을 다음과 같이 간결하게 표현할 수 있다: 세계 평화, 사회주의, 기독교와 교회갱신. 1948년 2월 이전에 그는 기독교인들에게 사회주의 변화와의 관계가 거짓이 없도록 촉구하였다. "세상 사람들은 소위 종교적 사람들의 감추어진 동기들에 대해 예민한 감정을 가지고 있다. 우리들의 경건한 말들 뒤에 이기적인 관심, 물질적인 목표, 반응의 두려움과 비겁함이 감추어져 있을 때 쉽게 느끼게 될 것이다. 그래서 마지막은 처음보다 더 나빠지게 될 것이다. 그러나 우리의 하나님에 대한 순수하고 열렬한 복종, 인간에 대한 진실한 공감, 인간을 돕고자 하는 열망, 거짓과 불의에 대한 저항이 많은 세상 사람들이 비록 우리와 함께 걷지 않을지라도, 존경심을 가지고 우리의 모든 걸음을 바라볼 것이다. … 우리들이 고백하는 것에 진실로 우리가 의지하고 있음을 세상이 알지 못하는 것으로 인해, 믿음이 우리에게 단지 삶의 값싼 장식이거나 심지어 자신의 이기주의와 허물을 감추는 화려한 앞치마라는 공감이 일어나는 것으로 인해, 우리의 일은 교회와 민족에게 유익보다 손실을 더 가져올 것이다."[2]

이러한 상황에서 흐로마드카가 1948년 2월 사태[3]에 대해 긍정적

---

2 JLH., *Jednota národa v pravdě* (진리 안에 있는 민족연합), Praha, 1949.

3 2차 세계대전이 끝난 직후 1945년 선거에서 소위 '민주당'이라 불리우는 사회민주당을 포함한 공산당의 좌파당이 62%의 득표를 하였다. 이렇게 권력을 잡은 후 경찰과 군대와 노동자 조직을 장악하여, 다음해 1946년 7월 공산당 당수 클레멘트 고트발트가 정부의

입장을 취하는 것 외에는 다른 가능성은 없었다. 자신의 내적 입장을 신학적으로 불충분하게 그러나 신중하게 다음과 같은 말로 요약하였다. "역사를 멈추게 하지 말라! 그것을 멈추길 원하는 사람은 역사를 변혁하기 위해 노력하는 사람을 무의미한 존재로 종종 만들어버리고, 자신과 자신의 민족을 파괴시킬 수 있는 폭발물을 쌓는다."[4] 흐로마드카는 1947년 대강절 체코슬로바키아 라디오 방송에서 이 연설을 하였으며 그리고 똑같이 "2월 위기 이후" 글에서 반복하였다.[5]

흐로마드카에게서 역사의 불가역성에 대한 언급을 자주 발견하게 되는데 그것은 우리들이 다루어야할 역사 신학을 퇴보시킨다는 비난의 이유들 가운데 하나이다. 흐로마드카가 결정적으로 최소한 1938년 뮌헨협정부터, 그의 이전 분석들과 투쟁들의 모든 경험에 근거하여 체계적으로 검토해서 내린 결론이었으나, 진실로 2월에 이러한 분명하고 중대한 그 순간까지 주목하지 않았던 '결정사항'을 실행하였다. 그가 클레멘트 코트발트 새 정부의 강렬한 정치적 혁명의 결과를 실현해야 하는 중요한 공적 활동가들의 서클 중심으로 구성된 실행위원회의 위원직을 그가 받아들인것은 흐로마드카의 내적 표현이었다. 그는 폭넓은 역사적 상황에서의 자신의 판단을 잘 인식하고 있었다. 역사의 불가역성에 대한 그의 판단은 두 가지 문제—과거역사를 무의미하게 만드는 것과 전쟁 위협 준비—에 대한 염려의 결과이다. 1948년 이후 권력을 잡은 정치 라인에 대한 인정 거부는 흐로마드카에게 교회와 자신의 신학과 함께 주변으로 전락하는 것이며, 사회의 미래

수반인 수상이 된다. 그러나 다음 선거 결과가 불투명해진 공산당에 의해 1948년 2월 소위 '2월 구데타'가 일어난다. 이 사건을 공산주의 역사가들은 '2월의 승리'라고 표현한다. 이때부터 공산당의 전체주의가 시작되었다. (역자주)

4 JLH., *Klid v bouři* (폭풍속에서 평안), *KR*, 1948, 11-14.

5 JLH., *Po únorové kriziPo únorové krizi*(2월 위기 이후), *KR*, 1948, 68-72.

에 대한 책임을 유효하게 할 가능성을 포기하는 것이며 그리고 무의식적으로 심지어 끔찍한 전쟁 발발을 준비하는 것을 의미하는 것이었다.

1948년 2월 초 사회주의 쿠데타 전, 흐로마드카는 카렐대학교 인문학대학의 마르크스 이데올로기 대표자들과 만나 대화를 하였다. 흐로마드카는 그 대화에서 나누었던 내용과 자신의 입장을 다음과 같이 기억하고 있다: "나는 기독교 신학자로서 사회주의 사상에 반대하지 않는다. 신학적 관점에서도 사회주의는 나에게 부르주아적 자유민주주의 보다 더 많이 가깝다. 나는 기꺼이 사회 건설을 도울 것이다. 사회주의적인 인간에 대한 본래의 질문들은 우리들에게 매우 밀접하며, 결국 정치적으로 사회적으로 그리고 경제적으로 우리 사회는 개조 될 것을 나는 지적하고 싶다. 인간의 근본적인 문제들은 사회의 모든 구조 안에 남아있음을 보여준다. 그것은 개조의 평가절하가 아니다. 사회주의적 사회에서 사람은 조종당하도록 허락되지 않으며, 죄와 벌, 양심과 책임, 고통과 고난의 문제, 죽음과 사망의 문제가 남는다는 인식이다. 공산주의자 여러분들은 우리에게 복종할 것을 강요하고, 우리의 도움을 구하지 않을 것인가?"물론 우리 크리스천들은 "현대인간에게 전달해 줄 것을 가지고 있는가?" 질문한다.[6]

흐로마드카가 기억하는 것처럼, 참석한 몇몇 마르크스주의자들의 응답은 부정적이었다. 흐로마드카의 견해들은 당시에 시대에 뒤떨어졌으며 새로운 사회를 위해 유효하지 않은 회의주의라는 이야기가 있었다. "역사와 인간과 그의 판단에 대한 견해가 일치하지 않아, 우리는 당시에 우호적으로 결별하였다. 오랫동안 우리는 결별하였다."[7]

흐로마드카의 판단은 체코슬로바키아 교회에서 그리고 에큐메니

---

6 *Proč žiji?* (왜 사는가?), 111.

7 위의 책, 111.

즘에서 완전한 불이해와 격렬한 반대와 날카로운 공격을 만났다. 흐로마드카는 다음 몇 년 동안을 자신의 활동에 대해 깊이 숙고하고, 설명하고 그리고 자신의 견해를 변호하는데 보내게 되었다. 그러나 흐로마드카의 일관된 입장은 우선적으로 성경의 증언에 충실하려는 것이었다. 흐로마드카는 구약, 예언서로 돌아갔다. 자신의 교회에서 설교자와 목회자의 역할을 한 번도 중단하지 않았다. 또한 교회들의 설교 초청을 언제가 기쁘게 받아들이며 즐겁게 설교하였다.

파벨 필리피(Pavel Filipi)의 연구[8]에 의하면 설교자로서의 흐로마드카의 활동은 쇼노브 교회로 끝난다. 그러나 설교자 흐로마드카에 대해 계속 추적할 수 있었다. 구약의 증언과 예언자들에 대한 설교는 2월 구데타 이후 힘든 시기를 보내고 있는 그에게도 특별한 힘이 되었다. '구약 예언서와 시편의 중요한 유산'(*Podstatný odkaz Sarého zákona s jeho proroky a Žalmy*)은 흐로마드카에게 해방의 소식이었다. 불트만과 틸리히는 구약이 충분한 가치를 보여주지 못한다고 비판한다. 예쉬케(J. B. Jeschke)는 당시 흐로마드카 설교를 출판하였다.[9]

흐로마드카는 성경의 증언 외에 체코 종교개혁 역사에서 의지할 것을 찾았는데 '체코형제복음교회의 원칙'을 쓸 때 많이 영감을 얻었던 얀 아모스 코멘스키(J. A. Komenský)[10]에게로 다시 집중하였다. 1948년 5월 16일 파르두비체(Pardubice)에서 열린 체코형제복음교회 청소년 기념 모임에서 그는 코멘스키의 책 "부활한 학개"(*Aggeus redivivus*)를 통해 코멘스키에 대한 그의 관심을 나타냈다.[11] 그는 구약의

---

8 P. Filipi, *Josef Hromádka. Prakticko-thologický pohled na tzv. Hromádkův přelom* (요세프 흐로마드카. 소위 흐로마드카의 전환점에 대한 실천신학 관점), 논문(disertace), 1971.

9 J. B. Jeschke, Das Evangelium bricht sich Bahn (복음은 길을 만든다), Berlin, 1968.

10 얀 아모스 코멘스키: 라틴어 이름은 얀 아모스 코메니우스(Komenius, 1592-1670), 체코 종교개혁자, 형제단의 마지막 비숍, 교육자. (역자주)

예언자들과 코멘스키에게서 회개의 개념을 발견했다고 하였다(예쉬케 Jeschke, 127-136, 「크리스천 리뷰」 1948, 15, 104nn). 그는 교회가 요청받고 있는 코멘스키의 회개는 "질병의 장소" 세 곳—믿음의 냉담과 무관심, 사회적 정치적 영역의 도덕, 그리고 죄에 대한 안이함—으로부터 이루어져야 한다고 말하였다.

이렇듯 주위의 무수한 공격에 대한 변호를 위하여 이루어진 그의 연구는 흐로마드카의 내적 역동성의 결정과 설득력 그리고 힘을 역사적이고 이성적인 분석과 함께 포함시킨 믿음의 표현으로서, 신학적 관점으로서, 심판과 회개의 사상으로서 나타났다. 그는 "오늘의 신학"에 실은 여러 편의 논문을 통해서 그의 결심이 예수 그리스도를 믿는 믿음과 마사리크가 그에게 도움을 주었던 새로운 시대의 감추어진 흐름에 대한 연구에서 나온 것임을 미국 친구들에게 분명하게 하려고 노력하였다.[12]

흐로마드카가 처한 이러한 일련의 상황들은 그가 1948년 8월 24일 암스테르담에서 열린 세계교회협의회의 첫 번째 총회인 세계 에큐메니칼포럼에 참석할 가능성을 더욱 크게 하였다. 에큐메니칼 운동에서 암스테르담 총회는 매우 중요한 의미를 갖고 있다. 곧 전쟁이 발발할 것 같은 불안한 가운데서도 WCC 설립이 이루어졌다. 흐로마드카는 이미 2차 세계대전 이전부터 WCC 설립에 대한 모임에 참석하였다. 이미 언급하였던 '체코슬로바키아 공화국의 준비 위원회'(Přípravný výbor v ČSR)는 질카(Žilka)를 준비 작업에 참석하도록 임명하였다. 그리고 질카 교수가 전쟁 중(1944)에 죽자, 에큐메니칼 운동과 학생연

11 JLH., 교회, *Církev, její poslání a svoboda* (그의 사명과 자유), *KR*, 1948, 15n, 104n, 110n.

12 JLH., *Between Yesterday and Tomorrow in Theology Today* (오늘의 신학의 어제와 오늘 사이에서), 1948, 207-277, *česky v Náboženské revue*(체코어 종교리뷰), 1948, 321-327.

맹 조직에서 활발한 관계를 유지하였던 흐로마드카가 에큐메니칼 활동의 선두 지도자가 되었다. 암스테르담 총회 전, 흐로마드카는 비서트 후프트(Visser't Hooft), 피에르 모리(Pierre Maury)와 함께 전쟁 후 첫 번째로 열린 개혁교회 연맹의 제네바회의에도 참석하였다. 그곳에서 마찬가지로 블레이크(E. Blake)는 자신에게 복음과 공공 활동의 관계의 문제를 제기하였던 흐로마드카를 처음 만나게 되었다.[13] 흐로마드카는 "교회와 현재 국제 상황(*Církev a současná mezinárodní situace*)"이란 주제의 4번째 섹션의 리뷰를 요청받았다.[14] 활동 그룹의 제 4 섹션 모든 주제는 "우리의 분열된 세계에서의 기독교의 책임"이었다. 흐로마드카의 강연은 우리가 알고 있는 대로 미국 체류시 평화의 문제를 위해 협력하였으며, 후에 외교부 장관이 된 존 포스터 덜레스(John Foster Dulles)의 강연 다음이었다. 덜레스는 "세계의 변화 가운데 있는 기독교 시민"에 대해 말하였다. 흐로마드카는 자신의 리뷰를 통해서 준비된 자료들보다 더 공격적으로 서방과 동방에 대한 근본적인 평가를 강의하였으며, 미합중국과 소련연방의 협력이 이루어져야만 해결이 가능할 독일 문제도 건드렸다. 또한 반공산주의 십자군 캠페인에 도전하는 장애물을 세웠다. 그리고 WCC가 반공산주의 플랫폼에 가입하지 않자 동방의 교회들과의 접촉이 가능하였으며 후에 러시아정교회와 다른 정교회들의 WCC 참여가 가능하게 되었다. 흐로마드카의 연설은 암스테르담 회의뿐 아니라 20세기 에큐메니칼 운동의 에큐메니칼 사건이 되었다.

비서트 후프트는 이 암스테르담 사건을 다음과 같이 묘사하고 있

13 *Časopis křesťanské mírové conference, Christliche Freidenskonferenz* (기독교평화회의 잡지) (이하 *CFK*), 1960, 12호.

14 JLH., *Církev a dnešní mezinárodní situace* (교회와 오늘날 국제상황), *KR*, 1948, 232-239.

다: "나는 마사리크 대통령의 추종자이며 그의 자유주의적이며 민주주의적인 이상에 대한 신뢰자로서 유명한 체코 신학자 흐로마드카를 알게 되었다. 교회와 서방 문명이 실제로 이루어야 했었던, 그러나 거의 완전히 잃어버린 사회적 자극의 구현(具現)으로서 공산주의에 대한 이해를 지지하였다. 1946년부터 많은 것이 바뀌었다. … 점점 양극화하는 분열과 함께 냉전이 시작되었다. 사상이 서방 세계의 정치적 입장과 결속된 기독교인들과 공산주의 상황에서 건설적인 역할을 감당하길 원하는 기독교인들 사이에 공통적인 토대를 발견하는 것이 점점 더 어려워지게 될 것이다."[15]

암스테르담에서 덜레스가 "냉전의 고전적 원인"을 덧붙였다고 썼던, 하인즈 클로펜부르그(Heinz Kloppenburg)도 흐로마드카를 암스테르담에서 알게 되었고, 뒤늦게 가까워진 협력자가 되었다. 그는 다음과 같이 덧붙였다: "암스테르담에 모였던 청중들을 고려할 때, 일반적인 교회 구조에 대해 응답을 한 덜레스의 리뷰가 흐로마드카의 리뷰보다 더 강하게 영향을 끼친 것 같다고 이해할 수 있다. 그러나 흐로마드카의 암스테르담 강연에서 우리들은 유일하고 뛰어난 영감과 동력이 되었던 평화 활동의 미래 발전의 기본적 요소를 발견하지 않았던가."[16]

당시에 필자는 미국 유니온신학대학에 있었다. 유니온신학대학의 존 베네트(John C. Bennett)와 라인홀드 니버(Reinhold Niebuhr) 등의 교수들은 암스테르담에서 미국 신학을 대표하였다. 그들은 흐로마드카의 강의에 동의하지 않았으나, 그의 순수함과 확신의 힘이 큰 감동을 주었다. 두 사람은 동일하게 그의 논쟁에 반대할 것이 없었다고 고

---

15 G. Wirth, *Josef L. Hromádka* (요세프 흐로마드카), Berlin, 1976, 24.

16 H. Kloppenburg, *Von Amsterodam nach Prag* (암스테르담에서 프라하까지 모음집 서론), Hamburg, 1968, 8.

백하였다. 이러한 상황을 두 사람은 뉴욕 은행가들이 자신들을 초청하였다면, 자본주의에 대한 관심을 보이지 않는다고 자신들을 비판할 것이라고 유머로 설명하기도 하였다.

40년 전에 에큐메니즘의 시작이 있었다. 그러나 전쟁 이후 아주 적은 소수이기는 했지만 교회가 슈투트가르트서 만나 회개를 말할 때, 이미 회개를 위한 토대가 쌓여져 있었다는 사실을 잊어서는 안 된다. 세계교회협의회(WCC)를 지지하는 토대를 만들기 위해 40년 동안 싸웠고, 현재 싸우고 있으며, 앞으로도 계속 싸울 것이라는 사실을 잊어서는 안 된다. 또한 '암스테르담'은 시작이었으며 당연한 것이 아니라 힘든 투쟁의 결실임을 잊어서도 안 된다. 그리고 우리에게 중요한 '이' 장소는 바로 우리들의 '투쟁'이기 때문이다.

한편 흐로마드카는 고국에서도 자신의 입장을 분명히 해야 했고 그리고 설명해야 했다. 하나는 상황에 대한 기본적인 해석이었으며, 다른 하나는 1948년 이후 체코슬로바키아 공화국에서 발전된 구체적인 상황에 대한 해석이었다. 흐로마드카는 목회적 과제로서 자신의 과제를 이해하였다. 거짓된 정치적 관점은 긴장을 불러일으키고 결국 전쟁을 일으킬 수 있는 힘을 강화할 뿐 아니라, 믿음의 관점이 감추어지고, 복음과 교회의 본질과 사명에 대한 이해를 막는 편견과 분노와 질투로 마음이 채워진다고 보았다. 그래서 교리적이 아닌 목회적 설명으로 그는 전념을 다해 그리고 믿을 수 없는 끈기로 자신의 입장을 설명한다.[17]

1948년 10월 3일 차슬라프(Čáslav)에서 열린 '개혁교회 사역'(Evangelické dílo)의 기념 컨퍼런스는 흐로마드카가 간절하게 기다

---

17 H. Ruh, *Geschichte und Theologie. Grundlinien der Theologie Hromádkas*(역사와 신학. 흐로마드카 신학의 기본적 특징), 취리히, 1963; JLH., 에필로그, 38-47.

리고 있던 개혁교회에게 연설할 중요한 기회였다. "오늘의 흐름에서의 개혁 교회"(*Reformační církev v proudech dneška*)라는 주제로 강연[18]을 한 흐로마드카는 자신의 정치적 결심을 신학적 언어로 그리고 교회론적 관련성으로 바꾸어 설명하였다. 경건한 관용구뿐 아니라 질문이 아닌, 모든 크리스천들을 향한 질문 "개혁 교회는 오직 주 하나님만 의지한다"는 한 줄은 그에게 출발점이 되었다. "우리들은 어디에 모든 것을 의지하고 있는가? 우리는 무엇을 희망하고 있는가? 1938년으로 아니면 심지어 1918년으로 돌아가길 원하는가? 우리들 스스로 자신에게 엄격한 심판을 하자! 사적이고 물질적이고 또는 문화적인 관심에 대해, 상실과 이익에 대해 또는 유일한 것에 대해 —흐로마드카 보다 앞서서 말하였던 하예크가 강조하였던 하나님을 찬양하고 경배하는 것"[19]— 생각한다. 목회적 접근은 직접적으로 모범으로서 실례를 보여주었다.

어떤 정치적 시스템에서도 교회는 '집'이 될 수 없다. 교회는 '집'이 아니었거나 마사리크(Masaryk)와 베네시(Beneš) 공화국에서 '집'이 될 수 없었다. 그리고 물론 클레멘트 고트발트(Klement Gottwald) 공화국에서도 '집'이 아니며 될 수도 없었다."[20] "교회는 외적 의지와 특권 모두를 그리고 인위적인 도움과 떠받쳐주는 토대 모두를 제거할 때(제거될 때) 비로소 자신의 바르고 고유한 삶으로 살기 시작한다."[21] "교회들은 혜택과 지원에 익숙하였다가, 그것으로 부터 벗어났을 때 부당한 대우를 받는다고 느끼게 된다."[22] 교회의 이러한 새로운 상황

---

18 JLH., *Reformační církev v proudech dneška* (오늘의 흐름에서의 개혁교회), *Jednota národa v pravdě* (진리 안에 있는 민족연합), Praha, 1949, 41-61.

19 위의 책, 49.

20 위의 책. 45.

21 위의 책, 49.

22 위의 책, 50.

을 흐로마드카는 "콘스탄틴 시대의 끝"이라는 슬로건으로 설명한다. "1600년 이후 공적 사회가 이끌어왔던 것과는 다른 이데올로기에 의해 진행되는 사회의 중심에 구콘스탄틴 세계의 유적 위에서, 우리에게 귀중한 것 모두는 다시 획득되어져야만 한다. 그러나 인간적인 두려움과 개인적인 신학적 취향에 의해 바른 길에서 벗어나지 않도록 실제로 성경 말씀이 우리를 위해 더 직접적으로 그리고 더 강조하여 말씀할 수 있다."[23] 교회 안에 "두려움 없이 승리로 세상을 살아가게 하는 오직 크고 능력 있는 믿음만"이 서있다. 흐로마드카는 '경건'이라는 표현을 버리고 성경의 용어인 '믿음'을 사용한다.

교회가 부르주아의 포로로부터 해방을 시켰기에 청소년 세대에게 매력적이 된 교회 상황에 대한 흐로마드카의 신학적 분석은 사회의 사회적 경제적 변화에 대한 긍정으로 점철된다. 흐로마드카는 클레멘트 코트발트(Klement Gottwald)[24]와 안토닌 자포토츠키(Antonín Zápotocký)[25] 비판에 소극적이었다. "사회주의적 표현의 오늘날 과업이 무너져 버려야 한다면, 사회주의화는 멈추어지겠지만, 새로운 재앙이 일어나게 될 것이다."[26] 차슬라프(Čáslav)에서 열린 '개혁교회 사역' 컨퍼런스에서 한 이 말은 신랄한 비판거리가 되었다.

고위 성직 로마 가톨릭 교계와 바티칸이 새로운 통치에 대해 7월 중순경 파문 교령을 발표함으로써 부정적인 견해를 취하였기 때문에 사회주의 국가에서의 교회의 문제는 긴급하게 되었다(반공산주의 성 오피시움 성명 1949년 7월 1일과 1950년 7월 28일).

---

23 JLH., *Doslov*, "에필로그", *Theologie a církev* (신학과 교회), 367.

24 클레멘트 코트발트(1896-1953): 체코슬로바키아 공산당 정치가, 제1, 2 공화국 수상, 공산당이 정권을 잡은 직후 체코슬로바키아 대통령. (역자주)

25 안토닌 자포토츠키(1884-1957): 공산당 정치가, 코트발트를 이어 2대 체코슬로바키아 공산당 의장, 체코슬로바키아 수상. (역자주)

26 JLH., *Reformační církev* (개혁교회), 55.

이러한 충돌은 교회와 국가 간의 새로운 법개정 추진을 가져왔다. 그리고 흐로마드카가 중요하고 힘든 역할을 하였던 대규모 토론이 국가와 충돌하는 것을 막았다. 흐로마드카는 실행위원회 위원이며 체코형제복음교회 중요한 회원으로서 교회와 국가 대표들, 알레크세이 체피츠카(Alexej Čepička) 장관과의 중재를 하였으며 그리고 체코슬로바키아 공화국의 교회들이 결국 긍정적으로 받아들이기로 하였던 새로운 법이 각 개별 교회들의 전통의 독특성을 온전하게 존중하도록 하고 그리고 목회자가 직장인으로서 국가로부터 분리되지 않을 뿐 아니라 교회의 직장인이 될 수 있도록 중재하였다. 법들은 교회 모두를 같은 법적 토대 위에 설립하였으며, 경제적으로 보장하였다. 국가는 목회자 선출 전 사전 동의의 법을 조건으로 요구하였다.

흐로마드카는 기고 글 "새로운 시대의 문턱에서"(*Na prahu nové éry*)에서 새로운 법에 대해 언급하였다.[27] 주어진 상황에서 다른 해결(단절)이 "물론 정치적 부정의 의미에서 가톨릭교회(그리고 어쩌면 다른 교회들의)의 정치화"를 불러일으켰다고 생각한다. 전체적으로 상황에 대한 그의 평가는 다음의 말과 같다: "만약에 교회들이 확고하게 복음에 서있다면, 어떤 것도 두려워할 필요가 없다. 반대로 오늘날 이 순간이 사회를 진리의 근원으로 그리고 연합으로 더 가까이 옮겨놓을 수 있다. 만약에 개혁교회들 사이에 장벽들이 무너진다면, 오늘날 이 순간 우리 교회 역사의 새로운 시대의 시작이 될 수 있다."[28]

1949년 10월 14일 법 공포 이후 교회들은 내적으로 새로운 시대를 맞이해야 했다. 흐로마드카는 이 과정에 크게 기여하였다. 1950년에 흐로마드카는 질리나에서 개혁교회 설교자들에게 '현재의 변혁에서

---

27 JLH., *Na prahu nové éry* (새로운 시대의 문턱에서), *KR*, 1949, 261nn.

28 위의 책, 266.

의 우리 교회'(Naše církev v převratech dneška)라는 주제로 강연을 하였다.[29] 종교개혁이 성경에 어떻게 나타나는지에 대한 말씀의 증언은 "교권제도의 오만한 본성으로부터 그리고 사회적 질서로부터 교회를 해방시켰다. 기독교인들이 문화적이고 사회적인 과거와 결합시킨 결박을 풀어주었다. 이러한 해방은 기독교인들에게 고통 없는 지상의 삶의 전기(轉機)를 바라보며, 염려 없이 앞으로 나아가는 용기를 주었다. … 교회는 외부의 지원과 권력의 보장에 의존하지 않는다. 움직일 수 없고 정복할 수 없는 오직 하나님의 말씀의 능력에 의존한다."[30]

호로마드카가 소우체크(Souček)와 도비야시(Dobiáš)와 함께 입안한 성명서를 받아들인 체코형제복음교회 총회가 그 해에 열렸다: "우리들은 개인적으로 불신과 거짓으로 가득 찼으며 그래서 한편으로 견고하지 않고 순응적이고 다른 한편으로 자기 의로움적이고 강고하며, 게다가 자신의 이웃에 대해 특히 작은 자에 대해(마 25:40-45) 육체적이고 영적인 비참함에 대해 무관심하다. 그래서 우리들은 의로운 심판과 하나님의 분노를 받을 만하였다. 그러나 이러한 크고 분명한 죄를 범하였음에도 주님으로부터 맛을 잃은 소금으로서 밟히도록 밖에 버려지지 않는다면, 감사함으로 받을 수밖에 없는 하나님의 자비를 선물로 받는다…."[31]

호로마드카는 저널 기고[32]로 그리고 개인적으로 에큐메니칼 위원회 회의에서 에큐메니칼 포럼에 대한 자신의 입장을 변호하였고 설명하였다.

---

29 JLH., *Naše církev v převratech dneška* (현재의 변혁에서의 우리 교회), *KR,* 1950, 139-142.

30 위의 책, 136.

31 *KR,* 1950, 52-54.

32 *Theology Today* 1950, 459; *The British Weekly* 1951. 1. 25. 발행.

1949년 7월 영국 남부 치체스터(Chichester)에서 열린 중앙위원회 회의에서 '공산주의 사회에서의 교회의 증언'에 대해 다음과 같은 내용으로 이야기하였다. "교회는 무엇보다 긍정적인 방법으로 복음을 설교해야만 하며, 기독교와 공산주의 간의 차이를 어둡게 해서는 안 된다." 흐로마드카에 의하면 "비종교적인 국가"의 문제를 체코 공산주의자들은 여전히 잘 이해하지 못한다. 교회의 역할과 능력은 공산주의자들에게 이해가 되지 않는 영역이다. 착취와 불의와 폭력을 없애고 그리고 계급이 없는 사회를 세우기 위하여, 교회는 기도와 교인들의 활동으로 사회주의적 사회 건설에 기여하여야 한다. 공산주의자들의 "열망을 도와야"만하며 그리고 "인간의 잘못으로부터 열망을 깨끗게 해야"만 한다.[33]

그 다음해에 그러나 흐로마드카는 중앙위원회 회원으로서 한국전쟁에 대해 친미국 입장을 받아들인 WCC와의 긴장이 생겼다. 하예크(V. Hájek)가 서명한 항의서한에서, WCC 태도를 거부하며 동아시아 특별히 중국에 대한 그의 부정적 영향을 지적한다.[34]

WCC와의 관계는 당시 상황에서 커다란 긴장이 있었다.[35] 흐로마드카는 뉴 헤븐(New Haven)에서 열리는 중앙위원회 회의에 참석을 거부하였다. 마찬가지로 중국 교회들은 1951년 WCC와의 협력을 중단하였다. 중앙위원회의 중국출신 회원, 의장단 가운데 한사람, 주 첸 차오는 중앙위원회 위원을 사임하였으며, 마찬가지로 헝가리 비숍 베레츠키(A. Bereczký)도 사임하였다. 흐로마드카는 사임을 하지 않았

---

33 WCC 중앙위원회 회의록(*Minutes of the CC of the WCC*), Chichester, 1949, 재인용 Ch. West, op. cit. 71,

34 안전보장 위원회 의장에게 보낸 서신과 WCC 총무에게 보낸 서신(*Dopis předsedovi Rady bezpečnosti a Dopis generálnímu tajemníku SRC*) – 극동아시아와 에큐메니칼 토론 기고글(článek Daleký východ a ekumenická diskuse), *KR*, 1950, 296-302.

35 JLH., *Aby nebylo pozdě* (늦지 않기 위해), *KR*, 1951, 156.

다: 그러나 베레츠키에게 공감을 표현하였다.[36] 마찬가지로 프랑스출신 피에르 모리(Pierre Maury)도 WCC 입장을 신랄하게 비판하였다.

신앙과직제위원회 회원으로서 흐로마드카는 1952년에 에큐메니즘의 미래를 위해 중요한 문제—그리스도를 믿는 믿음의 비신학적인 요소들의 관계는 어떠한지 그리고 상당히 이들 요소들에 의해 조건지워진 에큐메니즘의 긴장이 어떠한지—를 제기하였던 룬드(Lund)에서 열린 회의에 참석하였다. 신학적으로 요소들이 정당한가?(강연, "우리들의 분열의 사회적 문화적 요인들", 「에큐메니칼 리뷰」에 기고)[37] 룬드 회의에서 흐로마드카는 교회의 예언자적 과제를 새롭게 정의하였다. "그렇다. 공산주의의 어두운 그림자로 눈이 매혹되고, 두려워하고, 어두워진 기독교인들이 존재한다. … 교회의 반공산주의 선언과 함께, 공산주의에 대해 '아니오' 소리와 함께 그 순간 교회가 가졌던 보조적인 역할을 확인한다. 철의 장막 뒤에 살고 있는 우리, 자신의 교회의 상황에 대해 응답하는 우리, 우리가 거부하는 것은 바로 그것이다. 우리의 첫 예언자적인 말은 '예'가 되어야 하며, 마찬가지로 그 상황으로 우리를 이끌어간 우리들의 주님의 십자가에 대해 확고하게 기쁨으로 '예'가 되어야 하는 것을 우리는 주장한다. 단지 후에 마찬가지로 구체적인 불충분함에 대해 '아니오'할 권리를 가지고 있다."[38]

비숍 벨(Bell)은 전체 컨퍼런스를 위해 가장 중요한 것으로서 흐로마드카의 강연을 기억한다.[39] 스탈린주의가 절정에 달하던 시대에 흐로마드카의 '예'는 많은 사람들에 의해 신랄하게 비판을 받았다. 흐로

---

36 KR 1951, 165.

37 JLH., *Sociální a kulturní faktory našeho rozdělení* (우리들의 분열에 대한 사회적 문화적 요인들), *Ecumenical Review*, 1952, 52-58.

38 위의 책, 52-58.

39 G. K. Bell, *The Kingship of Christ, The Story of the WCC* (그리스도의 왕되심, WCC 이야기), London, 1954, 103.

마드카는 '제3세계'(데브레첸 Debrecen에서의 연설)의 정의의 필요에 대한 관점으로 그리고 상황이 인간화된다는 소망으로 비판에 대해 용기를 갖는다. 이어지는 흐로마드카의 에큐메니칼 운동 참여를 다음 장에서 살펴보게 될 것이다.

동유럽의 사회주의 발전에 대한 흐로마드카의 긍정적 입장은 그가 이웃 나라들과 관계를 형성하는데 문을 열어준다. 19세기 내내 거의 관계가 없었던 나라들에서 그리고 1938년 이전에 체코슬로바키아 교회들과 모든 여론들이 갈등에 있었던 나라에서 기독교인들과의 관계를 가능하게 하였던 폭넓은 역사적 변화에 대해 자주 놀라움을 표현한다. 먼저 헝가리의 문이 열렸다. 흐로마드카는 1953년에 데브레첸 장로교회 아카데미 명예박사학위를 받는다. 그의 강연 '신학자의 고백'(Vyznání theologovo)[40]은 말할 수 없이 중요하다. 왜냐하면 강연에서 흐로마드카가 유럽과 미국 상황에 대한 자신의 분석을 글로벌 차원으로 그리고 비판적으로 기독교 선교의 과제에 대해 평가하고 있기 때문이다: "세상의 후기 유럽인들과 후기 기독교인들이 붕괴되었다. 유럽의 기독교인과 민족들은 굶주리고 착취당한 수백 만 명들의 행복보다 자신의 관심, 통치, 평안과 부요함을 더 생각하였다. 기독교 교회들은 자신의 선교와 함께 인간의 순수한 섬김과 열정적인 믿음의 공동체가 되는 것을 막았다. 모든 개인들과 그룹의 소중한 노력을 통해 죽어가는 세상의 한부분이 되었다. 기독교 선교의 재앙적인 위기는 죽음으로 끝이 나서는 안 되며, 정화하는 도구가 될 수 있다…."[41] 그 시기에 폴란드 바르샤바의 신학 아카데미에서도 흐로마드카에게 명예박사를 수여하였다(1952).

---

40 JLH., *Vyznání theologovo* (신학자의 고백), *KR*, 1953, 166-175.
41 위의 책, 174.

독일민주공화국(동독)과의 관계도 발전된다. 1951년부터 흐로마드카는 동독을 거의 매년 방문하였다. 대학과의 관계뿐 아니라 사회지도자들(Otto Nuschkem, 1951년)과의 관계도 있었다. 리셀로테 리히터(Liselotte Richter)와 마르크스주의자 하인즈 캄니저(Heinz Kamnitzer) 그리고 발터 홀리처(Walter Hollitscher)가 참석하였던 훔볼트대학에서 정치와 신학문제들의 원칙에 대한 대토론은 언급할만한 가치가 있다. 사회주의 나라들과의 관계는 1952년 독일 기독교민주연합(CDU) 전당대회에서 설명하였다: "동독, 체코슬로바키아, 폴란드, 루마니아와 헝가리 그리고 소련의 우리 기독교인들 앞에 있는 과제는 새로운 것을 진실되게 보는 것, 이해하는 것 그리고 믿음의 전제조건들로부터 형성되고 만들어지는 것이다. 기독교와 기독교 교회의 미래는 우리가 동독에서 그리고 우리 인민 민주주의 나라들에서 활동하는 것에 달려있다는 것이 우리의 깊은 확신이다. 창조적인 에너지 안에 있는 기독교와 기독교 교회의 미래는 우리의 믿음, 우리의 용기, 우리의 소망과 우리의 결심에 달려있다."[42]

세계평화평의회(World Peace Council)에서의 흐로마드카의 활동도 동유럽 사회주의 국가들과의 관계 발전을 도왔다. 흐로마드카는 베를린에서 열린 세계평화평의회 첫 회의에 참석하였으며 1951년 2월 22일 '오늘날 국제 문제에 대해'(K dnešním mezinárodním otázkám)라는 주제로 강연하였다.[43] 뿐만 아니라 중국 상황과 독일 재무장 문제에도 주목하였다. 데브레첸(Debrecen)과 베를린에서의 흐로마드카의 연설을 살펴보면, 10년 후에 흐로마드카가 기독교평화회의(Křesťanská mírovákonference)[44]의 활동을 그림 그리게 될 평면도를

42 G. Wirth, *Josef L. Hromádka*, 27n.

43 JLH., *K dnešním mezinárodním otázkám* (오늘날 국제문제에 대하여), *KR*, 1951, 24-26.

눈앞에 갖고 있다. '세계평화평의회'에서 흐로마드카는 체코슬로바키아평화상(1953) 수상자이며 평의회 회원으로서 매우 열심히 일하였다.

평화와 에큐메니칼 활동을 하는 동안 흐로마드카는 새로운 친구들을 만난다: 룬드 회의에서 알게 된 이반트(H. J. Iwanda)와는 1950년대 후반에 매우 가까운 친구관계를 갖게 되었으며, 헝가리에서 비숍 베레츠키(A. Bereczký)를 알게 되어 흐로마드카의 주도로 코멘스키 신학대학의 명예박사 학위(1952)를 받았으며, 동독에서 에밀 푸쉬(Emil Fuchs)와 친밀한 만남을 가졌다.[45]

2월 혁명 이후 '교회의 상황에 대한 대화'에서 흐로마드카의 가장 심도 있는 신학적 논쟁은 회개에 대한 논쟁이었다. 미국에서 "몰락과 부활"이란 책을 쓰면서 점차적으로 예언자와 코멘스키의 영향 아래에서, 몰락으로부터 상황을 심판의 상황으로 규정하는 것으로 그리고 회개와 교회 개혁의 도전으로 변화해간다. 이 점에서 베레츠키(A. Be-reczký)와 일치한다.

상황에 대한 그의 분석이 현실적이었음을—사회주의적 실험이 붕괴되지 않았고 그리고 상황의 해결이 전쟁이 불가능한 것임을— 보여주었을 때, 2월 쿠데타에 대한 흐로마드카의 결심과 특별히 세계평화평의회에서 공산주의자들과의 협력이 신랄한 비판과 불신을 그리고 1950년대 말 어느 정도 대처하였던 공격을 피할 수 없게 불러 일으킨다. 에큐메니칼 여론이 확산되기 전 당시에 흐로마드카는 상당히 고독하였다. 바르트가 흐로마드카를 지지하였으나,[46] 곧 바르트가 원칙

44 기독교평화회의는 냉전에 의해 동서로 나누어진 유럽의 기독교 신학자들의 대화와 핵폭탄 소유 강대국들 간의 위협적인 갈등에 대해 그리고 후에 현안 문제들에 대해 신학적 윤리적 입장 의논을 가능하게 하였던 국제 기독교조직이었다. 1958년 프라하에서 설립되었고, 체코개혁교회 신학자 흐로마드카가 초대 의장이 되었다. (역자주)

45 *Ruf und Antwort. Festschrift für E. Fuchs*(요청과 응답, 푸흐스를 위한 기념선집), 라이프치히, 1964, 191nn, G. Wirth의 고문서에 나오는 편지.

적으로 긍정적인 입장을 견지하면서 흐로마드카와 베레츠키에게 역사 신학을 약화시키는 것은 아닌지 질문을 한다.[47]

흐로마드카가 세계평화평의회의 회원인 것이 에큐메니칼 운동에서 비서트 후프트에게 적지 않는 염려로 작용한다. 마찬가지로 라인홀드 니버(Reinhold Niebuhr)는 비록 흐로마드카가 필요하기도 했지만 그의 에큐메니즘 입장을 비판적으로 평가한다. 왜냐하면 흐로마드카가 에큐메니칼 운동에서 강력한 영향을 가지고 있었지만 다른 한편으론 공산주의에 대해 적극적인 관계를 가지고 있기 때문이었다.[48] 중국이 무너졌을 때 그리고 팜플렛 "교회에게 연방 위원회가 얼마나 빨간가"가 출판되었을 때 1949년부터 니버는 친공산주의 인물 리스트에 있었다. 그로 인하여 니버는 자신을 정당화할 필요를 느껴 흐로마드카에 대한 자제된 입장으로 강연하였다.[49] 이러한 입장은 에큐메니즘에서 상당히 강력하였다. 1958년에 웨스트(Ch. West)는 "공산주의의 권력의 적응"(přizpůsobení moci komunismu)[50]이란 글을 통해서 회개에 대해 이해하고 있다는 의미로 흐로마드카에 대해 쓴다.

---

46 *Kostnické Jiskry* (콘스탄츠의 불꽃), č. 15, 1948.

47 *Dopis Barthův Bereczkému*(베레츠키에게 보내는 바르트의 서한), *Christian Century*, 1952. 6.

48 R. Niebuhr, v předmluvě k M. Spinkovi(스핀카의 책 공산주의 사회의 교회의 서론에서) , *Church in Communist Society*, Hartford, 1954.

49 R. Fox, *Reinhold Niebuhr*, New York, 1985, 242.

50 Ch. West, 75.

19장
코멘스키신학대학 시스템

교회와 국가의 관계에 대한 새로운 법 개정의 범주에서 마찬가지로 신학 교육 개정도 뒤따르게 된다. 자신의 신학부(seminary)를 가지고 있었던 다른 모든 프로테스탄트 교회들 출신의 신학생들의 학업은 코멘스키대학(Komenská fakulta) 이름을 가진 하나의 신학대학교로 통합된다. 개혁교회 부서와 체코슬로바키아교회[1] 부서로 두개의 부서가 있고, 학장들이 서로 돌아가는 후스대학은 체코슬로바키아교회를 위한 후스대학과 체코와 모라비아의 다른 개혁교회들 그리고 슬로바키아의 장로교회를 위한 코멘스키대학으로 나뉘어 있었다. 흐로마드카는 1950년 10월 1일 코멘스키대학의 학장이 되었으며, 그리고 매 2년마다 재선하여 1966년까지 계속 학장을 한다. 조직신학은 흐로마드카가 책임을 맡은 조직신학과와 도비야시 교수가 학과장이 된 사회신학과로 나뉘어졌다. 사회 신학은 사실상 흐로마드카가 성서적 모티브로부터 몰두해서 사회주의와 평화를 위한 연구에 기여한 시기에 모

---

1 현재의 체코슬로바키아 후스교회. (역자주)

든 자신의 활동에 의해 만들어졌다. 기독교윤리의 개인주의적 개념을 실천적으로 극복하고, 그때까지 등한시되던 기독교윤리의 영역으로 주제를 확대한다.

호로마드카 외에 1950-52년(실천신학 학과장에 임명될 때까지)에 비교 기호학을 강의한 예쉬케(J. B. Jeschke)와 역사 기호학을 강의한 부교수(docent) 아메데오 몰나르(Amedeo Molnár)가 조직신학과에서 활동을 한다. 부교수 아메데오 몰나르는 1950년 교수임용 시험을 치른 3명의 신임 부교수들 가운데 한사람이었다. 다음으로 철학과의 로흐만(J. M. Lochman)과 그리고 실천신학과의 요세프 스몰리크(Josef Smolik)가 있었다.

호로마드카의 선배동료(베드나르즈 Bednář, 다네크 Daněk, 노보트니 Novotný, 린하르트 Linhart, 질카 Žilka)들이 은퇴를 했거나 죽었기 때문에, 대학의 모습이 아주 많이 바뀌었다. 거의 모든 교수들이 제2차 세계대전 직전 시기부터(르지찬 R. Říčan, 예쉬케 J. B. Jeschke, 소우체크 J. B. Souček, 도비아시 F. M. Dobiáš, 비츠 M. Bič) 또는 전쟁 이후까지(몰라르 A. Molnár, 로흐만 J. M. Lochman, 스몰리크 J. Smolik) 호로마드카 제자들이었다(바르토시 F. M. Bartoš는 예외였다). 구약학과의 조교수로서 헬레르(J. Heller)가 있었고, 오포첸스키(Opočenský)는 호로마드카의 조교수였다. 오포첸스키는 세계학생연맹(WCSF) 유럽 간사로 선임되어 제네바로 떠나던 1967년까지 대학에서 일하였다. 호로마드카 생애 마지막 시기에 오포첸스키의 자리를 파벨 필리피(Pavel Filipi)가 계승하였으며, 1976년부터 부교수 그리고 1978년부터 실천신학과 교수가 되었다.

에큐메니칼과 평화 활동에서 호로마드카의 가까운 동역자가 되었던 보후슬라브 포스피실(Bohuslav Pospíšil, 1905-1959)이 신학대학 설립 때 신학대학의 총무가 되었다. 보후슬라브 포스피실은 다네크 교수의 제자였다. 그의 신학적 관심과 후에 공적문제에 대한 관심으로 흐로마드카와 연결되었다. 포스피실이 대학 총무직을 두산 차페크(Dušan Čapek)로 교체되었던 1955년까지 수행하였다.

흐로마드카는 조직신학뿐 아니라 신학연구서론("개인의 신학접근")도 강의하였고, 괴테부터 고르키까지 현대 고전 독서와 목회적 돌봄도 소개하였다. 그의 강의 "오늘날 이데올로기 문제"가 공개강좌로 개설되었다.

신학대학이 인문사회 대학 내에서 방문 대공개 강좌를 풍성하게 열었다. 그 강좌에서 흐로마드카는 종교개혁 신앙고백의 분석을 하였다.[2] 미국에서 강의했고 그리고 교과서—"프로테스탄트 신학의 전환점"(Přelom v protestantské theologii) 1955년(1948-49년 강의들)—로 출판하였던 그 강의로 첫 시간을 시작하였다.

콘비크트스카(Konviktská) 거리에 있었던 코멘스키대학의 첫 시기에 학생들의 숫자는 150명에 달하였다. 당시에 스탈린주의의 강한 탄압이 공적 삶에 영향을 끼쳤지만, 흐로마드카의 영향이 컸다는데 이론의 여지가 없다. 흐로마드카의 활동과 그의 분석의 매력은 무엇일까? 소우체크(Souček) 교수가 지도력을 가졌던 선배 세대는 흐로마드카의 입장을 매우 천천히 받아들였다. 르지찬(R. Říčan)이 제일 먼저 흐로마드카를 받아들였다. 그렇지만 소우체크와 도비아시(Dobiáš)는 흐로마드카와 함께 1948년 2월 쿠데타 이후 발전에 대한 교회의 기본적인 입장을 표명한 체코형제복음교회 1950년 총회 성명서의 공동 작성자가 되었다.

---

2 JLH., *Naše konfese, Základy učení křesťanského* (우리의 신앙고백, 기독교 교리기초), Praha, 1951, 225-297.

젊은 세대 교수들과 학생들은 한편으로, 교회가 새로운 상황으로 인하여 바른 성서적 형태로 실현될 수 있고 그리고 부르주아적 노예로부터 해방시킬 수 있는 기회로서 새로운 상황을 이해하도록 돕는 교회상황에 대한 신학적 분석에 마음이 끌렸으며, 다른 한편 공적활동에 대한 흐로마드카의 관심을 좇아했다. 소우체크가 1950년대 초에 발견하였고 진심을 다해 학생들에게 소개하였던 본회퍼의 저서들과 흐로마드카의 영향은 연결되었다. 후에 자신들의 입장이 달라졌을지라도 목회자로서 체코형제복음교회 목회자 평화연맹(Mírový odbor Svazu českobratrského evangelického duchovenstva)에서 일하였던 많은 학생들이 흐로마드카와 매우 가까워졌다.

흐로마드카가 적극적으로 동참을 하였던 국내외 에큐메니칼 활동의 성장과 함께 그가 죽을 때까지 지도자였던 '에큐메니칼 인스티튜트'(Ekumenický institut)가 1956년 1월에 설립되었다. 포스피실(B. Pospíšil)이 소장이 되고 1960년에 온드라가 그의 뒤를 잇는다. 에큐메니칼 인스티튜트는 1958년부터 사회주의 국가들 안에서의 신학적 노력과 입장의 결과를 확산시키는 목적으로 신학계간지 *Communio viatorum*을 출판한다. 첫 시기의 계간지는 소우체크(J. B. Souček)와 브로시(L. Brož)와 흐로마드카의 긴밀한 협력으로 출판되었고 이후 조직신학 교수(1972년부터) 브로시가 이어간다. 대학은 1948-1951년에 슬로바키아 대학과 함께 흐로마드카가 많이 기고하였던 잡지 「개혁주의 신학」(*Theologia evangelica*)을 출판하였다.

흐로마드카의 공적활동을 위한 중요한 토대를 만들었던 아카데미 YMCA가 전쟁 이후 활동을 월간지 「크리스천 리뷰」 발간으로 재개하였다. 1948년 2월 쿠데타 이후 아카데미 YMCA 활동이 중단되지만, 그러나 「크리스천 리뷰」지는 흐로마드카가 당시에 자신의 입장을 출판하던 플랫폼으로 지속된다.

1954년에 건강상 이유로 사임한 흐로마드카는 몰나르(A. Molnár)를 「크리스천 리뷰」의 책임자로 임명한다. 그리고 1961년에 스몰리크(J. Smolík)가 「크리스천 리뷰」의 책임을 맡게 된다.

20장
'냉전' 시대

1948년 2월 쿠데타 이후 시대는 흐로마드카에게 힘든 씨름의 시기였다. 냉전의 압력, 스탈린주의로 대표되는 권력의 남용이 매우 억압적으로 중부 유럽을 덮쳤을 때였다. 흐로마드카의 비전과 희망은 억압적인 변혁을 통과해 나간다. 그의 입장은 에큐메니칼 서클과 국내에서 강한 공격의 목표가 된다. "인간의 진실과 책임의 불충분함"이 "사회주의적 질서의 균등한 건설의 중요한 장애물 가운데 하나"로서 1948년 2월 쿠데타 이후 시대의 우리들에게는 "특별하고 고통스러운" 경험이었다고 기억한다.[1] "불신앙과 의심의 악령들이 사회에 영향을 주었다. 당에서 그리고 국가에서 내부적으로 정화를 위해 당이 원하는 대로 법률을 임의적으로 남용하는 것과, 개인의 피 흘린 희생이 일어났던 것을 우리 모두는 알고 있다."[2]

그러나 당시 어려운 시기에 흐로마드카는 1938년으로 돌아갈 수

---

1 *Proč žiji?*(왜 사는가?), 111.

2 위의 책, 111.

없다는 것과 "역사는 크리스천에게도 공산주의자들에게도 끝나지 않는다"는 자신의 기본적인 분석을 고수하였다. 회의주의(懷疑主義)의 압박아래에서 이미 들어선 길을 벗어나는 것, 그것은 흐로마드카에게 "낯선 것이며 그리고 인간과 미래에 대한 그의 관점을 무시하는 것이었다." 당시에 교회는 "두려움과 세상에 반대하는 자기요새화에 붙잡혀서도 안 되며", "날씨가 더 좋아지기를 기다려서도 안 된다."[3]

바르트, 비서트 후프트와 다른 사람들의 질문에도 불구하고 흐로마드카는 자신의 입장을 유지하며 교회의 차원에서 그리고 에큐메니즘의 차원에서 사회주의 사회와의 대화를 그리고 진리의 통로가 놓여지게 될 대화의 시작을 노력 한다.

자신의 믿음의 깊이, 안전의 깊이(centrum securitatis)[4]의 중심으로부터, "하나님의 지고한 자비의 선물인 용서하심으로 살고 있다는 인식에서"[5] 이 대화에 참여하였다. 그에게 죄 용서하심에 대한 글은 단지 교리가 아니라, 죄와 용서함의 현실로 내려가는 것을 가능하게 하는 근본적인 삶의 태도였다. "이러한 깊은 차원에서, 최악의 실패와 운명적인 불행의 순간에도 굴복하지 않는 '즐거운 희망'이란 단어 또는 사랑이란 단어가 우리에게 가리키는 것과 만나게 된다."[6]

그리고 흐로마드카의 친구들이 흐로마드카의 글들을 모은 논문집[7]으로 축하를 했던 60세 회갑 이후 흐로마드카가 맞이했던 다음 시기

---

3 위의 책, 110.

4 '안전의 깊이'라는 이 용어는 원래 하나님을 믿는 믿음 안에 살아가고 있는 인간이 고통받을 때 의지해야 하는 것에 대한 1633년 얀 아모스 코멘스키의 종교적 철학적 위로의 글의 제목이다. (역자주)

5 위의 책, 114.

6 위의 책, 114.

7 JLH , *Theologie a církev*(신학과 교회), vyd. Husova fakulta(후스대학 출판), Praha, 1949, č. 6.

는 흐로마드카의 신학이 성서적 깊이로 파고들고 있으며 그리고 기독교 세계의 사건들을 분석하기 위해 아주 민감한 감수성으로 현재의 문제들에 집중하면서 전 세계로 관심을 확대시켜 나갔던 시기였다.

흐로마드카는 자신의 기본적인 입장을 1948-1958년까지 10여 년간 힘들게 관철시켜 나간다. 이때 그는 자신의 믿음의 깊이에서 나온 충격적인 사건들을 마주하게 된다. 그래서 동시에 그는 강경하고 무자비한 공격의 대상이 되었으며, 오해를 받아야 했고, 가장 가까운 친구들의 비판도 감수해야 했다. 흐로마드카가 1948년 이후 모든 면에서 옹호하였던 사회주의에 대한 자신의 돌이킬 수 없는 결정들이 스탈린주의의 가혹한 검증을 겪게 된다. 이것이 그에 대한 공격의 배경이 되었다. 그 시대 흐로마드카의 태도를 당시 마르크스주의자 로제 가로디(Roger Garaudy)가 가장 잘 묘사하고 있다:

"사회주의 10월 혁명으로 폐지시킬 수 없게 열려있는 미래의 건설을 받아들임으로써, 사회주의 건설자들이 후퇴하지 않고 언제나 전진하도록 자기 비판을 어떻게 표현할 것인가의 질문이 흐로마드카에게 큰 문제가 된다."[8]

흐로마드카는 혁명적인 사건에서 불의하게 피해를 본 사람들을 돌보아 주고, 이러한 불의에 대해 비판을 하였으나, 혁명가들이 협박하는 것을 두려워하여 비공개적으로 활동하였다. 그것은 흐로마드카와 기본적인 인식을 공유하지 않은 사람들이 그와 함께하지 않는 근본적인 이유였다. 몇몇 그의 서방 친구들(예를 들어 Ch. 웨스트)이 흐로마드카가 공개적으로 사회주의에 대해 비판적인 태도를 취하지 않았던 원인을 에큐메니칼 관계의 가능성을 지키기 위한 것으로 생각했다면, 그들은 충분히 깊게 생각하지 않았던 것이다.

---

8 R. Garaudy, "Dialog und Kontrarevolution"(대화와 반혁명), *Ev. Theologia*, 1969, 340.

호루시초프(Nikita S. Khrushchyov)의 등장으로 스탈린의 긴장이 어느 정도 완화되는 상황은 흐로마드카가 기다렸던 것이지만, 그러나 근시안적 비판자들에게 흐로마드카와 『종교개혁부터 내일까지』(*Od reformace k zítřku*) 책에 언급된 그의 사상을 공격하는 새로운 빌미를 주었다.[9]

1956년 6월에 포스피실과 함께 흐로마드카가 몇몇 설교자들, 신학교 교수들과 체코형제복음교회의 다른 활동가들을 불러 모아 자신들에게 주어진 상황을 주목하게 하였다. 모임 참석자들은 법적인 상태를 강화하는 것, 사법제도의 무법성을 막고 그리고 계급투쟁에서 사람이 아니라 계급을 반대하는 것에 대한 강조를 환영하였다. 그것은 많은 새로운 계획들과 연결되었다.[10]

물론 흐로마드카와 그의 협력자들이 함께 선언하였던 긴장완화가 기대처럼 교회의 영역에서 일어나지는 않았다. 1956년 말 헝가리 사태[11]로 흐로마드카는 국내와 해외 에큐메니즘 영역에서 매우 힘들게 되었다. 게다가 헝가리 교회뿐 아니라 헝가리에서 사건 바로 직전에 집행부 회의를 하였던 제네바 에큐메니칼 운동도 직접적으로 이 사건에 얽히게 되었다. 이 사태의 결과가 '문화 혁명'이 되었다. '문화 혁명'이 기독교의 강한 믿음에 대해 만족할 만한 공감을 가지고 진행되지 않을 것이라는 염려로 두려워하였던 시기에, 흐로마드카는 체코슬로

---

9 A. Molnár, J. B. Souček, L. Brož, B. Pospíšil, JLH, *Od reformace k zítřku*(종교개혁부터 내일까지), Praha, 1956.

10 *KR*, 1968, 143n.

11 1956년 헝가리 혁명은 스탈린 통치를 비판한 흐루시초프의 연설 이후, 토론과 비판의 새로운 자유에 의해 고무되어 헝가리에서 소요와 불만이 점증하던 중 1956년 11월 투쟁 활동으로 터져 나온다. 처음에는 혁명이 성공한 듯하였으나, 1956년 11월에 중립선언과 미합중국에 도움을 요청하지만, 서방 강대국들이 국제분쟁의 위험으로 주저하자, 11월 4일 소련이 헝가리를 침공, 혁명 진압 후 그 지도자를 처형한다. (역자주)

바키아공산당 중앙위원회(1957년 9월 18일 헨드리흐에, 1958년 5월 5일 중앙위원회에)에 사회주의에 대한 긍정적인 이해를 포함하고 있는 성서적 증언의 내용을 담은 편지를 보낸다.[12] 그는 사회주의적 사회 건설을 위해 마르크스주의자들과 기독교인들의 대화와 협력의 토대를 놓는다. 흐로마드카는 편지에서 매우 분명하게 말한다: "나에게 양심의 고통스러운 질문이 있다고 내가 말할 때 당신은 이해하게 될 것이다: 나의 친구들이 불공평의 대상이 되고 그리고 자주 경멸당하고 따돌림을 당하게 된다면, 나는 어떤 진실함으로 존중을 받을 수 있겠는가."[13]

그러나 헝가리 사태는 흐로마드카에게 에큐메니즘 활동에 매우 나쁜 결과를 가져왔다. 흐로마드카는 이에 대해 소신을 고수하였다.[14] 전쟁 이전 시기의 경제적 사회적 구조로 돌아가는 것이 스탈린주의 특성의 공산주의에 대한 대안이 되지는 않지만, 그러나 "사회주의적 인도주의"(암스테르담 1948)의 실현을 위해 노력하는 것이 대안이라고 생각했다.

헝가리 정치 지도자들이 이러한 방향으로 발전을 설정하였는지 흐로마드카는 확신하지 않았다. 다만 헝가리 사태에 대한 자신의 해석을 고수한 것이다. 앞에서 언급한 모든 것이 다음 장에서 살펴보게 될 기독교평화컨퍼런스의 탄생 배경이 된다.

---

12 JLH., 1957년 9월 18일 *Dopis J. Hendrychovi z 18. 9. 1957*(헨드리흐에게 보낸 편지), Stöher에서 인쇄(otištěn u Stöhra), *Der Geschichte ins Gesicht sehen*(역사와 얼굴과 얼굴을 마주하고), 뮌헨 Mnichov 1977, 259nn : *Dopis Ústřednímu výboru KSČ z 5.5. 1958*(1958년 5월 5일 체코슬로바키아공산당 중앙위원회에게 보낸 편지), *KR*, 1968, 164-168.

13 위의 책, 166.

14 JLH., *On the Hungarian Crisis*(헝가리 위기에 대해), 체코슬로바키아 교회 에큐메니칼 불레틴(*Ekumenický bulletin církví ČSR*) 1956, 12월 특별호 (zvláštní číslo prosinec), 1-8.

이 시기에 흐로마드카는 다음 10년간의 자신의 일을 위한 신학과 프로그램의 토대를 세운다. 이 시기는 놀라운 사상적 노력과 "냉전"의 상황을 불러일으킨 시기였다. '열전'(熱戰)이 제거된 것이 드러났을 때, '냉전'은 완전히 방향을 바꾸어 진행되었다. 윈스턴 처칠(J. W. Churchill)이 1956년 5월 20일 아헨(Achen)에서 칼 대제 상을 받으며 소비에트 연방에 대해 "재와 파괴"만의 결과가 될 수 있다며 무력 사용을 경고하였다. 1948년 이전 역사의 시기를 특징하고 있는 전쟁의 가능성에 대한 추론들이 점차 사라지자, 사상을 약화시키는 프로파간다(propaganda)의 수단들에 의해 소련과 사회주의 국가들의 혁명의 발전을 역행시키는 것이 가능하다는 확신 위에 세워진 '냉전'이 점점 더 격렬하게 역사의 무대를 뒤덮었다. 독일연방공화국(서독)은 전환기를 일으킬 힘의 플랫폼과 도구가 되어야 했었다. 흐로마드카는 전쟁 가능성이 확정될 때에 일어날 일이 두려웠다. 때문에 그는 '냉전'을 자극하는 힘에 대항하여 모든 예언자적 결단과 복음화의 열정을 무기로 싸움을 시작하였다. 흐로마드카는 역사에서 사회주의의 프로그램과, 그 의미와 기능에 대한 숙고를 하였으며, 핵무기 세대의 평화를 지켜야 한다면, 전 세계 기독교인들과 마르크스주의자들의 협력이 가능하고 서로간의 협력의 필요성을 보여주고자 직접적으로 노력하였다.

체코 국내에서는 1956년 출판된 "종교개혁에서부터 내일까지" 가 이러한 목적을 위한 역할을 하였다. 흐로마드카가 편집을 맡았고 그의 제자들: 몰나르(A.Molnár), 포스피실, 브로시(L. Brož)가 기고를 하였다. 흐로마드카는 서론에서 자신의 신앙신조를 다음과 같이 표명하였다: "그리스도의 교회는 ―평화로운 시기나 혼돈의 시기나― 하나님이 임재하시는 폭풍 속에서 지속적으로 산다. 그러한 심판의 시기에 (하나님은) 각성과 회심의 새로운 기회를 주신다."[15] 흐로마드카가 세계 상황, 기독교 문명의 쇠퇴, 복음의 자유를 향하는 길에 대한 관점을 분석하였던 것처럼, 그의 지치지 않는 책임감은 그로 하여금 다양한 글과 강연 등을 통해 분석하려 노력하였다. 그의 저서 "종교개혁에서부터 내일까지"는 특별히 전쟁 중에 신학적으로 형성된 교회의 입장의 불충분함을 비판한 포스피실의 기고글로 인하여 활발한 토론을 불러일으켰다

그는 혼란했던 그 시기에 자신의 조교수 오포첸스키에게 '소교리'(小教理)를 받아쓰게 하였고, 쉽지 않은 상황을 함께 겪었던 아내 나데예(Naděje 희망)에게 그 책을 바쳤다. 교회와 에큐메니즘에서의 흐로마드카의 설득력은 믿음의 깊은 성서적 종교개혁적 토대위에 있었던 것과 그리고 사회적 사건에 대한 그의 분석들이 믿음과 교회의 삶에서 나오도록 씨름하였던 것에 어느 정도 근거하였다. 1958년『인간을 위한 길에 대한 복음』(*Evanglium o cestě za člověkem*)은 성경의 증언과 신앙고백에서 나온 것이며, 구 기독론적 교리들과 동정녀 수태에 대한 이 책의 글에서 나타나는 흐로마드카는 '보수적'인 신학자이다. 자신의 설명에서 살아있는, 그러나 교회기관, 전통, 그리고 근본주의적인 성경 텍스트 이해와는 관련이 없는 '말씀의 실재성'으로부터 근거한다. 역사에 충격을 주는 역동성이 충만하다. 브로시는 이탈리아 종교개혁자 피에트로 마르티레 베르미글리(Pietro Martire Vermigli)에 대한 1960년 자신의 박사학위 논문에서 이 개념을 사용하기 시작한다. 흐로마드카는 이에 대해 언급한다: "베르미글리는 다른 종교개혁자들과 함께 성경의 통치 권위의 토대 위에 서 있다. … 견고한 외부의 권위를 성경으로부터 만들어내는 위험을 경고하였다. 베르미글리는 성경의 개방성을 지켰던 것 같고, 달리 말해 성경은 그에게 언제나 방

---

15 *Od reformace k zítřku*(종교개혁부터 내일까지), Praha, 1956, 7nn.

향을 보여주고 그리고 신학자에게 성서연구의 모든 결과들에 대해서 새롭게 숙고하도록 요청하는 살아있고 역동성이 있는 척도로서 남아 있었다"(박사학위 논문 비평에서1961. 1. 17).[16] 이들 말들 속에 흐로마드카의 신학 방법론이 적절하게 들어있음을 알 수 있다.

"소교리" 에필로그에서 흐로마드카는 그의 주석이 국내와 해외의 신학적 대화들로부터 성장하였다는 것을 보여주었다. 그와 신학적 대화를 나누었던 해외 교수들은 다음과 같다. 둠(B. Duhm), 하르나크(A. Harnack), 트릴취(E. Troeltsch), 스코틀랜드의 제임스 더니(James Denney), 로버트슨 스미스(W. Robertson Smith), 케른스(D. S. Cairns). 그 외에도 흐로마드카와 대화를 한 많은 신학자들이 있다: 라가즈(L. Ragaz), 쿠터(H. Kutter), 바르트(K. Barth), 라인홀드 니버, 불트만 등. 흐로마드카의 에큐메니칼에 대한 관심은 블라디미르 솔로비예프(Vladimír Solovjev), 니콜라이 베르다예프(Nikolaj Berd'ajev), 세르게이 불가코프(Sergej Bulgakov)의 저술들, 마르틴 부버(Martin Buber)와 막스 브로드(Max Brod) 등의 유대 사상가들 그리고 마리타인(J. Maritain), 길손(E. Gilson), 콰르디니(R. Quardini), 프르지바라(E. Przywara), 아담(K.Adam) 등의 가톨릭 신학자들에 대한 연구를 하였다. 명단에 나탄 쇄더블롬(Nathan Söderblom), 하일러(Fr. Heiler), 맥케이(J. A. Mackay) 도 있다. 기독교 문명 복구에 대한 카이퍼(A. Kuyper)의 희망이 흐로마드카의 관심을 끌었다. 얀 카라피아트(Jan Karafiát)는 물론 모든 체코 종교개혁 유산들도 빠지지 않는다. 그리고 흐로마드카의 마사리크(Masaryk)에 대한 관심도 다시 돌아왔다. 흐로마드카는 그의 100세 생일을 기억하였다.

---

16 Archív Komenského fakulty, 17. 1. 1961(코멘스키신학대학 고문서. 1961년 1월 17일).

다음과 같은 질문에 대해 대답을 찾고자 노력하는 흐로마드카에게서 신학자들의 큰 과제를 본다. "거룩한 종교적 영역에 하나님을 두기를 원하였던 그리고 인간 영혼의 영지주의적 능력에 대한 해석으로 종교를 보호하길 원하였던 지난 200년의 모든 종교-철학적 시스템들보다, 포이에르바흐(Ludvík Feuerbach), 마르크스(Karl Marx), 엥겔스(Friedrich Engels) 그리고 레닌(Lenin)의 반종교적 철학은 종교와 우상숭배를 반대하는 정치적 투쟁에 더 가까운 것은 아닌지."[17] "예수 그리스도가 우리 전선에서 우리 편으로서 또는 우리의 반대편인 적들의 전선에서 싸움을 하는지 아닌지가 핵심적인 질문이 아니다. 우리, 교회는 그(그리스도)의 전선에 서있는가를 질문해야 한다. 그리고 우리는 진리를 붙잡고 있고, 예수 그리스도를 자신의 협력자라고 생각하는 것처럼 우리들이 자기공정함의 자기 확신에 이끌리고 있는 것은 아닌지, 근본적인 질문을 언제나 해야 한다."[18] 우리들이 국내무대의 흐로마드카를 살펴보려면, 국내 전통의 깊은 뿌리에 대한 증언인 1957년에 형제단 설립 5백주년 기념을 위한 그의 기고 "오늘을 위한 형제단의 유산"(형제단 논총, 1457-1957)을 기억해야 한다.[19]

제2차 에반스톤 총회(1954) 준비와 그의 결과들이 1955년 6월 20일에 체코슬로바키아 공화국의 에큐메니칼협의회 출현을 이끌었다.[20] 에큐메니칼협의회 설립에 중요하게 참여하였던 흐로마드카는 해외분과 의장이 되었다. 에큐메니칼협의회는 곧 바로 회보와 흐로마

---

17 JLH., *Evangelium o cestě za člověkem*(인간을 위한 길에 대한 복음), 307.

18 위의 책, 300.

19 JLH., *Odkaz Jednoty dnešku*(오늘날의 형제단 유산), *sborník Jednota bratrská*(형제단 논총) 1457-1597, Praha, 1957, 265-290.

20 M. Salajka, *Die ökumenische Gemeinschaft in der ČSSR, ihr Charaketr und ihre Arbeit*(체코슬로바키아 에큐메니칼 공동체, 그의 특성과 활동), 체코 에큐메니즘 (in Tschechischer Oekumenismus), Praha 1977, 254-256.

드카가 에큐메니칼 대화에 기고한 체코슬로바키아에 관한 글 등 다양한 출판물들을 발간하였다. 출판 활동에서 브로시가 강력한 조력자였다. 출판물 중에 흐로마드카가 중국 문제에 대한 예리한 관점을 제시한 1956년『현재 전환기의 교회와 신학』출판이 뛰어났다(제2판, 함부르크, 1961, 주목할 만한 부록 "마르크스주의에 대하여").[21] 이 출판에서 흐로마드카는 독일 문제에 대해서도 입장을 취하였다.

흐로마드카의 폭넓은 활동은 체코슬로바키아 공화국의 지경을 넘어섰다. 1954년의 에큐메니칼 진영의 분위기가 흐로마드카에게 그렇게 우호적이지 않았지만, 바로 그 해에 중요한 세계 기관들 위원회에 선출이 되었다: 장로교 연맹의 프린스톤 회의에서 부의장 중 한명으로 선출되었으며 그리고 에반스톤 총회 중앙위원회 회의(1954. 8. 15-31)에서 WCC 실행위원회 위원으로 선출된다. 에반스톤 총회 회의는 '냉전'의 시기에 열렸으며 그리고 헝가리와 체코슬로바키아 공화국 대표단 회원들은 공격의 대상이 되었다. 심지어 회의 전에 소련 간첩으로 지칭된 흐로마드카의 비자발급 문제와 회의장소를 다른 나라로 변경하는 문제에 대한 의견까지도 나왔다. 흐로마드카는 한 번도 어떤 정당(政黨)의 당원이 되었던 적이 없었다. 이에 대해 그는 신학자로서 원칙적인 이유를 가지고 있었다. 회의에서 "하나님을 의지하는 교회와 인간으로부터 독립된 교회"란 주제로 강연을 하였다.[22] '공존'의 개념은 전혀 정착되지 못하였으나, 총회는 핵무기 금지 탄원, 침략 자제 탄원을 받아들였다. 인종 문제에서도 매우 분명하게 말하였다. 이것은 사회주의 국가들의 교회들의 다음 협력을 가능하게 하였다.

---

21 JLH., *Kirche und Theologie im Umbruch der Gegenwart*(현재 전환기의 교회와 신학), Praha, 1956.

22 JLH., *Závislost církve na Bohu a její nezávislost od lidí*(하나님을 의지하는 교회와 인간으로부터 독립된 교회), *Kost. Jiskry*(콘스탄츠의 불꽃), 1954, č. 33.

호로마드카가 1950년대 중반에 하였던 여행은 에큐메니칼 운동에서의 역할과 관련이 있었다. 이 여행들은 호로마드카가 전 세계의 사건들을 깊게 들여다보도록 했고 그리고 세계상황에 대한 예언자적 시각을 광범위한 에큐메니칼 영역에 영향을 끼치도록 도왔다. 에반스톤 회의 이후 호로마드카는 교회 단체와 평화 단체를 방문하였던 호주와 뉴질랜드로 떠났다. 그는 강한 반공산주의 물결을 만났다. 2년 후에 호주에서 열린 실행위원회 회의에서 공격이 있었다. 그에 대한 공격이 멈추지 않았다. 그의 반대자들은 호발트(Hobart) 교회당에서 항의 시위를 하였다(1956. 2. 26). 1959년 7월과 8월에 상파울루(Sao Paulo)에서 개최된 개혁교회연맹 총회에 참석하였다. WCC 실행위원회 회의로 다시 한 번 더(1960) 갖게 된 라틴 아메리카 교회와의 만남의 기회는 그에게 매우 큰 자극이 되었다.

그의 여러 방문지 중에 중국과 캐나다 방문에서의 경험은 매우 특별하였다. 중국에서 호로마드카는 비숍 야노스 페테르(János Péter)와 함께 1956년 3월 16-4월 3일까지 있었다. 그의 방문은 WCC가 중국 교회의 에큐메니칼 운동 참여 재개의 가능성의 토대를 탐문하던 시기였다(거의 같은 시기에 중국에 인도의 비숍 마니캄R. Manikam, 스웨덴의 니스트룀G. Nyström이 있었다). 호로마드카는 북경과 난징의 신학대학 방문, 전국 중국 컨퍼런스 '3자운동'(Three-Self movement) 참석, 북경, 상하이 그리고 항저우에서의 설교 등 공적 인사들과 평화운동과 관련된 많은 인물들을 만났다. 그리고 그에게 여러 면에서 영향을 준 농업조합 두 곳을 방문하였다.

중국 상황에 대한 호로마드카의 평가는 체코슬로바키아 공화국 에큐메니칼협의회 출판물 "에큐메니칼 대화를 위한 체코슬로바키아 기고, 현재 전환기의 교회와 신학"의 중국 문제에 대한 장(章)에 들어있다(1956). "1948-1949년 중국 해방운동의 승리는 오랜 시기동안 세계 역사의 방향을 결정하였다"[23]는 그의 평가는 자신의 분석에 의한 확신에서 나왔다. 그래서 그에게 중국문제는 독일문제보다 더 중요한 것으로서 등장한다. "다른 어떤 나라로 부터도 중국 형제들을 방문하면서 받았던 그런 자극과 힘을 얻지 못했다."[24]

중국 크리스천들과의 대화는 중국교회와 백성들에게 자유를 주는 급격한 변화의 강한 힘과 선구자가 된 마르크스주의와 공산주의의 역사적 사명에 대한 흐로마드카의 확신을 굳건하게 하였다. 또한 WCC에 대해 날카롭게 비판하였던 중국 크리스천들과의 대화가 중요하였다. 비판들은 한국전쟁에 대한 그들의 입장과 그리고 중국을 UN에 받아들이는 문제와 역사적 실현을 매우 느리게 다루는 WCC가 전반적으로 서방교회들의 특성을 갖는 문제를 언급하였다. WCC가 여전히 중국의 유엔 회원국 승인에 대해 입장을 표명하지 않은 것에 대해 흐로마드카는 실행위원회 위원으로서 공동의 잘못을 가지고 있다는 비판을 받아들였다.

한편 그들과의 대화는 서방의 선교가 가진 위기에 대해서도 성찰하였다. 중국 크리스천들은 선교 활동의 긍정적인 면과 함께 미국과 영국의 선교 시스템의 부정적인 문제에 대해 다음과 같이 증언 한다: "이 시스템 때문에 기독교인들이 70만 명 이상을 넘지 않은 것이다. 시스템의 붕괴는 하나님의 심판이며 우리에게 새로운 삶의 시작이다."[25]

"어제와 내일 사이의 신학"(*Theology Between Yesterday and Tomorrow*)이란 주제 아래 1956년 10월 토론토대학에서의 흐로마드카의 강의—미

---

23 JLH., *Kirche und Theologie im Umbruch der Gegenwart*(현재 전환기의 교회와 신학), Praha, 1956, 46.
24 위의 책, 50.
25 위의 책, 73.

국 필라델피아에서 출판—는 인류의 상황에 대한 자신의 예언자적 시각과 확인된 중국에서의 경험을 펼쳐놓을 기회였다.

토론토에서의 강의는 그가 기독교인으로서 서방의 크리스천들과 교회들과의 깊은 연대를 하게 된다. 최근 40여 년간 있었던 역사의 변화를 볼 수 있도록 서방 크리스천들의 눈을 열려고 노력하였다. 그는 1945년부터 정치적·정신적 영역에서 소련과 제3세계의 등장 그리고 '서방 문명세계 쇠퇴의 특징'[26] 등 세계 역사의 근본적 변화를 보여주고자 한 것이다. 그는 내적으로 서방 세계의 지도력 상실을 양차 세계대전 발발에 대한 소위 '기독교 민족들'의 죄의 결과로서 이해한다. 1917년 혁명은 "인간 역사의 근본적인 사건으로 이해되어져야 한다." 이에 더하여 1918년 이후 그의 마음속에 있던 결론이 침묵하지 않았던 깊은 개인적 경험을 덧붙인다: "중부유럽 민족에게 뮌헨협정의 날(1938년 9월)은 역사를 되돌렸으며, 역사를 반복시킨다."[27] 실제적인 기독교 증언은 공산주의 혁명이후 새로운 상황을 긍정적으로 이해할 것이며, 교회의 예언자적 과제는 바로 반공산주의 목소리에 반대할 수 있고, 사회주의 혁명에 동의하는 목소리를 낼 수 있다. 그 강연들에서 흐로마드카는 비공식적 에큐메니칼 차원에서 마르크스주의와의 대화를 시작하였다.

중국 문제 이외에 독일 문제도 흐로마드카의 관심의 대상이었다(독일 문제를 우리는 기독교평화컨퍼런스 출현과 관련해서 자세히 다루게 될 것이다). 독일 상황은 흐로마드카에게 적지 않은 염려였다. 1956년 70세 생일을 축하하기 위해 바르트에게 보낸 개인편지[28]를 보면 흐로마

---

26 JLH., *Theology Between Yesterday and Tomorrow*(어제와 내일 사이의 신학), 50.

27 위의 책, 54.

28 *Dopis k sedmdesátinám Barthovým*(바르트 70세 생일 축하편지), *KR*, 1956, 99-104.

드카는 고백교회의 유산이 소련을 반대하는 플랫폼으로서 서독을 이용하길 원하는 위험한 발전을 막을 수 있을만한 충분한 힘을 갖지 못하고 있는 점에 대해 염려를 표하고 있다. 동독에 대한 부정적 입장과 1944년 7월 20일 반나치 구테타 사건이 그에게 이러한 분석을 가능하게 하였다. 흐로마드카는 1958년 "무신론자를 위한 복음"(*Evan-gelium für Atheisten*) 배포로 무신론자들과 논쟁을 하였던 반공산주의와의 투쟁을 이끈다.[29] 1956년 말에 헝가리 소요사태가 일어 났을때, 흐로마드카의 매우 낙관적인 전망과 소망, 중국에 의해 깨닫게 된 경험들 그리고 캐나다에서 발견하게 된 해석적인 표현이 심각한 상처를 받게 된다. 우리가 이미 언급한대로 흐로마드카는 체코슬로바키아공화국 교회에큐메니칼협의회 12월 회보에 개인의 광범위한 견해[30]를 기고하였고 그리고 그 기고로 흐로마드카에 대한 커다란 반대가 있어났다. 왜냐면 그는 글을 통해 헝가리 소요사태가 혁명의 발전을 역행시키는 위험에 빠트렸으며, 어떤 진보적 성격이 아닌 반작용이 일어났다는 염려를 서술하였기 때문이다. 이에 에큐메니칼 진영이 흐로마드카에 반대하였고, 바르트는 반공산주의가 몰락될 것인지 아닐지 질문을 한다.

반공산주의의 물결이 높게 급증하였던 상황에서 흐로마드카는 에큐메니칼 공동체 위기에 대해서 쓴다. "분위기는 계속해서 더 걱정스럽게 되어간다. '열전'(熱戰)은 자신을 파멸시키는 특성 때문에 불가능한 것처럼 보인다. 그러나 냉전은 가상의 세계에서 활동함으로써 적대적인 공격들의 모든 수단을 극복하였다. … 우리는 죄책감을 없애고 현재의 빈곤과 고통의 모든 책임을 우리의 서방 형제들의 어깨에 옮겨놓기를 원하지 않는다. 나는 울고 싶다. 왜냐하면 에큐메니칼 형

29 JLH., *Evangelum für Atheisten*(무신론자를 위한 복음), Záp. Berlín(서베를린), 1958.
30 M. Stöhr, 위의 책, 269.

제들의 지금 상황이 견딜 수 없는 상황이 되었기 때문이다.[31] "반공산주의로 부르는 것은 예수 그리스도의 믿음의 용기, 독립과 자유를 파괴하는 귀신들과 종말론적인 판타지아에 대한 가르침의 하나가 될 수 있다."[32]

호로마드카의 불안은 의지할 수 있는 사람들이 세상에 적었기 때문이다. 그러나 기독교평화컨퍼런스 프로그램이 불러일으킨 반응은 상황이 바뀌고 있음을 보여주고 있었으며, 그리고 10여 년 동안 호로마드카가 기독교평화컨퍼런스 플랫폼에서 앞장섰던 씨름의 추종자들 숫자가 증가하고 있었다. 이에 대해서 다음 장에서 언급할 것이다.

호로마드카의 위치가 공고하게 되었다. 10월 혁명의 40년에 "크리스천들은 원래 혁명 프로그램 창시자도 그리고 반혁명가도 아님에도 불구하고" 혁명에 대해 긍정적인 견해를 표명한 에큐메니칼 주간신문 「콘스탄츠의 불꽃」(*Kostnické jiskry*)[33]에 기고의 글로 인사를 하였다.

1958년 9월에 모스크바 크렘린에서 레닌 상을 받을때, 호로마드카는 자신의 믿음의 유산에 대해 언급하였다.[34] 그 이후에 이 상을 니묄러(M. Niemöller), 돌치(D. Dolci), 니에레레(J. Nyerere)가 차례로 받았다. 그리고 호로마드카는 세 차례에 걸쳐 공화국 훈장을 받는다(1954, 1955, 1959).

이 장(章)의 결론에서 호로마드카의 교회와의 관계에 대한 질문에 멈추어본다. 호로마드카의 "새로운 문명을 위한 길"[35]이란 글이 증언하

---

31 JLH., *Die Krise der ökumenischen Gemeinschaft*(에큐메니칼 공동체의 위기), *Junge Kirche*(젊은 교회), 1958, 448-457, Stöhr, 266.

32 M. Stöhr, 위의 책, 269.

33 JLH., *Evangelium a revoluce*(복음과 혁명), *Kost. Jiskry*(콘스탄츠의 불꽃), 10월 (říjen), 1957.

34 *KR*, 1958, 225-227.

35 JLH., 새로운 문명을 위한 길(*Cesta za novou civilizaci*), *KR*, 1963, 151-155.

고 있듯이 그는 자신의 씨름을 넓은 글로벌 차원에서 수행하였다. '제3세계'의 민족들과 중국의 등장, 마르크스주의자들과의 대화(무신론자를 위한 복음 1958), 동유럽의 사회주의 현실에서의 교회와 국가의 새로운 상황에 대한 숙고, 이 모든 것은 흐로마드카를 자신의 고국 교회생활의 적극적인 참여와 활기찬 관심에서 멀어지게 하지 않았다.흐로마드카는 설교하길 좋아하였으며, 자주 예언자의 성경에서 본문을 택하였으며(참고. 예쉬케 편집, 『복음은 길을 만든다』*Das Evangelium bricht sich Bahn*),[36] YMCA활동이 1950년에 끝나게 될 때 총회에서, '개혁교회사역'(Evan-gelické dílo)에서 강의를 하였다. 체코형제복음교회에서 당시에 어린이 세례에 대한 토론이 있었고, 흐로마드카가 의장으로 있는 12차 총회에게 신학대학이 세례의 거룩성에 대해 그리고 유아세례의 적법성에 대해 신학자문 위원회의 전문가 추천서(Dobrozdání 1956)를 전달하였다.

그러나 흐로마드카는 세속화의 진행이 점증하고 있고 그리고 교회의 영적·도덕적 힘에 영향을 주고 있음을 느꼈다. 교회에게 던져진 거대한 과제와 직면하며 흐로마드카는 "과학과 기술과 교육의 발전의 결과를 다룰 만큼 우리의 영적 힘이 충분하지 않다는 불행한 느낌에…" 붙잡혀서 "교회의 윤리적인 힘과 영적 인내력이 충분히 강하지 못하다고 우리는 느끼고 있다"[37]라고 고백하게 되었다.

이러한 흐로마드카의 염려는 국내 교회 생활의 관찰에서 비롯되고 있다. 교회 교인들은 현재의 실제적 의미로 파고들어갈 수 없음을 본다. 목사들과 설교자들 대부분은 사회주의 국가들의 발전을 유럽역사의 일반적 진행으로부터의 일시적인 우회로 생각하였다. 그래서 옛날

---

36 J. B. Jeschke, 위의 책.

37 JLH., *Kirche und Theologie im Umbruch der Gegenwart*(현재 전환기의 교회와 신학), 58n.

로 돌아가는 것을 기다리고 있고, 동면하듯이 더 나은 시간을 기다리는 전술을 선택하고 있었다. 이러한 대부분의 목사들과 설교자들의 선택은 사회주의 현실 속에서 교회의 주요 과제를 사회주의 체제에 반대하는 것이라고 생각하는 에큐메니칼 친구들에 의해 지지를 받았다. 그러나 흐로마드카는 교회를 위해 희망을 잃지 않았으며, 그 이후에 자신의 싸움을 우리들이 보아온대로 교회의 개혁을 위한 투쟁으로 이해하였다.

에큐메니칼 토론(「신학과 교회」, 1956)에 기고한 글에서 흐로마드카는 근본적인 종교개혁의 성경 원칙과 오직 믿음으로 의롭게 됨의 조항을 요구한다. 그러나 수정할 필요도 있음을 지적한다. 그가 보기에는 그리스도의 자비가 단지 소위 종교적인 삶을 언급하는 것뿐 아니라 보편적인 삶의 모든 영역을 위해 중요하다는 것을 강조해야 했다. 칭의의 조항은 성령론과의 폭넓은 연관성 안에 두는 것이 필요하였다. 이러한 강조들에 대한 작업을 "소교리서"에서 발견할 수 있다.

세속주의의 공격이 교회의 형태에 대한 근본적인 의문들을 제기하는지 아닌지의 질문이 흐로마드카에게 멀리 떨어져 있는 것이 아니었지만, 그 다음 시기에 뚜렷하게 그의 관심의 대상이 되지는 않았다.

21장
기독교평화컨퍼런스
(Křesťanská mírová konference)

1950년대 말에, 70세의 흐로마드카가 죽을 때까지 의장으로서 활동했던 '기독교평화컨퍼런스'(Křesťanská mírová konference)가 설립된다. 1966년에 코멘스키신학대학의 교수직과 학장직을 사임하였고, 에큐메니칼 인스티튜트 소장직만 유지하였다: 기독교평화컨퍼런스 의장직은 명예직이었다. 소우체크가 대학교의 학장이 되었다.

우리들이 살펴볼 수 있었던 것처럼, 흐로마드카의 사상은 1950년대에 성숙되었으며 그리고 사상의 역동성들이 눈에 띄는 풍성한 출판과 에큐메니칼 활동들을 이루었다. 흐로마드카의 이러한 활동들 안에는 냉전 극복, 핵무기 제거, 교회개혁, 교회의 평화적 노력들의 통합 그리고 세속사회의 평화 운동들과의 협력이 있었다. 이 모든 주제들을 에큐메니칼 대화(*Kirche und Theologie im Umbruch der Gegenwart,* 현재의 전환기의 교회와 신학, 1956)에 기고한 그의 글에서 개괄적으로 우리는 발견할 수 있다

1958년에 쓴 흐로마드카의 글에서 에큐메니칼 형제애의 위기를 경험하는 그의 어려운 상황이 나타난다. 사실 냉전의 물결이 교회를 집어 삼키고 있는 이 기간에, 흐로마드카가 기적이라고 설명하였던 기독교평화컨퍼런스의 실험이 시작된다. 기독교평화컨퍼런스의 첫 번째 모임에서의 그의 연설을 보면 초청의 응답에 대한 감사와 놀라움이 묻어났다: "우리의 초청을 거부하지 않고 오신 여러분들, 두개의 독일 국가들에서 온 형제들에게 어떻게 감사의 말씀을 드려야할지 저는 모르겠습니다. … 이러한 기적의 선물을 우리는 감사함으로 우리의 가슴의 열정과 함께 붙잡아야 합니다."[1]

흐로마드카의 프로그램 주제들이 반응을 얻었고 그리고 그의 입장이 변화하기 시작한 상황이 동시에 어떻게 이루어졌을까? 이러한 상황의 전제조건들을 특별히 중부유럽에서 1950년대 말의 역사 발전이 만들었다. 독일연방공화국(서독)과 아직 승인받지 못한 독일민주공화국(동독) 사이에 강고한 국경선이 만들어지고 그리고 서독 군대를 핵무기로 무장시키려는 노력이 있었던 때였다. 알베르트 슈바이처(Albert Schweizer)는 핵무기가 가지고 있는 위험한 결과들을 경고하였고 "철의 장막" 양편의 많은 크리스천들은 그 어려운 상황에서 연대의 필요를 느꼈다.

독일 교회들과의 관계는 1954년 봄 마르틴 니묄러(Martin Niemöller)의 체코슬로바키아 방문 이후 계속해서 이어졌다. 1955년 3월에 오토 디벨리우스(Otto Dibelius)의 지도 아래 독일 개신교회(EKD) 대표들이 체코슬로바키아를 방문하였다. 대표단은 포겔(Ch. Vogel), 니셀(W. Niesel), 하이네만(H.G. Heinemann), 타든-트리그라프(R. von Thadden-Triglaff), 겐리흐(P.W. Genrich), 함멜(J. Hammel), 그라우

---

1 *časopis*(CFK 잡지), 1958, 15.

헤딩(E. Grauheding), 크뤼거(M. Krüger)였다.

호로마드카에게는 독일 신학자, 교회와의 관계 개선을 위해서 이반트(H.J.Iwand)와의 친교가 중요하였다. 비록 암스테르담에서는 호로마드카가 이반트에게 긍정적인 감동을 불러일으키지 못하였지만, 룬드컨퍼런스(Lund, 1952) 이후 두 사람은 가까워졌다. 1957년 영국으로 가는 길에, 이반트의 초청으로 호로마드카는 본(Bonn)대학에 들러 '사회주의 국가에서의 복음'을 강의하였다.[2] 22년 전 네덜란드에서 귀국 길에 바르트를 방문하였고, 다음해 8월에 그를 프라하로 초청을 하였을 때의 바르트와의 만남과 비슷하게, 프라하와 이반트의 친밀한 관계가 본(Bonn)에서 시작되었다. 동유럽 교회들과 관계를 위해 이반트가 본에서 설립하였던 에큐메니칼 인스티튜트는 깊은 뿌리를 갖고 있었다.

1955년 11월 3일자로 바르트에게 보낸 편지[3]에서 독일문제를 언급했던 것처럼, 그 문제에 대한 호로마드카의 입장은 독일에서 힘든 씨름을 하고 있던 이반트에게 거대한 내적 힘이 되었다. 호로마드카는 편지에 이반트가 영혼 깊이 겪었던 일들에 대해 썼다. 후에 이반트가 호로마드카의 70세 생일을 축하하면서, 바르트에게 보낸 호로마드카의 편지는 그에게 의미 있었다고 감사를 표하였다.[4] 당시 이반트는 독일 군대의 재무장을 회개 없는 표현으로 간주했던 독일 신학자에 속하였다. 그는 재무장 반대 투쟁에서 "상실한 교회 투쟁의 새로운 신기원"[5]을 보았다고 말하였다. 바르트는 재무장에 대한 개혁교회의 반

---

2 *Bulletin ekum. rady*(교회협의회 회보) 1957, 22-25, *Neue Zeit*(새시대), 1957. 2. 1, 3.
3 *Sborník "Antwort"*(답변 논총), 취리히 1956, 3-12, *Evang. für Atheisten*(무신론자를 위한 복음), 1958, 59-77.
4 H. J. Iwand, *Frieden mit dem Osten*(동쪽과의 평화), Texte(본문) 1933-1959, 뮌헨, 1988, 199-217.
5 위의 책, 54.

대자들이 협상이 없는 강경한 입장을 취한다고 생각하였다.[6]

마찬가지로 흐로마드카처럼, 이반트는 독일이 동유럽과의 전쟁의 기지로 구축되었을 때, 독일이 낳을 미래의 위험을 보았다. 이반트의 노력은 화해, 연대와 협력의 깊은 토대 위에서 동유럽과의 관계를 더 깊게 하는 것이었다(『소련으로 가는 길』, 1955). 동시에 이반트는 핵무기가 새로운 상황을 만들어냈음을 인식하게 되었다. 이반트와 흐로마드카는 보통 친구사이가 아니었다. 이반트는 체코슬로바키아 공화국으로 여행하는 것을 매우 좋아하여, 자주 방문하였던 손님이었다. 흐로마드카와 함께 이반트는 서독 대학생들과 졸업자들의 방문을 조직하였다(1958년 5월, 흐로마드카, 필리피P. Filipi, 오포첸스키M. Opočenský, 포코르니P. Pokorný).

이반트 외에 흐로마드카는 코멘스키신학대학 강연자로 초청을 했던 본(Bonn)대학교의 교수인 헬무트 골비처(Helmut Gollwitzer, 1958년 2월 24일, '예수 그리스도와 역사적 예수'를 주제로 강연)와 히로시마 방문 이후 핵무기 반대 투쟁의 지도자가 되었던 하인리흐 포겔(Heinrichem Vogel), 푹스(E. Fuchs), 그뤼버(H. Grüber), 슈마우흐(W. Schmauch), 비르트(G. Wirth) 등과 접촉을 지속하였다. 또 「젊은 교회」(*Junge Kirche*)[7]에 흐로마드카 기고글을 위한 플랫폼을 제공하였던 클로펜부르크(H. Kloppenburg)와 가까이 지냈다. 그리고 '고백교회'의 계승자이자, 형제들[8]에게서 일어났던 일들을 주의 깊게 살펴보았다. 체코형제복음교회는 1958년 EKD(Evangelische Kirche in Deutschland)[9] 총회에

---

6 K. Barth, *Offene Briefe*(공개편지) 1945-48, 취리히, 1948, 437.

7 잡지 이름. (역자주)

8 형제들은 체코교회와 그 신자들을 의미하며, 체코교회는 체코종교개혁의 형제단의 전통이 강해 스스로 자신의 교회인 체코형제복음교회와 그 교인들을 '형제들'이라 칭하기도 한다. (역자주)

9 EKD는 독일개신교회의 약칭으로 루터교회, 개혁교회, 연합 프로테스탄트교회들로 20

핵무기 거부안을 제출하였다(1959년 1월 10-12일 프랑크푸르트에서 만남, 체코슬로바키아에서 소우체크J.B. Souček, 포스피실B. Pospíšil, 지악A. Žiak).

이들 접촉 모두는 기독교평화컨퍼런스 활동에서 열매로 나타났다. 기독교평화컨퍼런스가 출현하게 된 에큐메니칼 상황에 대한 이해 그리고 그 컨퍼런스 안에서의 흐로마드카 역할에 대한 평가를 위해, 유럽 에큐메니즘 설립을 위한 노력에 주목하는 것이 중요하다. 유럽교회 컨퍼런스(Conference of European Churches)[10]를 설립하는 새로운 계획은 흐로마드카가 소우체크(J. B. Souček), 비숍 바르가(I. Varga) 그리고 지악(A. Žiak)과 함께 참석한 덴마크의 리셀룬드(Liselund)에서 1957년 5월 27- 6월 2일까지 열린 준비위원회 회의에 동기부여를 받아 시작하게 된다. 이 위원회 초기를 지배하였던 전체 분위기는 서방의 분위기와 다르지 않았다. 이반트에게 보낸 그의 편지를 보면, 1957년 12월 15-16일, 보우쇼텐-자이스트(Woudschoten-Zeist) 회의에 참석하였던 소우체크가 회의를 힘들어 했던 것이 분명했다: "빌름(Wilm)과 엠멘(Emmen)의 의도대로 동의된 컨퍼런스의 지도부는 서방 교회 지도자들의 손에 완전히 맡겨놓아야 했다. … 동유럽 교회의 대표들 가운데 겨우 한사람만이 가장 제한된 위원회에 배정되었다."[11] "흐로마드카가 런던에서 열린 예비모임에 초청받지 못한 것은, 서방의 특성이 두드러진 WCC의 후원 아래 유럽교회 컨퍼런스를 두려는

개 주 교회 교단으로 구성되어 있다. (역자주)

10 유럽교회 컨퍼런스의 약칭은 CEC이다. 유럽교회 컨퍼런스는 전 유럽의 정교회, 개신교, 성공회, 구 가톨릭교회 등 115개 교회들과 40개 각 나라 NCC와 협력기관들의 교제이다. 1959년에 설립되었고, 브루셀과 스트라스부르그에 사무실이 있다. CEC는 유럽교회들의 갱신과 증언과 섬김을 강화하고, 교회 일치와 세계 평화를 증진하는 것을 돕는다. 최고 의결기구인 총회는 5년마다 열린다. (역자주)

11 *Archiv JLH*(흐로마드카 고문서).

노력이 흐로마드카를 거부하는 입장으로 표현된 것이다. 이때 서방측의 대표적 인물이 디벨리우스(O. Dibelius)였다. 이에 대해 소우체크는 분개하여 1958년 3월 14일 편지를 보낸다: "런던에서 베를린(디벨리우스에 의해 소집된 모임이 열렸던 곳)의 방향에 따라 모임이 지속되었고, 흐로마드카는 그 모임에 초청받지 못하였다. 그것은 아니다."[12] 체코슬로바키아 공화국의 교회들이 유럽교회 컨퍼런스(CEC)에 참여하는 것(1959년 1월 6-9일 니보르그Nyborg에 포스피실Pospíšil 그리고 소우체크Souček 참석)을 거부하지 않았으나, 이반트를 포함한 체코슬로바키아 교회들은 에큐메니칼 플랫폼이 그들에게 일어나고 있는 문제의 중요성과 긴급성을 이해하지 못하고 있음을 인식하게 되었다. 서방과 동유럽의 많은 다른 기독교인들도 그것을 알게 되었다. 흐로마드카는 1958년의 WCC의 모든 상황을 다음과 같이 정리하였다: "암스테르담, 에반스톤과 다른 컨퍼런스들에서 매우 중대한 많은 말들이 나왔다. 그러나 오늘날 필요한 것은 현재에도 여전히 언급되지 않은 더 중요한 말을 요구하는 것이다."[13]

유럽의 교회 지도자들과 신학자들과의 흐로마드카의 관계를 그리고 모든 정치적 에큐메니칼적 상황을 우리는 살펴보았다. 물론 흐로마드카는 체코슬로바키아 국내에서도 활동을 집중적으로 발전시켰다. 활동에는 언제나 그의 곁에 코멘스키신학대학 설립 초대 총무였던 보후슬라브 포스피실(Bohuslav Pospíšil)이 서 있었다. 그는 1956년부터 에큐메니칼 활동에서 주요한 지위를 가졌다: 그는 흐로마드카가 학장으로 있는 코멘스키신학대학의 에큐메니칼 인스티튜트 소장, 에큐메니칼협의회 총무 그리고 기독교평화컨퍼런스 설립 이후 기독

---

12 위의 문서.

13 *Task and Witness*(과제와 증언), Zpráva o I. konferenci KMK(제1차 기독교평화컨퍼런스 보고서), Praha, 1958, 14.

교평화컨퍼런스 사무총장이 된다. 기독교평화컨퍼런스를 설립하고 모든 기독교의 이름으로 핵무기를 비판하게 될 '평의회'(koncil)를 소집한 것은 포스피실의 생각이었다. 에큐메니칼 인스티튜트의 새 제안으로 1957년 가을에 코멘스키신학대학과 슬로바키아 개혁신학대학의 교수, 부교수 모임이 모드라(Modrá)에서 열렸다. 이 모임에서 본 회퍼와 연대하고 있는 미할코(J. Michalko)는 '평화 평의회' 소집을 제안하였다. 컨퍼런스를 지배했던 기본적인 생각들은 다음과 같다: 핵무기를 거부하는 신학적 근거를 연구하는 노력, 평화를 위한 활동이 에큐메니칼의 과제가 되고 그리고 평화를 위한 모든 크리스천들의 총회 소집.

체코형제복음교회 총회장 빅토르 하예크(Viktor Hájek)가 사회를 보았던 에큐메니칼협의회의 새 제안으로, 흐로마드카가 해외 홍보위원회 위원장이었던 1957년 12월 2-5일까지 열린 에큐메니칼 컨퍼런스가 열렸다. 흐로마드카는 회의를 통해서 오늘날 교회가 직면한 가장 긴급한 과제는 생명 보호의 문제라고 지적하며 "전쟁 또는 평화의 문제는 완전히 신학적 교회적인 문제이다"[14]라고 주장하였다. 한편 컨퍼런스는 다섯 번째 결정사항으로 에큐메니칼협의회가 소집하는 국제 컨퍼런스를 프라하에서 개최하기로 하였다.

1958년 6월 1일 국제컨퍼런스가 프라하에서 개최되었다. 하예크가 의장이었던 컨퍼런스에 참석하는 것은 흐로마드카의 에큐메니칼 진영의 계획이었다. 발언자들 가운데는 이반트와 유명한 핵무기반대 투쟁가 포겔(H.Vogel)이 있었다. 또 당시 WCC와의 관계가 여전히 매우 힘들었던 동유럽 진영, 헝가리의 파코즈디(L.M. Pakozdy)가 연설을 하였다. 헝가리, 동독, 폴란드, 루마니아, 소련 등 동유럽 국가의 참

---

14 *Kost. Jiskry*(콘스탄츠의 불꽃), 1958.

가자들이 더 많았으며, 흐로마드카는 루마니아를 제외한 이들 나라들과 전쟁 이후 교회의 차원에서 풍부한 평화의 교류를 맺고 있었다. 체코슬로바키아 공화국 대표들이 영향력이 있었다. 핵무기 거부와 범기독교 총회를 소집하는 목적이 컨퍼런스에 역동성을 가져왔다. 그런데 이 역동성을 컨퍼런스의 틀이 담아낼 수 없어 결국 새로운 운동의 토대가 필요하였다. 컨퍼런스는 이 문제를 실행위원회에 위임하였다. 슈마우흐(W. Schmauch), 베퇴(L. Vetö), 포겔(H. Vogel) 그리고 흐로마드카의 비서 포스피실이 위원으로 흐로마드카가 위원장으로 실행위원회를 구성하였다.

처음부터 기독교평화컨퍼런스가 대처했어야만 했던 비판은 그 컨퍼런스를 '동유럽 에큐메니즘'에 대한 시도로 이름을 붙이는 것이었다. 흐로마드카는 WCC의 충성스러운 회원이었으며, 1958년 여름에 니보르그(Nyborg)에서 열린 실행위원회(Excutive committee)에 참석하였다. 기독교평화컨퍼런스와 WCC의 관계는 다음 말로 설명하였다: "에큐메니즘이 가장 가까운 미래에 강하고 창의적이고 압도적이고 결정적인 말을 하는 것과 그리고 이 말이 정치인들과 민족에게 깊은 감명을 주는 것에 아마 우리는 기여할 수 있을 것이다. 모든 단체 활동들에도 불구하고 에큐메니즘의 영향이 그리 깊지 않고, 그렇게 있는 것은 재앙이다."[15]

기독교평화컨퍼런스의 미래의 영향을 위해 초창기부터 그의 활동에 소련의 교회들—침례교, 에스토니아 루터교 교회 그리고 정교회들—이 참여하는 것이 중요하였다. 당시에 병행하여 에큐메니즘이 니묄러(Niemöller), 흐로마드카, 비서트 후프트(Visser't Hooft)의 영향 아래 사회주의 국가들의 정교회들과의 긍정적인 관계를 유지하기 시작

15 *Task and Witness*(과제와 증언), 14.

하였고, 니보르그 WCC 실행위원회에서 러시아정교회를 로드(Rhod 1959)에서 열리는 다음 모임에 업저버로 초청하기로 결정하였다. 기독교평화컨퍼런스 활동은 초기부터 레브 니콜라에비츠 파리야스키(Lev Nikolajevič Parijaský, 1891-1972), 교부학 교수 그리고 레닌그라드(Leningrad)[16] 영성 아카데미 감독관이 참석하였다

1958년 말(11월 17일-12월 2일) 흐로마드카가 체코슬로바키아 공화국 교회 10명의 대표단 단장으로 이 해에 두 번째 소련으로 떠난다. 대표단은 라트비아와 에스토니아 개혁 교회들을 방문하였으며, 러시아정교회와 침례교의 지도자들과도 만났다. 흐로마드카는 알렉시이(Alexij) 총주교를 방문하였으며 포스피실과 함께 우크라이나의 자카르파탸(Zakarpattia)[17]에 있는 장로교회들을 방문하였다. 에스토니아 교회 키이비트(J.J. Kiivit) 대주교가 흐로마드카의 가까운 협력자에 속했다.

1958년에 흐로마드카는 니보르그(Nyborg)에서 열린 WCC 실행위원회 회의에도 참석하였다. 군비축소, 급격한 변화, 종교의 자유에 대해 협의한 문제들 그리고 재정문제를 위한 신학적 프레임워크를 만들어야 할 '신앙과 직제위원회'가 WCC 활동 안에서 더 중요한 위치에 놓여 있어야 할 필요를 느꼈다. 핵무기 위협에 대해 WCC가 공식적으로 명확하게 비판하지 않았던 것이 흐로마드카를 억눌렀다.

그 다음 시기에 흐로마드카는 '범기독교평화회의' 준비에 집중한다. 1959년 6월에 흐로마드카는 70회 생일을 맞이한다. 소우체크의

---

16 현재 상트페테르부르크. (역자주)

17 자카르파탸는 체코어로 포드카르파트스카 루스 또는 우크라이나(Podkarpatská Ukrajina) 지역이라고 하며, 1938년 뮌헨협정 이전에 체코슬로바키아에 속했다가 그 이후 러시아가 점령했다. 현재 우크라이나에 속한 이 지역은 폴란드, 슬로바키아, 헝가리, 루마니아와 국경을 마주하고 있다. (역자주)

지도 아래 그의 제자들과 친구들이 이 기회에 논총("믿음의 주권에 대하여")을 발간하였다.[18] 흐로마드카는 에큐메니즘에서의 자신의 지위들 가운데 WCC 실행위원회 회원의 지위와 1964년까지(프랑크푸르트에서 회의) 개혁연맹의 부회장 지위를 그대로 유지한다. 유럽교회 컨퍼런스(CEC) 활동에 참가하지 않고, 그 참석을 소우체크와 로흐만(J.M. Lochman)에게 위임하였으며, 신앙과 직제위원회 회원권을 1960년에 사임하며 그 자리에 스몰리크를 임명하였다. 1959년에는 그의 협력자들이었던 포스피실과 이반트가 사망하였다. 포스피실의 자리에 에큐메니칼과 평화의 활동에 흐로마드카의 가까운 협력자인 야로슬라브 온드라(Jaroslav N.Ondra, 1925년생)가 들어간다. 온드라는 1948년에 후스신학대학 학생으로서 대학의 실행위원회 의장이 되었으며 당시 학장이었던 흐로마드카와 특별하게 가까워졌다. 학업을 마친 후 온드라는 목회자(1949-55년 즈루츠Zruč교회에서 시무, 1955- 1967년 프라하 코빌리시Praha Kobylisy교회에서 시무)로 나갔다. 야로슬라브 치하크(Jaroslav Čihák) 역시 밀접한 협력자가 되었다.

흐로마드카는 에큐메니칼 진영에서의 가진 지위와 관련해 세계의 다양한 도시들에서 열린, 많은 회의들에 모두 참석할 수 있었다. '교회의 섬김'이란 주제로 강연을 하였던 1959년 세계개혁교회연맹(WARC)[19] 상 파울루(Sao Paulo) 총회와 WCC 실행위원회 회의가 열린 로도스

18 *O svrchovanost víry*(믿음의 주권에 대하여), Praha, 1958.

19 세계개혁교회연맹은 16세기 종교개혁과 존 칼빈의 신학에 뿌리를 두고 있다. 1875년 런던에서 조직된 유럽과 북아메리카의 21개 장로교회 연맹과 1891년에 설립된 국제회중교회협의회가 1970년 케냐 나이로비에서 연합하여, 전 세계 70개 국가 114회원교회의 세계개혁연맹(World Alliance of Reformed Churches, 약칭은 WARC)이 출현한다. 반면에 1946년에 다른 국제 에큐메니칼 연대를 하지 않던 교회들과 아프리카, 아시아 주요 26개 국가의 1,200만 명의 41개 교회들을 포함한 개혁에큐메니칼협의회(REC)와 2010년에 미국 미시건 그랜드 래피드에서 세계개혁교회연맹이 다시 연합하여 현재의 세계개혁교회커뮤니언(WCRC)이 되었다. (역자주)

(Rhodos, 1959)와 부에노스 아이레스(Buenos Aires, 1960) 등을 방문하였다.[20]

한편 그 시기에 자신의 프로그램과 독일 사회를 친숙하게 해준 흐로마드카의 글들이 번역되어 출판되었다. 약간 지연되었지만 1959년에 흐로마드카의 새로운 서론이 있는 "종교개혁으로부터 내일까지" 번역본이 바르트(G. Wirth)의 도움으로 나왔다. 서독 독자들은 키르히호프(H. U. Kirchhoff)가 번역(1960)한 흐로마드카의 캐나다 강연("어제와 내일 사이의 신학과 교회*Theologie und Kirche zwischen Gestern und Morgen*", 1957)과 베케를링(H. Weckerling)의 번역본, 흐로마드카가 마사리크의 유산이라고 인정한 미국 강연들("울타리를 뛰어넘어*Sprung über die Mauer*", 1944)을 손에 들게 되었다. "현재 전환기의 교회와 신학"의 독일어(*Kirche und Theoologie im Umbruch der Gegenwart*, 1961)와 일본어(1962)의 새로운 출판은 중요한 활동이었다. 1962년에 프랑스어, 핀란드어, 덴마크어 등으로 나온 소책자 2쇄 "무신론자를 위한 복음"(*Evangelium für Atheisten*, 1960)은 가장 큰 반향을 일으켰다. "소교리"는 소우체크가 독일 독자들이 읽을 수 있도록 번역하였다.[21]

모든 기독교 모임을 준비하는 목적으로 1959년과 1960년에 기독교평화컨퍼런스 회의가 있었다. 이 활동에 대한 참여와 관심이 분명하게 증가하고 있다. 참석자들 명단의 이름을 읽어보면, 동서독일과 사회주의 국가들 뿐 아니라 영국, 네덜란드, 프랑스, 스웨덴, 미국도 있으며 제3차 컨퍼런스의 범위가 괄목할만하게 확대되었다. 일본 대표들이 중요하였다. 기본적인 프로그램이 교회에 영향을 주어 히로시마 주일을 제정하게 하고, 핵무기를 사용하였던 냉전을 극복하기 위

20 JLH., *Der Dienst de Kirche*(교회의 섬김), *Zeichen der Zeit*(시대의 징표), 1960, 121-125.
21 JLH., *Evangelium na cestě za člověkem*(인간을 위한 길[道]의 복음), Praha, 1958, 1986.

해 노력을 기울이기로 했다.

이러한 흐로마드카의 사상들은 열렬한 반응을 얻게 되어, 제3차 컨퍼런스는 전체 기독교평화총회 소집으로 발전되었다.

제1차 범기독교평화총회(Všekřesťanské mírové shromáždění)는 1961년 6월 13-18일까지 프라하에서 열렸으며, 흐로마드카가 의장으로 선출되었다. 흐로마드카는 '세상의 평화'(Mír na zemi)라는 주제로 강연을 하였다. 강연은 폭넓은 에큐메니칼 교회론적 토대에서 나왔고, '제1세계', '제2세계', '제3세계'의 협력을 요청하였으며 앞으로 펼쳐갈 운동의 방향성에 대해 계획하였다. 흐로마드카는 제1차 범기독교평화총회에서 논의되었던 협의사항과 활동계획 등에 대해 다음과 같이 이해하였다. "사회주의 나라 안에서 살아가고 있는 동유럽 사람들의 관점을 곤란함이나 자기 의로움 없이 제시하는 것, 그리고 다른 세계의 형제들을 실제적인 대화로 초청하는 것을 시도하였고 … 동유럽 기독교는 모든 자신의 명암을 가지고 말을 하였고 그리고 지금까지 지배적인 서방의 독백은 여전히 모호하다."[22]

흐로마드카는 중국 대표자들(팅K.H. Ting)의 참석을 높이 평가하였다. 제1차 범기독교평화총회가 바티칸의 몇몇 그룹에 대해 비판적 입장을 취하였기 때문에 흐로마드카는 이러한 입장을 분명하게 하기 위해 출판 활동에 노력을 기울였다.

제1차 범기독교평화총회 폐회식에서 기독교평화컨퍼런스 회장으로서의 흐로마드카 연설은 그의 활동 방식과 그의 교회와 에큐메니즘의 개념을 두드러지게 하였다. "우리들의 토론과 우리들의 강의, 설교 뒤에 믿음, 사랑 그리고 우리의 소망의 비밀이 없었다면 우리의 연설,

---

22 *Und Friede auf Erden*(그리고 세상의 평화), *Zpráva z I. valného shromáždění KMK*(기독교평화컨퍼런스 제1차 총회 보고서), Praha, 1961, 7.

강의, 설교들은 어떤 유익도 없었을 것이다. 복음 안에서 신자들의 공동체로 서있는 것 그것이 주된 것이다. 믿음과 사랑과 소망의 이러한 공동체를 우리들은 다음 날들과 다음 시기에 더 깊게 하기를 원한다. … 우리 주님은 우리들 가운데 임재하시며, 십자가에 죽으시고 부활하신 주님이 여기 이 강당에 계신다."[23]

호로마드카는 —그와 비슷한 생각을 하였던 이반트도— 믿음의 에큐메니칼 공동체에서 하나의 거룩한 교회(Una sancta)를 기대하였으며, 새로운 미래의 상황을 만들고자 하였다. 새로운 공동체는 교회 전통과 구조와 관련이 없고,[24] 단지 이러한 목표를 도와줄 때, 그때서야 비로소 신학 활동이 정상적으로 가능하다. 이것은 호로마드카 신학을 이해하는데 매우 중요하였다.

1961년 호로마드카는 체코슬로바키아 대표단(지아크A. Žiak, 하예크V. Hájek, 노바크M. Novák, 온드라J. N. Ondra, 오포첸스키M. Opočen-ský)의 단장으로 WCC 뉴델리 총회에 참석하였다. 오포첸스키는 호로마드카와 동행하였으며 그리고 뱅갈루에서 열린 WSCF(세계기독학생연맹) 컨퍼런스에 참석하는 체코교회 대표였다. 출국전 바르트(G. Wirth)와의 인터뷰는 호로마드카가 상황의 중요성을 충분히 알고 있었다고 밝혔다. "우리는 큰 관점을 이해하는 것과 다루는 것을 준비하지 못했다…."[25]

1961년 8월, 취리히에서 열린 개혁교회연맹 지역컨퍼런스에서 '공산주의 사회의 기독교인'이란 주제로 강연을 한 호로마드카를 공격하였다는 것은 냉전의 영향이 그만큼 강하게 있었다는 증거[26]일 것이다.

---

23 위의 책, 179n.

24 J. Smolík, *JLH a ekumenické hnutí*(호로마드카와 에큐메니칼 운동), *KR*, 1980, 23nn.

25 *Archiv G. Wirtha*(워스의 고문서).

26 LH., *Der Christ in der kommunistischen Gesellschaft*(공산주의 사회에서의 그리스도),

강연에서 흐로마드카는 마사리크(T. G. Masaryk), 우드로 윌슨(Woodrow Wilson)을 기억시켰지만, 그러나 자유 민주주의의 영적 무의식 상태에 대한 염려를 다음과 같이 표현하였다. "기독교의 이름으로 사회주의 나라들 또는 공산주의를 반대하는 방법은 기본적으로 거짓되고 의문이 있으며 그리고 동유럽뿐 아니라 많은 나라들에게서 교회에게 문제가 되고 있다."[27] 그러자 「취리히 주간지」(*Züricher Woche*)를 통해 흐로마드카에 대해 반대하는 사람들은 "동유럽 국가의 기독교인이 서방에 대해 말하도록 완전히 허락할 수 있는가"에 대한 문제를 제기하였다.

이미 1962년 초에 흐로마드카는 많은 활동을 발전시켰다. '카를로비 바리(Karlovy Vary) I–VII' 슬로건 아래 번갈아가며 프라하와 미국에서 정기적 만남이 이루어지도록 도전을 하였고, 미국과 동유럽 신학자들의 첫 번째 협의회가 1월(1월 24 – 27일)에 카를로비 바리에서 모였다. 협의회에서 미국신학자 베넷(J. C. Bennet)과 흐로마드카가 기본 발제를 준비하였다. 베넷은 자신과 특별히 많은 일치점(기독교의 혁명성, 억압당하는 사람과 유색인종에 대한 사명)도 있고, 물론 차이점(공산주의와 혁명운동은 동일한 것이 아니다)도 있는 흐로마드카의 개념을 모두 다루었다. 동유럽과 서방의 교회의 대화의 필요를 강조하였다. 흐로마드카는 전체주의, 공산주의의 세계 확장 등의 문제들을 포함해서 모든 논쟁점들을 표출하였다. 당시 협의회에는 미국의 교회와 많은 대표적인 신학자들(블레이크E. Blake, 맥 코드Mc Cord) 그리고 소련의 보로보이(V. Borovoj)와 코멘스키신학대학 교수들과 부교수들이 참석하였다.

Stöhr, 281-286, 358.

27 위의 책, 289.

호로마드카의 교류와 협력을 위한 계획은 마침내 개혁교회연맹과 태평양교회연합의 도움을 얻어 '화해의 펠로우쉽(Fellowship of Reconciliation)'으로 관계를 맺었던 미국 기독교와 접촉을 하게 되었다. 그리고 펠로우쉽의 하이드브린크(J. Heidbrink) 총무가 동유럽 신학자들의 미국 강연투어를 실현시켰다(1963년 스몰리크, 오포첸스키, 1964년 로흐만, 1966년 호로마드카).

양 독일국가의 정치 교회 지도자들에게 코멘트와 함께 보내졌던 독일 문제에 대한 호로마드카의 비망록은 적지 않은 소동을 일으켰다.[28] 호로마드카는 이 비망록을 1962년 5월 카를로비 바리에서 열린 기독교평화컨퍼런스 평생위원회(Continuing Committee) 회의에 제출하였다. 바르트(Barth)도 동참하였던 근본적인 비판들은 비망록이 동유럽 정치가들을 일방적으로 지지하고 있다는 점이었다.[29] 바르트는 호로마드카가 그의 활동에서 우선되게 목회자적인 관심이 있었음을 주목하지 않고, 단지 성명서 내용만을 받아들였다. '냉전'의 방식을 이용하여 기독교를 거룩하게 만드는 서방의 크리스천들도 마찬가지로, '냉전'에 의해 자신의 상황을 자유롭게 말할 가능성을 제거당한 동유럽 크리스천처럼 목회자적 관심의 대상이 되어야 한다. 군사적 위협을 불러일으킨 '냉전'을 반대하는 투쟁은 크리스천과 교회가 자기 자신을 발견하도록 돕는 목회자적 과제이다.

1962년에 시작된 기독교평화컨퍼런스의 의장으로서 호로마드카의 활동은 대단하였다. 호로마드카가 의장을 하고 있는 실무 위원회(Working Committee)가 1962년에 모두 네 차례(카를로비 바리Karlovy Vary, 모스크바Moskva, 드리베르겐Driebergen, 드레스덴Dresden) 모였

28 CFK 잡지1963, 83nn.
29 K. Barth, *Offene Briefe*(공개편지), 153.

다 . 실무위원회는 1962년에 카를로비 바리에서, 1963년 6월 4-7일 프라하에서 모였다. 프라하 회의에서 제2차 범기독교평화회의 준비를 위한 위원회가 구성되었다. 같은 해 9월에 실무위원회 모임 직후 이탈리아 아가페(Agape)에서 열린 준비위원회의 신학 소위원회에서, 무엇보다 관구장 주교(metropolita) 니코딤(Nikodim)과 카살리스(G. Casalis)의 참석으로 잘 논의된 제2차 범기독교평화총회 프로그램 개요를 스몰리크가 가져왔다.

니코딤은 1961년 제1차 총회에서 반공산주의에 대한 팽팽한 토론을 통해 자신의 중요한 역할을 깨닫게 된 이후, 기독교평화컨퍼런스 활동에 동참하였다. 니코딤은 러시아 기독교평화컨퍼런스 대표로서 기독교평화컨퍼런스의 두 차례 총회에서 흐로마드카의 동역자가 되었다. 조지스 카살리스(Georges Casalis) 역시 제1차 범기독교평화회의에 참석 후 기독교평화컨퍼런스에 참여하게 되었다. 원래 카살리스는 바르트의 영향을 강하게 받았으나 1960년대 초 노쇠해진 바르트는 더 이상 그가 가진 신학적 고민에 정확하게 응답을 하지 못하였다. 카살리스는 바르트의 신학적 노력에 대한 흐로마드카의 계승자가 되며 그리고 그 당시 아버지 같았던 흐로마드카와 아주 가까워진다.[30] 그는 동시에 흐로마드카와 바르트 사이의 중재자가 된다.[31]

체코슬로바키아 "에큐메니칼" 회보(1962년 9호)에 기고한 '위기 이후에'에서 드러난 쿠바의 위기에 대한 흐로마드카의 입장이 바르트와의 관계에서 긴장의 원인이 되었다.[32]

바르트가 흐로마드카를 거부한다고 무분별하게 해석되어 졌지만

---

30 G. Casalis, *Etappen einer Freundschaft, Begegnungen mit H. Gollwitzer*(친선의 단계들, 골비처와의 만남들), 뮌헨 *Mnichov,* 1984, 44.

31 K. Barth, *Offene Briefe*(공개편지), 177.

32 JLH., *Po krizi*(위기 이후에), *Kost. Jisk.*(콘스탄츠의 불꽃) 1962, č.37.

그는 공개적으로 흐로마드카를 거부하지 않았다. 그러나 그는 흐로마드카에 대해 비판적 입장을 견지한 두 번째의 긴 편지(첫 번째 편지는 언급한대로 1938년에 썼다)를 썼다. 바르트는 공산주의 반대 캠페인을 독려한 에밀 부르너(Emil Brunner)와 라인홀드 니버(Reinhold Niebuhr)가 하였던 것의 반대 입장으로, 흐로마드카도 똑같이 다른 면에서 '냉전'에 기여하고 있다고 비난한다. 바르트는 흐로마드카가 역사적 상황에 대한 해석에서 신학적 객관성이 결여되었다고 생각한다. 우리는 이미 오해의 원인이 무엇인지 언급하였다.

불가사이한 방법으로 서독 관계자들에게 도달한 이 편지와 그 내용에 대한 소식과 그리고 나이가 많고, 동시에 동독의 초청으로 발생한 문제와 그리고 일부 정보들의 토대에 기초한 상황이 '안개'(nebelig)처럼 보여서, 프라하 강의 초청을 바르트가 거절한 것이, 특별히 체코슬로바키아 국내에서 흐로마드카의 위치를 매우 힘들게 만들었다. 모든 것은 바르트가 흐로마드카의 기본노선으로부터 거리를 두었던 것으로 사람들은 이해하였다. 1963년 7월 7일 흐로마드카의 답신은 바르트를 불편하게 만들었으며, "역사 철학"[33]에 대한 비판은 지속되었다. 그럼에도 불구하고 흐로마드카의 75세 생일에 보내 준 바르트의 축하 편지가 보여주고 있듯이 두 사람의 우정은 강하게 유지되었다.[34]

1962년에는 기독교평화컨퍼런스의 잡지 「기독교평화컨퍼런스」(*Christliche Friedenskonferenz*, 약칭 CFK)(영어와 프랑스어판도 함께)가 창간되었다. 브로시(L. Brož)가 10호 발간까지 잡지 편집장이었고, 코멘스키신학대학의 스몰리크가 편집위원회에서 협력을 하였다. 바르트가 첫 구독자들 가운데 한사람이었다.

---

33 K. Barth, *Offene Briefe*(공개편지), 152.

34 위의 편지, 256n.

1963년에 오포첸스키가 흐로마드카를 동행한 매우 중요한 일본 여행(9월 21일-10월 20일)이 있었다. 제1차 범기독교평화총회에 8명의 일본 대표들이 참석하였기 때문이다. 에큐메니즘에서(이미 1960년 에딘버러에서) 흐로마드카는 세계교회가 유엔에게 중국 승인을 요구하도록 촉구할 만큼 중국 문제에 대해 관심이 커지자, 일본이 중요한 자리를 차지하고 있는 극동아시아 전체로 관심이 확대되었다. 끔찍한 히로시마 경험도 기독교평화컨퍼런스 출현 이전에 흐로마드카의 관심을 끌었다. 일본에서 제1차 범기독교평화총회의 반응이 이노우에(Inoue) 교수를 의장으로 하는 지역 위원회 설립과 컨퍼런스의 소집(1962년 9월 4-7일, 300명 대표) 까지 이루어졌다. 이 컨퍼런스에 흐로마드카가 인사를 보낸다. 그 후에 흐로마드카는 일본으로 초청을 받았다. 그는 일본 여행 준비로 두 권의 책을 일본어로 번역하였다: 마츠오(Matsuo)가 『교회와 신학의 현재의 전환점』(*Kirche und Theologie im Umbruch der Gegenwart*)을, 히라토(M. Hirato)가 『어제와 내일 사이의 신학』(*Theology Between Yesterday and Tomorrow*)을 번역하였다.

여행에는 그의 조교수 오포첸스키가 흐로마드카를 동행하였다. 흐로마드카는 아마기 산소(Amagi Sanso)에서 열린 크리스천평화 협의회 세미나(9월 23-25일)에서 강연을 하였으며, 도쿄와 많은 다른 장소에서 설교를 하였다. 도쿄와 교토에서 교회 지도자들과 불자들도 만났다. 도쿄에서 열린 범일본종교컨퍼런스(9월 30일)에 참석하였고 국제기독교 대학에서 강의를 하였으며 삿포로에 있는 홋카이도대학과 히로시마도 방문하였다. 그 곳에서 흐로마드카는 '동유럽의 교회', '기독교와 공산주의', '동유럽과 서방 간의 교회', '오늘날 위기와 기독교 신앙' 등의 주제로 강연을 하였다.

흐로마드카의 활동은 목회적 특성에 의존하고 있어 다양한 상황에 공감을 하였고 그리고 관련된 상황에 필요한 것이 무엇인지 언급한 것을 자신의 출판물 서론에 서술한다. 예를 들어 일본 크리스천의 문제를 다룬 글이 그 증거이다.[35]

극동아시아 뿐 아니라 유럽에서 가까운 아프리카도 흐로마드카의 관심을 끌었다. 1962년 3월 기독교평화컨퍼런스 임명으로 노바크(M.Novák) 비숍과 브로시가 아프리카 여행을 하고 그리고 1963년 2월 흐로마드카는 니코딤과 니묄러(Niemöller)와 함께 에디오피아를 방문하였다.

흐로마드카가 에큐메니칼 기구와 개혁교회 연맹에서 활동을 하던 시기였지만, 1962-63년까지 2년간의 풍성한 활동의 결과를 1964년 6월 28일-7월 3일, 프라하에서 열린 제2차 범기독교평화총회에서 보여준다. '오소서, 창조의 영이시여! 우리를 새롭게 하소서'의 주제 강연을 한 프랑크푸르트 총회위원회(General Committee)에서 개혁교회 연맹의 부회장직과 고별을 한다.[36] 부회장직에 비숍 바르가(I. Varga)가 추천되었다. WCC 실행위원회 활동으로 그는 오데사(Odessa-Ukraine) 회의에 참석한다.

그러나 그의 관심의 중심은 기독교평화컨퍼런스에서 형성된 공동체였다. 흐로마드카가 가진 내면적인 매력은 깊은 인간 관계를 가지는 공동체 형성으로 연결된 것이다. 기독교평화컨퍼런스의 참석자 대다수는 개인적으로 그와의 여행길에서 나눈 긴 대화로 흐로마드카에게 점차 호감을 갖기 시작하였다. 기독교평화컨퍼런스의 토트(K. Tóth) 사무총장을 후에 대리로 하게 된 로사(Ch. Rosa)의 이야기가 그의 희생적인 활동들을 증언하고 있다: 인도 방문 중에 흐로마드카는

35 CFK 잡지(*časopis*) 1964, 195-198.

36 JLH., *Come, Creator Spirit! For the Remaking of Man*(오소서, 창조의 영이시여! 우리를 새롭게 하소서), *Ref. World*(개혁된 세계), 1964-65, 116-123.

컨퍼런스에서 그의 관심을 끌었던 로사의 강연 소식을 들었다. 흐로마드카는 로사에게 그를 방문해도 좋은지 문의하였다. 그러나 재울 곳이 없어 난감해하자 잠자리는 문제가 되지 않는다며 안심시켰고 대신 로사와 밤새껏 대화를 하였다고 한다.

제2차 범기독교평화총회에서 흐로마드카는 '나의 계약은 생명과 평화'라는 주제 강연을 하였다. 독일 문제를 놓치고 있었을지라도, 독일 문제에서 대륙의 문제를 보고 있었던 것이다. 그의 시야는 아시아(중국 승인)에서 그리고 남아프리카(인종차별)로 넓어졌다. 제2차 범기독교평화총회에서는 카스트로(E. Castro), 콕스(H. Cox), 안드리야마나트(R. Andrijamanjat), 비숍 하짐(Hazim)과 같은 강연자들을 만나게 되었다. 발생한 갈등으로 니묄러(M. Niemöller)와 몇몇 서독 대표들이 총회를 떠나길 원했을 때 개인적인 권위로 해결하기도 하였다. 기독교평화컨퍼런스에서도 그리고 에큐메니즘에서도 적지 않은 의미를 갖고 있었던 오포첸스키의 청소년 그룹 활동도 흐로마드카의 지원을 받았다.

제2차 범기독교평화총회에 로마 가톨릭 측의 많은 참석자들이 있었다. 제2차 바티칸 공의회 분위기가 열매를 가져오기 시작한 것으로 흐로마드카가 특별히 폴란드에서 로마 가톨릭 그룹과의 관계를 맺을 수 있게 되었다. 실무위원회의 몇몇 회원(예, 포겔H. Vogel)들의 반대가 있었지만 흐로마드카는 폴란드의 로마가톨릭 그룹들이 기독교평화컨퍼런스 활동에 참여할 수 있도록 통과시켰다. 토론에서 동등한 파트너들로서 그리고 평화 공존과 세계재앙 방지의 공통된 과제를 위한 협력자로서 프로테스탄트들과 우리의 신앙이 아닌 다른 사람들을 기꺼이 받아들일 것인지 아닌지, 로마가톨릭교회들에 대한 흐로마드카의 질문이 되었다.[37] 그리고 온드라 사무총장과 오포첸스키와 함께 제

2차 바티칸 공의회 폐막회의에 초청을 받았다. 그러나 그는 로마 가톨릭을 토론의 동등한 파트너들로서 그리고 평화 공존과 세계재앙 방지의 공통된 과제를 위한 협력자로서, 프로테스탄트인 우리와 신앙이 다른 사람들을 기꺼이 받아들일 것인지에 대해 깊은 고민을 하였다.

기독교평화컨퍼런스에서의 흐로마드카의 활동에 대한 관점이 종말론적 필요성을 느끼도록 만들었음에도 불구하고, 흐로마드카란 인물을 바르게 보려면, 그의 활동의 한 면에 대한 해석을 중단하고, 활동의 다른 측면을 해석하여야 되지 않겠는가!

컨퍼런스를 조직하는 것과 여러 나라를 방문하는 것이 국내 작은 활동의 성실함이 없이는 무의미하다는 언급을 흐로마드카의 강연에서 매우 자주 발견하게 된다. '냉전'과 세계 위협 극복에 대한 관심이 그에게 지속적인 경계와 내적 긴장을 갖게 하였을지라도, 자신의 확신에 따라 평화의 전제조건이 만들어지는 토대로부터, 지역교회들의 삶으로부터, 구체적인 체코슬로바키아 국내 상황에서 사회주의 공동체 건설자들과의 대화와 협력으로부터 한 번도 자신의 관심을 멀리하지 않았다.

비록 그의 활동에 대한 많은 오해와 비판을 견뎌야 하는 커다란 부담감을 안고 있던 그때에도 그는 우리 체코형제복음교회의 활동적인 교인이었다. 그의 마음속에는 언제나 교회의 내적 개혁 문제가 담겨 있었다. 제1차 범기독교평화총회에서 평화활동에 대한 그의 발언은 교회에게 개혁을 촉구하는 것이었다. "우리가 갈망하는 것은 우리의 활동이…. 돌이켜 볼 때, 우리의 영적 공동체가 더 순결하도록, 내적 열망을 하도록 그리고 각각의 기독교 교회와 그리스도교회 모두 창조

---

37 *II. All Christian Peace Assembly, Zpráva*(2차 범기독교평화총회, 보고서), Praha, 1964, 129.

적 힘을 돕도록 하는 것이다."[38] 1차 세계기독교평화회의는 교회 갱신을 위해 투쟁을 하는 포럼이 될 계획이었다.[39]

흐로마드카는 1963년에 열린 14차 총회에서 협력 그룹과 함께 1927년의 '체코형제복음교회 원칙'을 개정하도록 임명을 받았다. 많은 회의를 걸쳐 심도 깊은 개정이 이루어졌다. 코마르코바(B. Komárková)가 초안을 작성한 '크리스천과 세상' 조항은 새로운 광범위한 조항이 되었다. '원칙'은 1966년에 열리는 총회에서 기본적으로 허락이 되었고, 1968년에 출판되었다.

흐로마드카에게 교회의 희망은, 구체제에게 자신을 팔아넘기고, 참여를 주저하며 그를 괴롭혔던 교회의 경험론적인 현실보다 말씀의 약속에 의지하는 것이라고 말하였다. 1960년대 전반에 쓴 교회에 대한 신랄한 평가는 다음과 같다: "교회는 자신의 모든 내적 외적 현실에 의해 복음의 능력보다 훨씬 더 세상적인 관심과 영향을 생각하고 있다. … 그러나 현실에 대한 우리의 실제적 관점이 냉소적이고 부정적으로 변화되어서는 안 된다. 다양하고 혼란스럽고 그리고 파괴적인 영향의 퇴적물 아래, 손상되고 그리고 위선적인 경건의 목사 가운(예복)아래에 예언자들이 하나님의 백성의 유골이라고 부르는 것이 언제나 머물러 있다는 사실은 우리 역사의 주목할 만하고 이해할 수 없는 현실에 속한다. 오늘날 신자들의 공동체는 교회들이 살고 있는 상황을 냉정히 바라보도록 그리고 자신의 본래의 존재의 모습에 대한 확고부동한 책임과 씨름하도록 하는데 달려있다."[40] 흐로마드카는 생의 마지막 해에 다음과 같이 썼다: "자신의 전통적인 형태의 교회와 익숙

---

38 *Und auf Erden Friede*(그리고 지구의 평화), 28.

39 위의 책, 32.

40 JLH., Referát na I. všekřesťanském shromáždění KMK(기독교 평화컨퍼런스의 제1차 범기독교총회 강연), Pole je tento svět(이 세상은 현장), Praha, 1964, 90n.

한 표현들의 성서적 증언은 오늘날 인간을 흔들어 놓는 영적 혁명에 충분하지 않다."[41] 그러므로 흐로마드카는 교회가 특별히 평화의 문제에 참여하도록 요청한 젊은 목회자 세대들과 매우 가까웠다. 이들 목회자들은 스몰리크가 의장직으로 있는 개혁교회 목회자 연합의 평화 부서에서 많이 활동하였다. 회원들은 다음과 같다: 발라반(M. Balabán), 차페크(J. Čapek), 코찹(A. Kocáb), 심사(J. Šimsa), 소우레크(J. B. Šourek), 트로얀(J. Trojan), 베브르(J. Vebr), 원로들 가운데 루시츠카(M. Růžička). 흐로마드카는 그들과 함께 매우 집중적으로 대화를 하였다. 1960년대 초 소련의 핵무기 확산 재개에 대한 반대는 흐로마드카와 기독교 평화컨퍼런스가 함께하는 평화 부서 협력의 활동가운데 하나였다. 활발한 토론은 일반적으로 흐로마드카의 집에서 또는 기독교평화컨퍼런스 사무실에서 이루어졌다. 1968-69년에 대화에 초청받은 루보미르 미르제요프스키(Lubomír Mířejovský)가 이러한 토론에서 기독교평화컨퍼런스의 입장을 가장 강하게 지지하였고, 반면에 평화 전문위원회의 회원들의 견해들은 상당히 달랐다.

이미 제1공화국 시대에, 그리고 세계의 강연에서 흐로마드카는 참여하는 신앙과 비기독교인들과의 협력에 대한 강조를 강연하면서, 기독교인들에게 마르크스주의의 본래의 가르침과 목적이 무엇인지 그리고 마르크스주의자들에게 기독교의 참된 핵심이 무엇인지 이해시킬 필요를 느꼈다. 그는 1948년에 국내에서 시도하였으나, 자신의 자서전에 기록한대로 당시 마르크스주의자들과 '오랜 시간 동안' 깊은 대화를 하지 못했다.

그러나 1950년대 후반에 나온 세계의 독자들을 위한 그의 출판물

---

41 JLH., *Theologická problematika sjednocené církve ve sborníku Církev v proměnách času*(변혁의 시기의 교회 전집, 연합된 교회의 신학적 문제), 1969, 34.

특별히 "무신론자를 위한 복음"은 '냉전' 극복과 깊은 신뢰의 관심에서 이러한 대화를 열어간다.

1960년대에 흐로마드카는 10여 년간 실현되지 못했던 막연한 낙관주의로 국내에서 대화의 토대를 준비한다. 이 과정에서 마르크스주의자들의 몇몇 의견들과 일치 할 수 있었다. 1957년에 이미 밀란 마호베츠(Milan Machovec)는 『인간의 삶의 의미』(*Smysl lidského života*)라는 책을 출판하였다. 마호베츠가 1960년대 초에 인문과학 대학에서 변증론적 신학에 대해 강연을 하였다(강연은 『현대 프로테스탄트의 소위 변증법적 신학에 대하여』라는 이름으로 출판되었다).[42] 1965년에 "인간의 삶의 의미" 책자가 '대화'라는 이름으로 마지막 결론의 장(章)을 추가하여 다시 출판되었다. 마호베츠는 당시에 로제 가로디(Roger Garaudy)("파문으로 부터 대화까지", 1964)를 제외하고 마르크스주의자 진영에서 가장 뛰어난 대화의 대표자가 된다. 변증론적 신학에 대한 독일어 연구서 "마르크스주의와 변증론적 신학(Marxismus und dialektische Theologie): 바르트, 본회퍼, 흐로마드카"(1965)가 유럽에 등장하였다.

서유럽과 체코슬로바키아의 몇몇 마르크스주의자들과 크리스천 그룹에게서 협력의 가능성과 통로로서 대화가 등장하였을 때, 기독교 입장의 흐로마드카는 뒤로 물러나 있지 않고, 반대로 그는 괄목할 만한 대중성을 얻는 개척자의 역할을 스스로 선택하였다. 대화를 주제로 출판한 그의 책들의 번역들이 이를 증언하고 있다.

1965년 흐로마드카의 75세 생일을 기해 로흐만(J. M. Lochman)과 소우체크(J. B. Souček)가 편집을 하고 하예크(V. Hájek)가 서론을 쓴

42 M. Machovec, *O tzv. dialektické theologii současného protestantismu*(현대 프로테스탄트의 소위 변증법적 신학에 대하여), Praha, 1962.

논문집이 나왔다. 논문집은 흐로마드카가 거의 100쪽 분량의 새로운 질서의 건설자들, 무엇보다 마르크스-레닌 주의자들과 크리스천들과의 대화를 열었던 '대화의 문턱에서'(*Na prahu dialogu*)연구를 포함하고 있다. 그는 사회주의적 무신론주의의 본질을 하나님에 대한 저항으로 이해하는 것을 거부하였다. 그들(무신론주의) 안에서 인간에 대한 씨름, 인본주의의 표명을 보았다. 같은 해에 독일어와 영어로, 그 다음해에는 네덜란드어, 프랑스어, 핀란드어로 번역되었다. 1960년대 초부터 카렐대학교 인문과학 대학에서 마호베츠 세미나 '마르크스주의적 비판과 종교 역사'(Marxistická kritika a dějiny náboženství)는 그 시기에 대화를 이끌었던 토대가 되었다. 1963년 10월부터 대화의 세미나가 시작되었다.

체코슬로바키아 과학원(Československá akademie věd)이 초청하고 파울루스 회사(Paulus-Gesellschaft)가 공동주관하였던 마리안스케 라즈네(Mariánské Lázně) 컨퍼런스(1967년 4월 27-30일)가 있었다. 1967년의 라즈네 컨퍼런스로 인해 대화의 분위기가 절정에 달하였으나, 국제정세는 성숙되지 않아 결국 1968년 이후 크리스천들과 마르크스주의자들과의 대화가 철회되었다. 크리스천 - 마르크스주의 회의에 모인 220여명 앞에서 흐로마드카는 기독교와 마르크스주의간의 갈등은 극복할 수 없는 것이 아니라, 단지 제거 가능한 오해일 뿐이라고 자신의 확신을 밝혔다.[43] 흐로마드카의 적극적인 대화 참여는 평화와 공정한 사회 건설의 과제들에 대한 크리스천과 마르크스주의자들 간의 협력을 더 깊이 하려는 그의 노력과 관련이 있었다.

고령에도 불구하고 흐로마드카는 해외방문을 멈추지 않았다. 기독

43 J. Moyses, *Christian Marxist Dialogue in Eastern Europe*(동유럽의 크리스천 마르크스주의자 대화), Augsburg, 1981, 11n.

교평화컨퍼런스 평생위원회(Continuing Committee, 부다페스트 1965, 소피아 1966) 참석 이외에도 동유럽-서방의 대화가 있었던 쾰른 방문 (1965년 2월 13-15일), '세계 평화와 국제 협력' 컨퍼런스 대표단 단장으로서 참석했던 인도 방문은 중요하였다. 흐로마드카의 나이지리아 에누구(Enugu, 1965)에서 열린 중앙위원회 회의 참석은 위원회 의장 프라이(F. C. Fry)와 비서트 후프트(Visser't Hooft)가 항의하였던 나이지리아 비자 발급지연으로 이루어지지 못하였다. 그러나 WCC 중앙위원회에 참석하였던 비숍 바르트하(Bartha)는 아프리카에서 기독교평화컨퍼런스 위임을 받아, 컨퍼런스의 동역자들과 동행해서 방문의 결과를 만들어냈다. 조교수였던 오포첸스키는 기독교학생연맹 유럽 총무가 되어 제네바로 떠났고 1967년 흐로마드카의 조교수가 된 파벨 필리피(Pavel Filipi)와 동행하여 1965년 9월에 흐로마드카는 시에라리온(Sierra Leone)을 방문한다. 1966년 6월 흐로마드카는 온드라(Ondra), 치하크(Čihák)와 함께 케냐로 떠났다.

1966년 흐로마드카의 방문들을 기록한다면, 1966년 말 미국 방문을 누락시킬 수 없다. 부인 나데예(Naděje)와 함께 몇 주간 미국과 캐나다에 체류하였다. 오래된 친구들 메케이(J. Mackay), 틸리히(P. Tillich), 니버(R. Niebuhr)를 만났다. 니버(Niebuhr)와의 만남에 대하여 흐로마드카는 그들의 사상이 매우 가까워졌으며, 그와 평화 노력을 위한 이해를 함께 하게 되었다고 썼다. 급진신학 노선의 대표자들—콕스(H. Cox), 알타이저(J. J. Altizer)—과 캐나다에서 가톨릭 신학자 데발트(Dewart)를 만나 대화를 모색하였다.

1966년에 독일 교회들과 세계 에큐메니즘에서 깊은 변화가 일어난다. 독일 상황에서 흐로마드카가 에큐메니칼 회보에서 코멘트를 한 "비망록"(*Denkschrift*)이 그 증거이다.[44] 이러한 변화에 제2차 바티칸

공의회에 의해 만들어진 분위기를 덧붙여보자.

호로마드카가 바로 그 해에 선별적으로 참석한 제네바 에큐메니즘에서 1966년 7월 12-26일 제네바에서 열린 '교회와 사회' 컨퍼런스에 극적인 변화가 있었다. 그 컨퍼런스의 참석자 명단에서 호로마드카의 이름이 없기 때문이다. 컨퍼런스에 기독교평화컨퍼런스는 옵저버로 온드라와 인도의 탐피(A. K. Thampy)를 대표자로 참석시켰다. 그러나 참석자 명단에 제1차 또는 2차 범기독교평화총회 또는 두 번의 총회 모두를 참석하였던 사람들 그리고 '제3세계'를 위한 더 큰 정의의 필요, 평화와 "급진적 사회 변화"의 요구에 대한 호로마드카의 생각을 컨퍼런스에 전달하였던 많은 사람들을 발견할 수 있었다. 제네바의 분위기는 어느 정도 느슨하여져서 카살리스(G. Casalis) 회장단 아래에서 WCC의 처음이자 마지막(1968년 4월)인 마르크스주의-기독교 대화에 대한 심포지움이 실행될 수 있었다.

1966년 10월에는 기독교평화컨퍼런스 자문위원회 중요한 회의가 소피아에서 열렸다. 혁명의 문제는 지속적으로 더 크게 응답을 요구하였다. 이 회의는 교황 바오로 6세가 발표한 회칙 '민족들의 발전'(Populorum Progressio)에서 '교회와 사회'의 세계 에큐메니칼 컨퍼런스를 따라갈 수 있는 자신의 내적 다이나믹성을 발견하여, 기독교평화컨퍼런스의 신학활동의 가장 근본적인 중심인 혁명의 문제를 파고 들었다. 소피아 회의에서 루흐(Hans Ruh)와 스몰리크(J. Smolík)의 회장단 직속의 신학 활동그룹이 논의한 '의로운 혁명'(spravedlivé revoluci)에 대한 문서가 받아들여졌다.[45] 한스 루흐는 당시에 호로마드카의 신학에 심취하였고 그리고 그의 뛰어난 추종자가 되었다. 칼 바르트(K. Barth)

---

44 JLH., *Zur Problematik der Denkschrift*(비망록 문제에 대하여), Ekum. bulletin, 1966, 1.
45 CFK 잡지, 1967, 61.

가 편집한 *Theologische Studien*(신학 연구) 시리즈에서 1963년에 슈바르츠 (Martin Schwarz)에게 봉헌된 흐로마드카의 "역사와 신학"(*Geschichte und Theologie*), "신학 기준선"(*Grundlinien der Theologie*) 연구가 출판되었다. 마르틴 슈바르츠는 바르트의 가까운 친구였으며 바르트와 흐로마드카의 중개자였다. 슈바르츠는 매우 적극적으로 기독교평화컨퍼런스 활동에 참여하였다.

혁명의 문제에 대해서는 오포첸스키의 지도아래 있던 기독교평화컨퍼런스의 젊은 그룹이 보다 집중적으로 기여하였다.

소피아 문서는 드리베르겐(Driebergen)에서 그리고 다음해인 1967년 부쿠레슈티(Bucharesti)에서 열린 신학위원회 회의에서 격렬한 토론의 대상이 되었다.[46]

1966년에 대학의 지도력을 소우체크에게 넘긴 흐로마드카는 자신의 질병(위궤양)으로 힘들었지만 모든 자신의 존재를 역사 발전과정의 내적 역동성에 집중하였다. 혁명에 대한 대화를 이끌었던 그룹들의 활동에 직접 참석하지 않았지만, 라틴 아메리카 참석자들이 명확한 설명을 촉구하였던 그 문제에 대한 입장을 신학적으로 지원하는 것이 흐로마드카에게 중요하였다.

흐로마드카는 혁명의 문제에 몰두하였다. 1967년에 10월 혁명 50주년은 그에게 자극이 되었다. 흐로마드카는 '혁명의 신학'을 어디에서도 주장한 적이 없었지만, 혁명의 과정이 인간화의 과정으로서 특별하게 폭력을 사용하는 정당성을 갖는 경우에 한하여 기독교인에게 권리가 있다고 고백한다.

"신학자의 관점에서의 10월 혁명"(*Říjnová revoluce v pohledu teolga*) 글에서 "1905년 경 사건과 제1차 세계대전은 레닌 사상을 강화시켰으며

---

46 I. Roer, *Christliche Friedenskonferenz*(기독교평화컨퍼런스), Praha, 1978, 28nn.

그리고 결국 혁명이 폭력 없이 가능하지 않다는 확신이 승리하게 하였다"[47]라고 주장하였다.

혁명의 문제에 대해서 흐로마드카는 그의 생의 마지막 순간까지 연구하였다. 1968년 8월 21일 이후 마사리크의 유산에 몰두하면서 흐로마드카에게 혁명의 문제는 우선순위가 되었고 그리고 흐로마드카는 마사리크의 혁명에 대한 입장에 따라 그를 평가한다: "1917년 전제군주 몰락이후 마사리크의 동정심은 물론 혁명의 편이 아니었다. 마사리크는 1917년 3월 정부를 접수한 사람들의 정치적 그리고 국가적 준비에 대해 의구심을 품었다. 레닌에 의해 주도된 10월 혁명을 정치적으로 그리고 이데올로기적으로 반대하였다. 그러나 반혁명 백색투쟁의 편에 서는 계획에 반대하는 우리 외인군대를 경고하였다.[48] 마사리크는 현대 세계에 대한 자신의 철학적 분석들 그리고 특별히 그의 우리 공화국에서의 최고위직 정치적 위치 때문에, 소련 혁명을 이해하여 긍정적으로 받아들이지도, 그리고 체코슬로바키아 국가 건설자로서 소련의 경험들을 참고하지도 않았다. 그러나 동유럽에서 일어난 일들을 부정하는 것은 아니었다. 우리 공화국이 점점 커지는 나치주의의 반혁명 그늘에서 죽음에 이르는 위험에 다다랐을 때, 소련에서 우리 민족의 지원을 찾아야만 하는가의 질문의 당혹스러움은 없었다."[49]

10월 혁명에 대한 그리고 혁명의 문제에 대한 입장은 흐로마드카에게 당시에 마사리크의 업적의 잣대가 되었으며(비슷하게 제1공화국 시기도 그랬다), 흐로마드카는 그의 생애 마지막 순간에도 바로 그 문

---

47 JLH., *Říjnová revoluce v pohledu teologa*(신학자의 관점에서의 10월 혁명), *KR*, 1967, 225.

48 오스트리아 헝가리 제국에 봉사하지 않고, 그들의 적인 러시아 군대를 도와주고 반대로 오스트리아와 전쟁한 군대.(역자주)

49 JLH., *Rusko a Evropa*(러시아와 유럽), *KR*, 1968, 198-206.

제에 매달려 있었던 것이 그 증거이다.

호로마드카는 이미 매우 긍정적으로 평가를 하였던 중국의 "문화 혁명"이 기여한 세계 혁명의 개념으로 자신의 혁명 개념을 확대시켜 나간다.[50] 이후 호로마드카에게서 "세계적 계급 투쟁"의 개념이 나타난다.

---

50 JLH., *Der Christ inmitten der Weltrevolution*(세계 혁명 안에 있는 그리스도), *Reformation und Revolution*(개혁과 혁명), Berlin, 1967.

22장
프라하의 봄

1960년대 후반기의 사태는 역동적인 방식으로 전개되었다. 바르샤바 조약 군대들의 8월 21일 침공에 의해 체코슬로바키아가 진압을 당한 '프라하의 봄'(Pražské jaro)으로 1968년의 사태는 절정에 달하였다.

이 사태의 배경에 흐로마드카의 노력이 참된 빛으로 나타난다. '프라하의 봄'에서 표출된 인간화와 민주화의 갱신 과정은 흐로마드카의 활동에 의해서도 준비되었다.[1]

이것을 더 잘 이해하도록, 우리는 암스테르담 제1차 WCC 총회로 돌아가, '프라하의 봄' 20년 전 당시 흐로마드카의 강연을 기억하길 원한다. 흐로마드카는 자신의 활동을 한 번도 이데올로기적 정치적 차원에 의해 결정하지 않았으며, 언제나 믿음과 인간 차원으로 결정했다: "문화와 자유로운 사회 보다 훨씬 더 중요한 것이 있다. 진리, 정의,

1 많은 친구들, 특히 외국에서 나를 지지하고, 나의 활동의 뚜렷한 결과를 축복한다, *KR*, 1990, 40.

인격, 사랑 그리고 유기적인 도덕적 사회의 궁극적인 원칙들과 공리들이 중요하다. 동방(소련)과 서방의 현대 인간은, 새롭고 더 나은 질서의 건설을 증진시킬 수 있는 곳, 공동의 토대를 서로 이해하고 찾기 위해서, 모든 민족과 인종들이 복종해야만 하는 최고 권위와 최고 심판장소에 대한 올바른 이해를 잃어버렸다."[2]

동유럽과 서방 간의 대화의 가능성을 예상하고 그리고 "국제적인 블록들의 어떠한 고착화"도 인정하지 않는다.[3] 이러한 대화가 특별히 동유럽에게 필요하다. "동유럽에게 현재 역사단계에서 그리고 그의 현재 삶의 형성과정에서 서방문화의 많은 자산과 편리함이 없기 때문이다. '유럽 어머니'의 운명과 사명이 서방 가톨릭, 종교개혁, 르네상스, 계몽주의와 민주적 인본주의의 성취와 밀접하게 연결된다."[4]

암스테르담에서 흐로마드카는 공산주의의 위험에 대해 지적하였다: "여러 나라들의 현재 공산주의 지도자들이 양심상 저지르는 가장 심각한 실수 가운데 하나는 그들이 계급 없는 공산주의 사회의 긍정적인 사상들을 댓가로, 독재를 지나치게 강조하는 것에 의존하고 있는 것이다."[5] "독재와 전체주의의 위험이 없지 않다."[6] "권력들의 사탄적 유혹과 욕망들은, 일정한 기간을 통치하는 사람들이 권력을 놓으려 하지 않고, 그들의 통제받지 않는 권위는 용인될 수 없게 확장하려는 경향의 위험이 언제나 있음을 의미한다."[7] 동방 블록의 나라들의 역사발전은 이러한 흐로마드카의 염려를 확인시켰다. 공산주의에 대하여 매우 비판적이었다. 혁명이후 뒤따라 올 공산주의의 인간화와 민주화

2 M. Stöhr, 183.
3 위의 책, 188.
4 위의 책, 192.
5 위의 책, 198.
6 위의 책, 194.
7 위의 책, 200.

를 기대하였다. 공산주의 이데올로기가 혁명이후 사회를 올바른 신뢰, 올바른 책임과 자유로운 섬김의 살아있는 공동체에 영원히 연결시키는 것, 그리고 사회 혁명의 열매들을 보호하는 것이 확실하게 가능할 것이라고 나는 믿지 않는다(어떻게 내가 믿을 수 있겠는가). 그러나 이 가능성을 사회주의 혁명이 호소한다면, 인간의 유물론적 역사발전을 초월할 것이다. 무계급 사회도 하나님의 심판, 영원한 의로움 그리고 용서를 피할 수 없다."[8]

인간의 권리들과 침해의 문제는 암스테르담에서 이미 흐로마드카에 의해 공산주의에 대한 연설에서 제시되었다. "혁명의 전통과 마르크스 유물론주의는 인간의 인격과 자유의 거룩성을 보호할 수 있을지 의심스럽다."[9] 흐로마드카는 공산주의의 인본주의적 동기들이 배신을 당할 수 있음을 염려하였다: "만약 정의, 진리, 순결과 사랑의 영원히 유효한 표준의 권위 아래에 책임 있는 인간의 존엄성을 위한 서구의 투쟁이 절망, 회의주의적 냉소, 영적 무관심으로 끝이 난다면, 소비에트 사회주의의 높은 이상과 목표로부터 있을 수 있는 것은 무엇인가."[10] 1968년 점령 이후 흐로마드카는 소련에 대한 재앙적인 도덕적 붕괴의 고통을 겪었다.

흐로마드카가 공산주의의 이러한 위험을 인식하였지만, 소련과 중부와 동유럽은 "내적 변혁의 과정"[11]을 경험할 것이라고 믿었다. 이러한 "민족의 거듭남"[12]에서 소련의 교회들은 민족의 영적 문화적 유산의 소유자로서 위치를 갖게 될 것이다. 흐로마드카가 소련 안에서 일

8 위의 책, 200.
9 위의 책, 210.
10 위의 책, 208n.
11 위의 책, 201.
12 위의 책, 206.

어날 이러한 변혁의 과정을 계속 기다렸지만, 애석하게도 페레스트로이카는 그가 죽은 후 20년 만에 도래하였다

흐로마드카의 기대가 '프라하의 봄'(Pražské jaro)에서 놀라운 방법으로 성취되는 것을 발견하였으며, 흐로마드카는 1968년 4월 기독교평화컨퍼런스 제3차 범기독교평회 총회에 참석한 세계인들 앞에서 '프라하의 봄' 사상을 지지하였다.[13] 이 총회에서 권력의 악마성과 남용은 날카로운 비판의 대상이 되었다. 스몰리크는 "기독교 평화컨퍼런스 활동의 시야(視野)에 권력의 민주적 통제의 문제를 포함시키는" 제안을 제시하였다. 이 제안의 토대 위에 다음의 문장을 메시지에 넣었다: "기독교인들은 세계 모든 곳에서 권력의 남용을 반대하고 그리고 권력을 민주적으로 통제하는 것을 지지해야 한다."[14] 기독교평화컨퍼런스의 회장으로서 흐로마드카는 유럽의 발전이 희망적이라고 해석한 국제상황에 관한 비망록을 제출하였고, 이 비망록은 소련대표들의 반대를 불러 일으켰다.

사회주의 개혁의 과정을 중단시킨 점령에 대한 흐로마드카의 반응은 '프라하의 봄' 프로그램을 지지한 그의 깊은 헌신을 짐작하게하였다. 1968년 8월 21일 바르샤바 조약 군대의 체코슬로바키아 침공은 바로 그 다음날 흐로마드카의 격렬한 저항을 불러일으켰고, 그는 소련 대사 체르보녠코(S. V. Červoněnko)에게 항의서한을 보냈다.[15] 이에 대해 자신의 항의가 광범위하게 담겨있고 그리고 항의의 당위성을 설명한 비망록[16]이 며칠 만에 뒤따라 나왔다.

---

13 사람을 구원하라-평화가 가능하다, 3차 범기독교평화총회 보고서(Zpráva 3. VMS), 1968.

14 *Stimmen der Kirchen in der ČSSR*(체코슬로바키아 사회주의 공화국 교회들의 목소리), vyd. B. Ruys, J. Smolík, 202.

15 *KR*, 1990, 39nn.

16 *KR*, 1990, 40-43, 62-66, 89-92.

대사에게 보낸 편지와 비망록은 흥분된 표현들로 가득하였다. "나의 삶에서 이 사건보다 더 큰 재앙을 알지 못한다. … 돌이킬 수 없는 무언가가 우리 국민들에게 일어나는 것이 나는 두렵다."[17] "1939년 3월 15일(히틀러의 점령)보다 8월 21일은 나의 머리 속은 검게 슬픔으로 기록되었다. 나치들은 무례하게 우리와 전체 동유럽에게 자신의 의도들을 선언하였고 우리의 최대의 적들이 되었다. 그러나 8월 21일에 초청받지 않은 우리의 친구들과 바르샤바 조약 동맹군들이 우리의 사회주의 국가들의 국가적 독립과 영토에 대한 불침공의 모든 국제법과 내정불간섭의 원칙을 어기고 우리 땅으로 침공하였다."[18] 흐로마드카는 점령을, 20년 이후 체코슬로바키아 의회에 의해 선포될 수 있었던 국제법 위반으로 아주 명확하게 지적하였다.

'프라하의 봄'에서 바츨라프 하벨(Václav Havel)도 사회주의의 표명을 긍정적인 의미로 사용하였다. 8월 21일 이후 흐로마드카는 이 표명이 신뢰와 합법성을 잃어버렸음에 주목하고, 질문한다. "사회주의(또는 공산주의)가 미래에 창의적 발전을 가능하게 할 것인가? 그리고 세계 사회에, 특별히 젊은 세대 그리고 가장 젊은 세대에게 사상적 설득력과 도덕적 책임감 그리고 정치적 지혜로 영향을 끼치게 될 것인가? 권력투쟁의 관심으로, 정치적 조작으로, 인간의 가장 깊은 갈망과 인간의 삶의 충족감을 위해 씨름하는 인간을 이해하지 못하는 사상적 빈곤과 무능으로 변화하기 때문에, 사회주의가 매력과 무게감 그리고 신뢰 상실의 위험 앞에 우리는 서지 않겠는가?"[19] 그의 비망록에서 미래에 대한 관점들이 드러난다: "우리에게, 사회적으로 우리의 정치영

17 *KR,* 1990, 40.
18 위의 책, 64.
19 위의 책, 41.

역에서 민주주의적 사회주의의 문제가 중요하게 될 것이다. 나는 두 단어를 강조한다. 실질적인 사회주의에 대해서 말하는 것이지 단지 사회적 박애주의 분위기를 의미하는 것이 아니다. 도덕적인, 정신적인, 인간적인 그리고 문화적 깊이에서 자유와 정의와 개인의 책임과 문화적 창의성이 있는 민주주의에 대해서 말한다."[20] 호로마드카는 다음과 같이 질문하였다: "강대국들 간의 관심 이외에 이러한 행위(점령)의 가장 깊은 동기가 민주주의적 사회주의에 대한 두려움이 아닌가?"[21]

민주주의에 대한 강조는 호로마드카를 다시 마사리크에게 안내한다: 제1공화국의 정치인으로서 공산주의와 공산주의의 혁명적 시도들을 거부한 그러나 러시아, 러시아 문학, 철학, 종교와 정치 연구에 대한 사상적 노력을 크게 기여한 그리고 우리들에게 러시아 정신 드라마, 러시아 사상가들의 장점, 현대사회 발전에 가하였던 그들의 정치적 사회적 충격에 대해 눈을 열어준 남자, 마사리크가 나에게 사상적으로 정치적으로 크게 도움이 되었다. 저속한 반공산주의는 마사리크를 언급할 수 있고 그리고 20년대의 많은 연설을 인용할 수 있다. 그러나 혁명에 대한 마사리크의 사상적 영적 관심을 주의 깊게 연구하는 사람 그리고 30년대 초에 소련에 대한 그의 관심이 우리의 직접적인 이웃(독일)들의 민족주의적이고 호전적인 계획들의 위협과 마주하여 어떻게 성장하였는가를 아는 사람은, 소비에트식 사회주의 건설을 잘 이해하고 참여하도록 나를 준비시킨 것이 마사리크였다는 나의 주장을 이해한다. 마사리크는 의심의 여지없이 현대 인간의 전쟁 전 시대에 속하는 사람이다. 그러나 우리들이 마사리크의 업적을 따르지 않

---

20 위의 책, 91n.

21 위의 책, 64.

는 것, 천박한 공산주의가 마사리크를 적이라고 선언한 것과 마사리크의 사상과 문화와 국가적인 부요함이 1950년대와 1960년대 초에 완전히 소모되었다는 것은 1948년 이후 우리나라의 공식적인 공산주의 정치의 측량할 수 없는 잘못과 어리석음이 되었다.[22]

호로마드카에 의하면 국제 영역에서 현재의 구조들은 충분하지 않았다: "강대국들 간의 일시적인 균형이 때론 세계 안전과 안정을 보장하는 대역을 하며, 반대로 국제 관계의 도덕성을 혼란스럽게 작용하여 그리고 결국 새로운 위기와 재앙의 원인이 되었다. 1968년 8월 21은 평화적 공존의 원칙의 내용과 개념을 제거하지 않았는가?… 세계 계급 투쟁의 중심에 우리들은 계속해서 서있다고 제3차 범기독교평화총회에 대한 비망록에서 내가 썼던 것을 주장하며, 내가 비망록에 쓴 것처럼 오늘날 어떠한 강대국도 작은 민족과 소수민족의 운명에 대해 결정할 수 없다고 나는 판단한다."[23] "1968년 8월 21일은 우리를 새로운 역사적 상황 앞에 세웠다."[24] "국제적 안정성, 동유럽 민족들 간의 관계들은 새로운 토대 위에 건설되어져야만 한다. 그래서 권력이 결정적 요인이 되어서는 안 된다. 국제 관계는 열린 대화 위에, '절대적'인 신뢰 위에 세워져야지 힘, 전략, 전술과 명성에 대한 고려에 의해서가 아니다."[25]

호로마드카에게 미래는 "각각 알지 못하는 것들의 방정식"[26]이었다." 점령에서 나타난 전체주의 통제를 어떻게 민주주의적인 수단들로 해결할 수 있는 가에 달려 있다고 보았다. 호로마드카는 기독교평

---

22 위의 책, 42.
23 위의 책, 90.
24 위의 책, 40.
25 위의 책, 89.
26 위의 책, 85.

화컨퍼런스 플랫폼에서 '프라하 봄'을 제압하기 위한 소련동맹군들의 점령에 대한 토론과 소련의 권력 남용에 대한 비판을 시도하였다. 기독교평화컨퍼런스의 협력자들 가운데 많은 사람들이 그에게 동의하였으나, 동유럽의 일부 회원들은 점령의 문제에 대한 토론 가능성을 차단하였다. 당시 상황에서 흐로마드카는 회장직을 사임하여, 기독교평화컨퍼런스가 자신의 사임 수락과 관련하여 점령의 문제를 논의하도록 밀어붙일 것을 기대하였다. 흐로마드카는 자신의 예언자적 사명을 위해 남은 생의 마지막 며칠까지 충실하며, 권력의 영역에서 살았던 강대국에 대해 분명히 '아니오'라고 말하였다. "그것이 고통일지라도 우리는 희생을 위한 모든 결심으로 … 우리는 준비하였다."[27] 다음 장에서 우리는 기독교평화컨퍼런스에서의 흐로마드카의 씨름을 각각 살펴볼 것이다.

27 위의 책, 66.

23장
기독교평화컨퍼런스의 위기

호로마드카는 죽기 전까지 남은 마지막 16개월 동안 바르샤바 동맹군의 체코슬로바키아 침공에 대한 항의 서한에서 표명한 입장을 그대로 유지하였다. 기독교평화컨퍼런스가 서방, 동유럽 그리고 '제3세계'의 친구들 이 함께 대화를 시작하는 플랫폼이 되도록 흐로마드카는 기독교평화컨퍼런스의 활동에 전념하였다. 그러나 이러한 대화는 갈수록 쉽지 않았다. 이미 계획된 활동위원회(Working Committee)의 회의는 여러 가지 어려움 뒤에 결국 1968년 10월 1-4일 파리 근교 마씨(Massy)에서 열렸다. 메트로폴리타 니코딤(Nikodim)이 러시아정교회를 대표하였다. 8월 21일 사태는 활발한 토론을 불러일으켰다. 흐로마드카와 온드라 두 사람이 동유럽 국가들과 체코슬로바키아의 공식적 입장을 지원하는 것을 좋아하지 않았기 때문에, 그 회의 중에 동유럽 국가들 출신의 활동위원회 회원에게서 흐로마드카와 총무 온드라에 대한 부정적 입장을 목격할 수 있었다. 서방과 '제3세계' 출신의 활동위원회 회원들은 흐로마드카의 편을 들었다. 합의점을 찾을 수 없었다. 성명서는 다음과 같다: "동유럽의 사회주의 국가들 출신이 아니고, 지역위원회의 이름으로 '프라하의 봄' 사태에 대한 기독교평화컨퍼런스의 성명서를 이미 전해준 우리들 가운데 몇몇 사람들은 바르샤바 조약의 5개국이 대규모 무력 시위의 형태로 독립국 체코슬로바키아 국가를 침공한 문제에 대해 단호한 비판을 원하였다. 자신의 입장을 기독교평화컨퍼런스 지역위원회 이름의 성명서로 제출한 우리 가운데 다른 사람들은 이러한 비판은 사태에 대한 잘못된 이해와 표피적 분석의 결과라고 생각하고 있었다. 바르샤바 동맹군들의 일시적인 이동은 이 나라 체코슬로바키아 사람들과의 연대의 표현—이것이 이례적인 표현일지라도—이라고 생각하였다." "1968년 8월 21일의 재앙의 사태 발전은 세계 속의 사회주의적 인본주의 진보에 심각한 상처를 입혔으며, 많은 서방 국가들에서 경찰국가적 경향을 강화하는 데 기여하였다"[1]는 성명서의 견해를 아시아, 아프리카 그리고 라틴 아메리카에서 온 참석자들이 지지하였다. 결론에서 흐로마드카는 다음과 같이 말하였다: "기독교평화컨퍼런스는 우리가 겪고 있는 위기의 깊이를 드러내지 못했다. … 실제로 우리의 활동을 지속할 수 있을지 없을지, 오늘 우리는 심각하게 이 질문 앞에 서 있다 … 서로 다른 우리의 의견들과 생각들은 인간 심연의 깊은 차원의 문제에 대한 언급이 아니기 때문이다. 더 깊은 차원이 존재하고, 그 차원들은 중요하다. 우리는 신뢰, 청종, 내적 자유의 차원을 말해야 한다. 내적 자유함이 있는 것, 내적 자유와 내적 진실과 회개를 위한 내적 자기비판 등등으로 구체적 회개를 준비하는 것 …. 국제 상황은 끔찍하고, 때론 무의미하고, 이해불가하며, 우리는 이를 이해하지 못하고, 그리스도 신앙인으

1 Christiche Friedenskonferenz 1968-1971(기독교 평화컨퍼런스 1968-1971), *Dokumente und Berichte*(문서와 소식), vyd. B. Matthes aj., Wuppertal, 1971, 17.

로서 우리는 다음과 같이 생각한다: 우리가 처한 이 상황은 정말로 주님의 공의와 자비로운 주님의 손 안에 있는 것인가? 하나님의 사랑과 자비로운 통치에 대해 자주 말한다. 우리들을 위한 이 사랑과 이 자비는 때로 유용한가 아니면 유용하지 않은가? 인간이여, 너는 최후의 심판으로 내려올 것이다. 우리는 자신의 눈으로 보지 못한다. 천둥소리 아래에서 물위를 걸으시는 주님의 발자국을 보지 않는다. 무의미해 보이는 것 같은 여기에도, 저기에도 주님은 계시지 않는가! 우리의 이해와 파악은 이 사실을 모른다."[2]

부활하신 주님의 현존은 흐로마드카에게 격동의 시태의 한복판에서 살았던 실제였다. 위궤양의 고통에도 불구하고 고령으로 활동을 이렇게 발전시킨 것이 놀랍다. 1968년 12월 중순 소우체크와 함께 바젤에서 거행된 칼 바르트 장례식에 참석하였다. 1969년 1월에 흐로마드카는 네덜란드와 스코틀랜드를 방문하였다. 흐로마드카가 8월 21일 이후 체코슬로바키아 상황에 대해 아주 솔직한 분석을 제출하였으며 그리고 자신의 입장을 분명하게 표시하였던, 2월 8-20일까지 바르샤바에서 열린 활동위원회 회의는 중요하였다: "1968년 1월에, 내 생각에 창의적이고 희망적인 것 – 역사적인 무언가가 나타났으며, … 내가 현재 상황을 이해한 그대로, 1969년 2월에 '1월 프로세스'는 지체되지 않았다. … 새로운 정치권력은 우리나라에서 내부의 정치적 정신적 발전을 제거하지도, 지연시키지도 못하였다. 우리들은 말 한다: 정치권력의 공간은 얼마만큼 좁아졌으나, 우리는 다시 돌아갈 수 없다. … 사실상 사람들은 정치적으로 더 인간적이 되고, 조작은 없고 없을 것이다. … 우리 민족의 영혼에는 8월 21일은 우리의 패배가 아니라 오히려 도덕적으로 정치적으로 승리한 날이라는 의식이 있다.

---

2 위의 책, 20nn.

… 8월 사태이후 우리 지식인들, 우리 학생들, 우리 소설가와 노동자들이 서로 가까워졌다." 흐로마드카는 학생들 총파업과 연대를 하였다. 바츨라프 광장에서 얀 팔라흐(Jan Palach)의 분신에 대해 흐로마드카는 말하였다. "비참하다. 이슈가 된 학생, 그는 개신교인이었고, 체코형제복음교회 목사(트로얀, J. Trojan)가 장례를 한 개혁교회 학생임을 우리는 잊어서는 안 된다. 그러나 이러한 사건이 일어났다는 것은, 학생들과 지식인들 안에, 모든 민족 안에, 이해될 수 없고 '감지될 수 없는' 어떤 것이 일어났다는 증거이다. 학생은 경고하길 원하였다: 중요한 것은 자살 시도가 아니라(자살 여부, 자살의 카테고리로 해석이 될 수 있는 지 여부에 대해 우리는 언급한다), 다른 무엇, 민족의, 대학과 전문학교의, 노동자의 거대한 반발이다. 팔라흐(Palach)의 장례처럼, 그런 장례가 한 번도 프라하에서 일어나지 않았던 것에 대해 사람들은 현재 이야기하고 있다. 체코슬로바키아 초대 대통령 마사리크의 장례도 그런 장례가 아니었다. 우리에게 피 흘린 상처가 있음을: 정치적 그리고 국제정치적 차원 이외에 인간의 깊은 차원이 존재한다는 것을 잊지 않는다면, 그것을 이해하는 것이 가능하다. 단지 여기에 있는 사람과 자신의 경험으로 아는 사람만이 피 흘린 상처를 이해한다. 그러한 생각에서 나는 사람들과 연대를 한다. … 우리 국민 1000명뿐 아니라 10만 명, 백만 명이 텔레비전 중계방송과 다른 방식으로 장례식에 참석하였다는 사실은 사실이다." 흐로마드카는 민주화 과정이 계속될 것이라고 강하게 확신한다. "새로운 것, 몇 달 전에 존재하기 시작하였던 것, 크고 작은 것 속에 새로운 것이 나타날 것으로 생각한다. … 우리나라의 내부 정치권력은 작년 1월(역자주: 얀 팔라흐의 분신 사건)에 대해 책임 있는 사람들의 손에 있다. 이것이 나의 분석이다. … 우리가 처한 모든 것이 힘들지라도 한 가지는 분명하다: 우리는 제한적이지

만 외교정치의 영역에서 사회주의 개혁을 지속할 것이며, 마찬가지로 국내에서도 우리들은 사회주의적 삶을 우리의 나라에 건설하는 것을 지속할 것이라고 말하고 싶다."[3] 자신의 비망록을 철회하지 않고 '프라하의 봄'의 목표를 추구하였을 때, 이러한 흐로마드카의 입장은 바르샤바(Warszawa)에서 느꼈던 대로 동유럽 나라들 출신의 활동위원회 위원들의 반 온드라와 반 흐로마드카의 감정을 강화시켰다.

1969년 6월에 흐로마드카는 80세 생일축하를 받았다. 축하자 명단은 그의 활동의 폭넓은 지지를 보여준다. 서방의 중요한 교회 또는 에큐메니칼 기관의 많은 대표들이 축하인사를 보내는 것에 빠지지 않았다. 기독교평화컨퍼런스 잡지는 가장 가까운 협력자들—클로펜부르크(H. Kloppenburg), 카살리스(G. Casalis), 안드리야만야트(R. Andrijamanjat), 블레이크(E. C. Blak), 몬트발론(R. de Montvalon), 후리오 데 산타 아나(Julio de Santa Ana), 관구장 주교 니콜라이(Metropolita Nikolaj), 베스트(Ch. West), 제이코바(J. Jacoba), 사타케(A. Satake), 그라프(J. de Graaf)—의 기고로 출판되었다. 예외로 루마니아는 동유럽에서 기고가 빠졌다. 체코슬로바키아 협력자들은 "진리와 생명"(*Pravda a život*) 논총집을 준비하였고 스몰리크(J. Smolík)가 서론을 썼으며, 이 논총집에 흐로마드카의 교수임용 논문과 그의 자서전 "나는 왜 사는가?"(*Proč žiji?*)가 포함되었다. 외국인을 위해 클로펜부르크(H. Kloppenburg)와 스몰리크가 "암스테르담에서 프라하까지"(*Von Amsterodam nach Prag*) 논총집을 출판하였다.[4]

흐로마드카는 에큐메니칼 컨퍼런스들의 요청이 없을 때에는, '오두막'(domeček)이 있는 얀스케 라즈네(Janské Lázně)에서 여름을 보

---

3 바르샤바에서 열린 활동 위원회 회의를 위한 등사 인쇄물 글.

4 *Zeitschrift der CFK*(기독교 평화컨퍼런스 잡지), 1969, 29 호(číslo 29), 5nn.

냈다. 성탄 절기에도 거기서 지냈고 그리고 친구들에게 편지를 쓰곤 하였다.

1968년 8월 21일 점령 이후 '정상화'(normalizace)[5]가 소련의 도움으로 후사크(G. Husák) 체코슬로바키아 공산당 총서기장 지도부에 의해 조직적으로 그리고 강압적으로 진행되었다. 흐로마드카는 계속되는 사건들이 보여준 것처럼 죽을 때까지 이에 반대하였다. 1969년 10월 21-24일에 기독교평화컨퍼런스 활동위원회의 회의가 열렸다. 동독 부코우(Buckow)가 회의 장소로 정해졌다. 사회주의 국가 출신 활동위원회 회원들은 강한 국가탄압 아래에 있었고, 무력침공을 비판한 프라하 지도부를 사임하도록 강요하였다. 제일 먼저 공격은 사무총장 온드라(Ondra)에게 집중되었다. 흐로마드카는 그에 대한 공격이 자신을 향하였음을 알아 중재를 노력하였다. 온드라의 활동에 대해 책임지겠다고 표명하였다: "온드라(Ondra)가 비판을 받을 때, 그를 믿을 수 없다고 말하였을 때, 나는 그의 곁에 섰으며 이 비판이 나에 대해서 하는 것임을 느낀다." 흐로마드카는 "동유럽교회들이 자신들의 요구들을 철회하고, 소집되어야 할 최고 의결기관인 총회에서 그 요구의 최종결정을 하자"고 제안하였다. 흐로마드카의 제안은 받아들여지지 않았다. 온드라는 1969년 11월 5일 편지로 사무총장직 사임을 알렸다.

얼마 있지 않아 서독 바트 크로이츠나흐(Bad Kreuznach)에서 11

5 노르말리자체(정상화)는 1968년 체코슬로바키아 사회주의 개혁 운동을 소련 연합동맹군인 바르샤바조약 군대가 체코슬로바키아를 침공하여 무력으로 진압한다. 이것을 '프라하의 봄'이라고 하며, 이후부터 1989년 벨벳혁명이 일어나기까지 체코슬로바키아의 역사 시기를 말한다. '프라하의 봄' 이전 정치적 · 사회적 상황으로 되돌린다는 명분아래 공산당 내의 숙청, 직장 해고, 검열 부활, 취미 또는 사회적 정치적 관심에 따른 활동모임인 협회나 단체 해산 및 감시 등의 강압적 전제주의적 통치가 일어났던 시기이다. (역자주)

월 7일에 열린 기독교평화컨퍼런스의 지역컨퍼런스에서 흐로마드카는 자신의 회장직 사임서 제출의 이유를 밝힌다. 바트 크로이츠나흐(Bad Kreuznach)에서 한 연설에서 흐로마드카는 온드라 사임의 문제에서 법률위원회 위원들이 타협을 이루는 것을 전혀 원치 않았던 것을 다음과 같이 해석하고 있다: "이들 문제로부터 내가 알게 되었다: 그것은 단지 내적으로 교회의 결정이 아니며, 어떤 압력에 의한 것임에 틀림없다. 나는 심리적으로 압박을 느끼고 있다. 어떤 제안을 가지고 있는 사람이 협상을 원했을 때: 나는 외부로부터의 압력이 있어, 더 많은 문제들이 있는 것을 곧 바로 주목하여 협상 직전에 나는 말하였다: 이것은 아니다. … 우리는 파악될 수 있는 증거를 가지고 있지 않지만, 최근 몇 달 동안 일어난 모든 것에 대한 기본적 입장은 나를 겨냥하고 있었지 온드라가 아니었다. 8월 21일 이후 온드라는 어떤 성명서도 내지 않았다. 내가 대사에게 편지를 썼으며, 내가 비망록을 썼고 그리고 내 생각을 바꾸지 않겠다고 발표하였다. … 불운한 느낌을 갖고 있다고, 정상화를 원하는 방법이 거짓이라고 말하고 싶다. … 오늘날 우리들이 라디오 방송을 듣는다면 그리고 잡지를 읽는다면, 우리는 마르크스 레닌주의가 8월 21일 사태를 긍정적으로 공감하고 있음을 느낀다. 나는 이에 대해 저항하고 있다. 체코슬로바키아의 우리에 대해서만 아니라 전 세계를 지배하고 있는 그리고 사실상 공의로운 사회를 위해 일하는 것을 요청받은 진보적인 힘에 대해서 관심을 갖는다.

프라하로 돌아온 후 나는, 온드라가 하나의 공식적인 자리로 부터 사임하여야 한다는 것을, 그것은 결정된 사항(그를 위해 무언가 하기를 원했지만, 그러나 이미 결정되었다)이란 소식을 듣고 말하였다: 나도 사임하겠다. 이러한 분위기에서 나의 일을 더 이상 수행할 수 없을 것이다. 도덕적으로 수행 할 수 없다. 만약 사임하지 않는다면…. 거짓된 의식으로 살아야만 한다.” 흐로마드카는 예리한 말로 정상화를 비판하였다: “오늘날 우리들에게 일어나고 있는 것은 최종적인 결론이 아니라고 생각한다. 일어나고 있는 것은 시대착오적이며, 사람들, 젊은이, 노동자들, 지식인들, 공산주의자들은 그것을 끔찍한 짐으로 느끼고 있다.”[6] 1969년 11월 10일 그르노블(Grenoble)에서 한 마지막 공개 강연에서 흐로마드카는 이렇게 말하였다:

> 사회주의 사상은 단지 권력에 의해, 단지 권위적으로 강압에 의해 세워질 수 있다고 우리들 머리를 두드린다. 이러한 그 무엇을 우리들은 기독교평화컨퍼런스 안에서도 보았다.[7]

회장직 사임 편지는 1969년 11월 14일 날짜이다. 우리들이 이미 들었던 사임의 이유를 담고 있다. 흐로마드카를 지지하고 있던 서방 유럽지역위원회는 그의 사임에 대해 크게 반발하였다. 사임 편지에서 많은 친구들과의 그의 관계가 언급되어 있다. 형제와 자매들과의 교제는 그의 병환으로 중단되었다. 10월에 서독, 프랑스 그리고 스위스로의 짧은 여행에서 흐로마드카는 심장마비로 고통을 받았으나, 상관하지 않고 강연활동을 취소하지 않았다. 심장마비는 의사 검사가 필요했고, 오른쪽 다리 정맥 염증과 폐부종이 생겼다. 병원에 있었을 때에 프라하에서 부회장들의 만남이 있었다고 듣고 다음 만남을 매우 기다렸다. 성탄절에 집으로 돌아와 1969년 12월 26일 죽었다.

장례모임이 1월 4일 프라하 비노흐라디(Vinohrady) 교회당에서 14시 30분에 그리고 장례식장에서 17시에 열렸다. 비노흐라디 교회

6 위의 책, 35nn.
7 위의 책, 43.

당에서 체코슬로바키아 에큐메니칼협의회 대표 비숍 치모레크(Csymorek)가 그리고 기독교평화컨퍼런스 대표로서 캄피(A. K. Kampy)와 유리오 드 산타 아나(Julio de Santa Ana)가 조사를 하였다. 소우체크(J. B. Souček) 교수와 총회장 케이르시(V. Kejř)가 설교하였다. 장례식장에서 흐로마드카의 프린스턴 친구 홈리그하우젠(Homrighausen)이 조사를, 펠라르(J. A. Pellar)와 비노흐라디 교회 목사 모라베츠(L. Moravec)가 설교하였다. 1970년 9월 13일 유골함은 흐로마드카의 고향 호드슬르비체(Hodslavice) 묘지에 안장되었다. 목사 르제하크(V. Řehák)가 설교하였고 스몰리크의 조사가 있었다.[8]

흐로마드카의 활동은 다양한 관점으로 해석될 수 있다. 기독교 신앙의 입장에서 그를 이해하려고 나는 시도하였다. 흐로마드카는 진리와 영적 가치가 역사에서 결정적인 역할을 해야 한다는 확신을 한 번도 포기하지 않았다. 1948년 이후 그는 체코슬로바키아에서의 혁명이 인본주의적이고 민주적인 특성의 사회주의를 형성시킬 영적인 힘을 자유롭게 하리라는 기대를 지나치게 낙관적으로 하였다. 교회들도 이러한 상황에 대해 준비되지 않았으며 그리고 역할을 하지 못하였다. 흐로마드카는 많은 문제에서 실수도 했지만, '프라하의 봄'에서 그의 입장을 확인한 것처럼 한 번도 영적이며 인본주의적이고 민주적인 방향을 포기하지 않았다. 1989년 이전 20년 동안 중부와 동부유럽 국가들의 가장 큰 재앙은 흐로마드카가 체코슬로바키아 점령의 동기로 지적한 "민주주의적 사회주의의 두려움"이 소련에서 우세하게 지배한 것이다. 흐로마드카의 목소리는 침묵이 되었다. 브레즈네프 통치의 전체주의가 강화되었다.

점령과 폭압적인 '정상화(노르말리자체 normalizace)'를 지지하는

8 KR 1971, 8.

폭력과 권력이 최종적인 단어가 되지않을 것이라는 자신의 희망을 통해 흐로마드카는 자신의 신학적 씨름을 미래에 전달할 수 있었다. 흐로마드카를 비판했던 그의 제자들—헤이다네크(L. Hejdánek), 코차브(A. Kocáb), 심사(J. Šimsa), 트로얀(J. Trojan), 이 외에 흐로마드카의 친한 친구였던 마호베츠(M. Machovec)—이 그를 이해하게 되었고, 그들은 다른 사람들과 함께 77헌장 운동 탄생의 자리에 있었다. 1989년 11월 17일 혁명은 흐로마드카가 옳았음을 증명하였다.

제II부

요세프 흐로마드카의 사상

"무신론자를 위한 복음"이 출간되기까지

밀란 오포첸스키*

1958년경 흐로마드카는 유명한 서베를린의 신학자들과 평신도들의 그룹 UNTERWEGS Kreis(언더웨이 서클)이 발간하는 시리즈에 기고 요청을 받았다. 쿠피쉬, 니묄러, 하멜 등도 이 시리즈에 기고하였다. 흐로마드카는 마르크스주의가 대표하는 급진적 세속 이데올로기와 기독교 신앙과의 만남을 숙고한 연구를 독일어로 썼다. 체코슬로바키아와 다른 나라의 많은 마르크스주의자들은 종교에 대한 진부한 구호와 틀에 박힌 문구를 여전히 반복하였으며 차별된 표현들은 거의 없었다. 기독교계에서 마르크스주의자들에 대해 열려 있는 소수의 사람들만이 현재의 표현에 주목하는 것 같았다. 그렇다고 해서 흐로마드카는 포기하거나 다른 대안을 찾지 않았다. 크리스천들은 자신의 신앙으로부터 열려 있어야 하며 그리고 대화가 가능할 때를 준비해야만 한다는 주장을 흐로마드카는 자신의 관심과 입장으로 삼았다. 이

---

* Prof. ThDr. Milan Opočenský(1931-2007). 체코신학자, 흐로마드카 조교수, 세계학생연맹 유럽 총무, 세계개혁교회연맹 총무 역임

어지는 연구는 기사도적인 제스쳐 - 인간의 곤핍함과 무기력함의 연대 안에서 동반자의 만남을 위해 내민 손이다. 출판자들이 바르트에게 흐로마드카의 입장을 비판적으로 다루는 에필로그를 써 줄 것을 요청하였다. Auseinandersetzung(비교 검토를 위한 대조)에 대해서 말하였다. 바르트는 사람들이 서로 모이는 길(zueinander)을 찾아야지, 서로 멀어지는 길(zueinander)을 찾을 때가 아니라고 언어적 유희로 표현하였다. 흐로마드카를 인정하였고 그리고 대화에 대한 흐로마드카의 노력을 정당하게 평가하였다. 이러한 대화를 기꺼이 시작하려고 하였던 몇몇 마르크스주의자들은 후에 바젤의 바르트에게로 가는 길을 찾았으며(그를 이해하게 되었다), 그리고 변증법적 신학에 대해 인정하고 존중하는 내용의 연구를 발표하였다(비교하라. 밀란 마호베츠, 『현재 프로테스탄트의 소위 변증법적 신학에 대해』, 프라하 1962). 흐로마드카의 이 소책자는 오늘과 내일의 크리스천을 위한 핸드북으로 세상에 알려졌다. 그래서 가장 많이 번역된 흐로마드카의 책이 된 것이 놀랍지 않다. 독일어 원서 외에 영어, 프랑스어, 스페인어, 네덜란드어, 덴마크어, 스웨덴어, 핀란드어 그리고 일본어로 출판되었다. 그다음 체코 번역이 처음 나오게 되었다.

무신론자를 위한 복음
: 올바르게 존재 찾기

요세프 흐로마드카

1. 질문

1) 우리의 딜레마

우리는 많은 점에서 새로운 시작을 해야만 하는 시대에 살고 있다. 우리나라를 포함해서 현재의 세계는 몇 년 전 또는 20-30년 전 보다 완전히 달라 보인다. 나는 내가 젊은 신학도 시절에 보았던 희망과 비전을 자주 회상해본다. 나의 경험들은 지난 반세기동안의 시대상황에 둘러 쌓여있다. 나는 1910년대에 신학 공부를 시작하였다. 상대적으로 평온하고 안정된 시기였다. 비로소 오늘날 우리들은 인본주의적 자유주의와 모던주의가 꽃을 피우던 시기에 우리가 탐닉하였던 신학의 본래 존재를 이해하게 된다. 당시 신학의 존재는 지성적, 문화적 그리고 사회 정치적 분위기의 적절한 표현이었다. 교회들과 사회의 보통사람들은 국제 상황의 상대적 평화와 균형을 강하게 의식하였다.

인간에 대한 연구는 보장된 형태와 보통의 속도로 진행되어졌다: 명확하고 윤곽이 뚜렷한 것 외에 인간의 심연과 위험한 균열들은 거의 감지되지 않았다. 경고의 소리와 위급한 신호들이 철학과 문학에서 나왔지만, 충분히 진지하게 받아들여지지 않았고, 단지 흥미로운 문학, 예술 또는 철학적 현상으로만 연구되고 논평되었다. 인간의 본질과 구조가 지적, 예술적 그리고 개인의 지성적 차원에 제한되어 있어서, 인간이 자신의 궁극적인 것과 가장 깊은 존재를 찾지 않는 것에 현 시대의 비극적 운명이 놓여있다. 이러한 상황은 신학에도 영향을 주었다. 인간의 한계, 심연과 깊이를 사람은 추상적으로 그리고 단지 일반적인 지성적 차원에서 이해하였다.

2) 기독교의 실패

신학도 자신의 고유의 본질을 소외시켰으며 그리고 실제로 살아있는 인간을 대면하는 것과 돕는 것을 놓쳤다. 그로 인해 발생한 영적 진공상태의 참담한 반응이 '존재', 즉 '순수한 실체'를 촉구하는 것이다. 이 진공상태에서 서구 실존주의가 소위 동유럽의 공산주의와 어떻게 만나고 있는지 그리고 이 둘의 지향점들이 박탈과 방황과 회의(懷疑)적인 분위기로 고통 받는 현대인을 어떻게 서로 도우려고 하는가를 관찰함으로써 많은 것을 배울 수 있다. 실제로 우리들은 가장 깊은 심연으로 들어갔고, 그리고 타개책에 대해서, 즉 특별히 개인과 인류의 구원의 문제를 질문한다. 그러므로 이러한 상황을 충분히 진지하게 다루지 않을 수 없다. 무엇보다 우리 크리스천들과 신학자들은 현대 방랑자를 무시하고 그리고 그의 노력과 활동과 계획들을 거만하게 평가절하할 그 어떤 권리를 가지고 있지 않다. 우리들에게는 실존주의자들의 비관주의와 인간적 비탄을 비난할 그 어떤 권리도 없으며, 무신론적 휴머니스트 보다 우리가 더 높은 지혜를 가지고 있다고 생각해서는 더욱 더 안 된다. 진실하지 못함, 냉담함 그리고 천박함으로 우리들은 인간을 의심과 절망의 심연으로 던져버렸다: 우리가 한 것은 현대 노동자와 빈곤층을 철저히 외면하여 그들이 스스로 자신의 손으로 삶을 주도하고, 도덕적 사회적 정치적 구질서를 철폐하고 그리고 그의 현실적인 구조와 존재 안에서 자신의 인간성을 보호하도록 하게 한 것뿐이다. 크리스천들과 그들의 교회들은 진실함과 인간의 순수함의 장애물이 되었고, 20세기 전반의 재앙에 적지 않게 기여를 하였다. 인간 존재는 영적 문제가 되어버렸다. 그리고 다른 한편 수백만 노동자들과 억압받는 사람들은 인간이 자신의 구체적인 실존과 존엄을 소위 현대 기독교 문명에 의해 위협 받고 있다는 확신에 이르게 되었다. 기독교 문명은 인간에게 내적 안전과 강한 확신을 주는 것을 없애버렸다.

그리고 기독교 문명은 자신의 질서와 삶의 형태로 곤궁한 사람에게, 사회적으로 보호받지 못하는 사람에게 그리고 굶주린 사람에게 어떤 희망도 주지 않았다.

3) 역사적 죄책감의 연대

기독교 실패에 더하여 지난 20여 년 간[1] 자신의 가장 깊은 의식의 깊이에서 표현할 수 없는 재앙이 충분하게 인식되지도 그리고 깨닫지도 못하였다. 우리의 역사적 부채들은 거대한 짐이 되었다. 수백 만 명의 죽은 자들, 수백 만 명의 학살된 유대인, 노인들, 여성들과 어린

1 저자는 이 글을 1958년에 썼다. (역자주)

이들, 핵폭탄에 의해 죽은 수십만의 아시아인들, 우리 도시들의 물질적인 파괴에 대해 언급하지 않고 모든 것은 우리의 양심에 짐이 되었으며 우리의 자기 확신을 위협하고 있다. 여기서 우리 모두는 죄인이며 공범이다. 만약 모든 외적 차이에도 불구하고 가장 내적인 연대를 우리가 표현하지 않고 경험하지 않는다면, 우리들은 어떤 새로운 시작도 할 수 없다. 어쩌면, 우리들 각자가 자기변명을 위한 좋은 말을 찾고, 큰 죄인들과 범인들로부터 거리를 둘 것이다. 그러나 만약 진실로 자신의 믿음을 받아들인다면, 우리들의 생각 속에서 조차도 우리들은 자신의 죄를 잊어서는 안 된다. 만약 순수하게 예수 그리스도의 교회의 본질과 사명을 우리가 이해한다면, 독일인과 슬라브인, 앵글로색슨과 로망스어계 민족, 유럽인들과 아시아인들 사이에, 그렇다. 마찬가지로 자유주의자들과 공산주의자들 사이에, 신자들과 무신론자들 사이에 존재하는 모든 차이가 우리에게서 사라지게 된다. 오늘날 상황은 우리들을 드러냈다. 드러난 우리들은 벌거벗고 나란히 서 있다. 우리는 죄와 고통 그리고 죄책감과 빈곤의 연대를 경험하고 있다.

우리가 말하였던 것을 다시 반복하자: 크리스천이라고 불리는 우리들은 오늘날 삶과 죽음 사이의 인간의 실존의 문제 앞에 놓여있다. 우리들은 자랑할 어떤 것도 그리고 비기독교와 비신자 세계에 대해 기독교 전선을 만들 자격과 주어진 그 어떤 권리도 우리는 갖고 있지 않다. 기독교인들은 실제로 의심스러운 사람들이 되었다. 절망한자, 회의론자, 허무주의자 그리고 마찬가지로 무신론적 공산주의자들에 대한 책임과 죄책감을 낳고 있다. 만약 그것을 우리가 이해하지 못한다면, 우리는 해결책 없이 그리고 전망 없이 막다른 골목길에 멈춰 서게 될 것이다. 몇몇 나라에서 일어나고 있는 교회의 분명한 부흥과 그리고 교회 운영의 자립현상으로 인해 우리 자신을 스스로 속이지 말

자. 그러한 모든 것은 단지 완전한 붕괴 전에 일어나는 발작현상일 수 있다. 또는 점점 죽어가고 그리고 자신의 파국에 가까워지는 것을 의미하는 생명이 없는 기계적인 자기주장일 수 있다. 그렇다, 세속적이고 정치적인 다양한 다른 계획들의 인위적인 변장일 수 있다.

2. 현실

비교적 바르게 자신의 상황과 사명을 이해하기 위해, 우리는 세 가지 사실을 다루어야만 한다. 첫째로 1917년 러시아 혁명이 남긴 유럽의 역사 과정, 그렇다. 전 세계에 새로운 그리고 기대하지 않은 방향을 제시한 깊이 베인 상처. 둘째로 정치뿐 아니라 마찬가지로 현대 인류의 문화구조에서도 매우 중요하게 반영되는, 아시아, 아프리카 비기독교 민족들의 진보와 재부흥. 셋째로 기독교 교회들의 탈진과 이와 관련된 질문 즉 이들 새로운 사실들을 만나는 것을 효과적으로 다루고 있는가? 그리고 위기의 상황에서 창조적으로 인류에게 도움을 줄 수 있는가? 이다.

1) 첫 번째 현실: 러시아혁명

1917년 혁명은 깊은 정신사적 의미를 갖고 있다. 혁명을 다루는 교회들의 방법은 불행을 가져올 수 있다. 만약 혁명에서 악마적이고, 파괴적이고 그리고 무신론의 힘의 새로운 지평을 보게 된다면, 사람들은 혁명의 내용을 이해하려고 하거나, 이성적으로 혁명과 만나려고 하지 않는다. 오늘날 상황에 대해 가장 의심스러워 하는 것 가운데 하나는 사람들이 러시아의 급진적인 변화를 부정적으로만 이해하고 그리고 긍정적으로 다루려고 하지 않는다는 점이다. 십자군적인 분위기, 정치적 방어 선전 또는 군사작전의 방법으로 러시아혁명과 소비에트 공산주의를 약화·중지시키고, 심지어 도덕적으로 비방하고 그리고 전복시키려는 서방 사람들의 모든 시도들은 영향력이 없을 뿐 아니라 정치적 무력함, 지적 무력함 그리고 정신적 절망으로 이끌고 있다. 인간은 쉽게 경솔하게 소련 혁명의 거대한 요인을 다룰 수 없고 다루어서는 안 된다는 것을 나는 잘 이해한다. 사람들은 혁명에 대해 상당히 비판적이며 그리고 혁명에 의해 불안하게 된다는 것을 나는 알고 있다. 혁명은 서방 국가들의 진보하는 시민들과 개량적 사회주의의 커다란 희망과 기대를 모두 파괴하지 않았는가! 자유주의적 사회 민주주의의 방향으로 인류가 발전될 것이라는 예측도 그리고 서방의 사회적·정치적 구조가 모든 대륙을 묶어낼 국제질서의 형태가 될 것이라는 유럽과 미국의 가장 열린 정치 사상가들의 예측도 붕괴되었다. 그리고 동유럽 국가들의 혁명적 변화의 계기가 되었다.

그러나 우리에게 이러한 사실뿐 아니라 러시아 혁명의 정신사적 결과도 중요하게 되었다. 세계는 서유럽적인 의미의 민주주의로 발전되지 않았다. 그러나 유럽과 미국 이외의 세계는 기독교 선교의 침투를 저지하고 있다. 우리 세대는 40년에서 50년 이전 다이나믹한 선교적 서클에서 복음화의 희망을 가졌던 것만큼 그렇게 세계의 복음화를 상상하지 못하고 있다. 민주주의 개념 그리고 마찬가지로 기독교 선교적인 메시아니즘이 오늘날 폐허에 또는 적어도 무기력한 약함에 자리잡고 있다. 소비에트 혁명이 기독교 지역 밖에서 기독교 교회들의 선교활동과 함께 조금도 또는 전혀 어떤 것도 하지 않았다고 말하는 것을 우리는 반대할 수 있다. 그러나 현실에 실재하는 것과 물질적인 것만 중요한 것이 아니다. 역사적 사건의 눈에 보이지 않는 그리고 명백한 효과들이 중요하다. 1917년 혁명이 드러낸 서유럽 민족들의 정치 권력과 도덕적 권위의 실추는 오늘날 과소평가 할 수 없다. 2차 세계 대전 직전, 서방은 소비에트 민족들의 정치적 역사적 지위를 낮게 평가할 수 있었다. 1933-1939년 사이의 충격적인 위기의 시기에 그들의 목소리와 그들의 경고를 외면하고 무시할 수 있었다. 그러나 서방의 이러한 태도가 결국 소련 국가의 정치적 문화적 권위의 강화에 도움이 되었던 것을 오늘날 서방은 보고 있다. 오늘날 아시아와 아프리카에서 서유럽 정치 문화 가치들이 받아들여지고, 미래에 그 가치들에 의해서 살게 되더라도, 서유럽의 정치적 문화적 힘의 위치는 동유럽과 중국에서 사회주의 질서의 건설에 의해 제한될 것이다. 이미 서유럽은 이미 사회적이고 정치적인 삶의 형태의 유일한 모델로 간주되지 않는다.

혁명의 문제 그 자체는 단지 사회적 정치적 측면뿐 아니라 윤리적 신학적 측면도 있음을 우리는 잘 인식하고 있다. 어느 정도 혁명은 정당화 되며 그리고 어떻게 긍정적으로 1917년 사회주의 혁명을 다룰 수 있을까? 어떻게 혁명에 대해 우리는 긍정적 견해를 가질 수 있을까? 이 질문에 대해 그 어떤 경솔한 대답도 용인되지 않는다. 역사적으로 정치적으로 문화적으로 슬라브적 관점에 더 가깝기 때문에, 혁명을 긍정적으로 평가하는 우리 체코 개혁교도들에 비해서 독일 개신교도들이 소련 혁명의 문제와 요인을 개방적이고 제약 없이 바라보는 것이 보다 더 많이 힘들다는 것을 나는 잘 알고 있다. 우리들이 살고 있는 현실 속으로 그리고 인간적 신학적 존재 속으로 깊게 침투한 정신사적 분위기는 우리나라에서는 독일과는 다른 의미를 갖는다. 양쪽에서 우리들이 서로 더 잘 이해하기 위해 이러한 현실을 유념하는 것은 중요하다. 우리들이 상호 신뢰 안에서 일하고 그리고 우리의 민족과 교회들을 창의적으로 돕기 위해 공통된 토대를 발견해야 한다. 이를 위해 용기와 개방성이 필요하다. 어떤 관념적이고 학문적인 해결도, 어떤 일반적인 정치적 결정도 유용하지 않다. 마찬가지로 단지 어떤 외적 교회 개혁도 유용하지 않다. 말하자면, 우리들은 벌거벗은 역사와 마주하게 된 것이다. 우리의 정치적 사회적 문화적 삶의 모습을 변화시킨 화산처럼 폭발하는 대격변의 한가운데 우리는 서있다. 만약 1917년 혁명을 제1차 세계대전과 함께 시작된 세계 혁명의 범주에서 보지 않는다면, 그 혁명은 이해되고 평가될 수 없다. 전 유럽은 사회와 경제 위기, 이데올로기, 정신적 부패와 질병으로 러시아 혁명의 발발에 기여하였다. 유럽인의 비극은 외부로부터의 폭력으로 러시아 사회주의 혁명을 은폐하려고 시도하였던 점, 중부와 서부 유럽에서 1918년 이후 중요한 사회주의 그룹들이 동유럽에 대해 부정적 입장을 취하였다는 점 그리고 자신의 나라들 안에서 창조적인 사회 정치 활동을 위한 성숙함과 용기가 없었던 점에 있다. 공포와 공허한 부정과 긍정적이고 활력이 넘치는 목표의 결핍에 처해 있는 소위 반공산주의는 정신적으로 유럽인들을 약화시켰고, 정치적으로 악화시켰고 그리고 그들을 무자비하고 반동적인 힘에 복종시켰다.

사람들은 무엇보다 러시아 혁명의 인간적 파토스 그리고 러시아 민족의 살아있는 정신과 민족 전통 안에 있는 그 혁명의 뿌리를 이해하지 못하였다. 귀청이 찢어질 듯한 혁명적 힘의 외침과 피와 변혁에 의한 피해자들의 고통 때문에 인간의 진정한 목적을 파악하고 평가하는 것은 매우 힘들다는 것은 사실이다. 사회주의 혁명의 지도자들은 러시아 대사상가들, 소설가들, 사회복지가들 그리고 순교자들의 상속자였다는 사실을 잊어서는 안 된다.

레닌과 그의 문학적 쌍둥이 막심 고리키는 단지 노예가 된 소인과 프로레타리아의 고통뿐 아니라 푸슈킨에서부터 톨스토이와 체호프, 비옐린스키, 게르첸부터 플레하노프까지 주요한 사상들의 가장 소중한 이상과 가장 내적인 갈망을 자신들의 심장과 활동 속으로 받아들였다, 진실로. 만약 사람이 자신의 존재의 가장 깊은 깊이를 바라본다면, 그 깊이에서 도스토옙스키와 블라디미르 솔로프요프와 같은 그러한 사상가들의 맥박을 느끼게 될 것이다. 이들 이름들을 그룹으로 묶는 것은 어울리지 않고 의미없는 것처럼 보인다. 1918-1921년 혁명적 사건과 시민전쟁의 피바다, 러시아 대중의 기아와 고통은 지옥같은 상황과 비교된 반면, 언급된 인물들의 이상과 비전은 보이지 않았다. 그러나 재앙은 다른 나라들의 다양한 음모와 개입으로 설명할 수 없는 차원이 되었다는 사실을 잊을 수 없다. 1917년 러시아 혁명이후 40여년 간의 관점에서 보면 상황은 더 분명하고 그 깊게 볼 수 있다. 소비에트 국민들이 경련을 일으킨 사건들은 파괴적인 혁명적 실천의 결과였지만, 사회주의 건설을 몰래 손상시키는 해외의 지속적인 계획들의 결과이기도 하다(물론 말할 필요도 없이 수백 년 차르 전제정치의 유산의 결과이기도 하다).

그리고 다시 한번 언급해야겠다. 공산주의 혁명의 반종교적이고 반기독교적인 파토스는 특별한 의미를 갖고 있다. 부분적으로 그것은 마르크스주의 사상의 표현이다. 그리고 부분적으로 무신론 러시아 지성인들의 자유주의적 분위기에 의해 결정되어진 것이다. 이러한 파토스는 중부 유럽과 서 유럽 국가들에게 조금 익숙한 두 개의 뿌리를 갖는다. 서유럽 무신론주의는 회의적이고 부정적인 성격을 갖는다. 그것은 믿음과 영적 안정의 발전적인 해체의 표현이다. 기독교적 '세계관' 과 문화적 통일체의 붕괴가 서유럽 무신론주의에 어른거리고 있다. 부분적으로 서유럽 무신론주의는 현대적이고, 지성적으로 재기가 넘치고, 문학적으로 영향력 있으나, 내적으로 부패된 실존주의의 정상에 도달한 영적 무기력함의 표징이다. 동시에 나는 하나님의 개념을 완전히 제거시킨, 과학의 토대를 갖고 있는 무신론주의의 입장을 주목하지 않는다. 반대로 러시아 혁명의 무신론주의는 신앙의 문제였다. 19세기 현대 러시아 사상가는 인간을 발견하였으며, 이러한 발견에 매혹되었고 그리고 실천적 참여와 심지어 순교까지 감당하였다. 인간은 자신의 존엄과 위대함에서 그러한 것을 발견하였다. 인간은 하나님에게 간구하는 것을 멈추었으며, 그의 보좌에 인간을 세웠다. 권력자와 부자들의 지지자 같은 교회가 설교한 하나님을 인간은 미워하였다. 도스토옙스키가 충격적인 방법으로 묘사한 거대한 인간들도 존재하였다. 그러나 혁명을 지향하는 인물 대부분들에게 하나님이 보좌에서 끌려 내려오는 것이 새로운 시작이 되었다: 즉 모든 권력은 특별히 노예적이고 "비천하고 그리고 모욕을 당한" 인간을 섬기기 위해 존재한다. 이 무신론주의는 미신과 신화의 잔재와 같은 그리고 가난한자들을 착취하는 약탈 계급들의 도구와 같은 종교를 반대하는 마르크스주의 투쟁과 연합하였다. 냉소주의와 도덕적 허무주의를 지닌 자유주의적인 의혹을 품은 자들의 무신론주의는 혁명적 사회의 주변에 머물렀다.

(1) 국가 교회에 대한 저항으로서 무신론주의

혁명적인 무신론주의는 여전히 또 다른 하나의 뿌리를 갖고 있다: 황제 교황주의로 부르는 국가 교회 시스템에 대한 저항과 반대 안에 있는 뿌리이다. 이데올로기적으로 억압적인 국가구조는 교회의 교리와 그리고 그와 관련되어 있는 것에 의해 건설되었다. 공식적인 이데올로기는 교회에 익숙하게 형성되었고 그리고 신학적으로 신정국가가 정당화되었다. 중부와 서유럽 보다, 러시아에서 이 모든 것은 더 직접적인 방법으로 진행되었다. 그래서 혁명적인 활동도 공식적으로 선포되고 사람들에게 하나님을 강요하는 것을 즉시 미워하게 되었다. 예언자와 복음에 의해 증언된 하나님에 대해 사람들은 거의 아무것도 몰랐다. 예수 그리스도에 대해 나이브하지만 때론 감동을 받는 심오한 이해가 신자들 사이에 존재하였다(L. N. 톨스토이 그리고 F. M. 도스토예브스키와 고골Gogol이 이에 대해 무언가 이해를 더하고 있다). 그러나 국가 교회 시스템은 신자들 사이에 존재하였던 예수 그리스도에 대한 감동과 심오한 깨달음을 다른 사람들이 전혀 감지하지 못하도록 하였고 그리고 한편으로는 가난한 사람들과 혁명적인 노동자들과 그리고 다른 한편으로는 그리스도의 현현하신 하나님에 대한 진실한 메시지 사이에 두꺼운 벽처럼 서 있었다. 나는 반종교적 원시성과 거친 무신론주의 모두를 방어하는 것을 원치 않는다. 그러나 혁명적이고 사회주의적 무신론의 파토스를 설명하길 원하고 그리고 그 파토스가 완전히 부정적이고, 자유사상적인 실존주의적 무신론과는 차이가 있다는 것을 또한 설명하기를 원한다. 혁명가가 무신론을 믿는 것은 인간의 존엄성에서 인간을 발견하였기 때문이다. 그리고 통치 계급, 부유계급과 권력 계급의 동맹으로써 하나님을 보았기 때문에 무신론의 깃발 아래서 싸웠다. 이 무신론주의가 사회주의적 사회 건설을 창조적으로 돕게 될 것인가? 아니면 공산주의자들의 영혼을 진공상태로 만들 것인가? 이 질문은 매우 공개적이고 중요한 질문이 된다. 그러나 제일 먼저 모든 문제의 긍정적인 면을 보아야만 하고 그리고 그 무신론주의에 대해 우선적으로 우리들이 어느 정도 책임이 있는지 그리고 진실하신 하나님의 이름을 가지고 올바른 방법으로 그 모든 문제를 다룰 영적 힘을 충분히 갖고 있는지에 대해 스스로 질문해야 한다. 모든 상황 아래에서 우리는 한 가지 이해해야 한다: 불신앙에 대한 충격적인 문제가 어떤 정치적 또는 문화적 통치세력의 전선으로 다루어지거나 다루어져서는 안 된다. 기독교적이고 여전히 교회 지향적인 민족이 새로운 사회를 건설하려는 무신론적인 계층보다 영적으로 더 풍성한가에 대한 질문이 남는다.

2) 두 번째 현실: 아시아와 아프리카의 각성

간단하게 언급해야 하는 두 번째 현실은 비기독교 아시아 아프리카 민족의 부흥이다. 우리는 이 실제상황을 충분히 진지하게 평가할 수 없다. 민족의 자의식 그리고 거대한 반식민주의 즉 반서구적인 분위기뿐만 아니다. 모든 폭력과 착취를 수반하는 식민주의가 바로 명목상 기독교 민족과 연결되어 있다는 실제현실은 거의 재앙적 인과관계를 가졌다. 우리 모두 —우리들이 식민주의 강대국에 속하였거나 또는 아니거나— 이러한 재앙에 의해 타격을 받고 있다. 식민지 역사의 죄와 죄책감에 대해 유럽과 미국 크리스천들은 상호간의 책임과 동등한 책무가 있음을 결코 잊어서는 안 된다. 나는 이러한 관계에서 재앙에 대해 말할 때, 여러 가지 이유로 유럽 기독교 국가들의 지배는 밝은 면도 있었다고 언급 한다: 모든 착취와 욕심과 폭력에도 불구하고, 문화적 사회적 정치적 전통과 기독교 역사의 역동성으로부터, 개인적 책임과 정치적 자유와 자주적 결정과 사회 정의와 평등으로부터 영향을 받은 무언가가 있기 때문이다. 이 모든 긍정적인 면은 어쩌면 비유럽국가들의 미래를 위해 남아있을 것이다. 그러나 기독교 국가들의 식민주의적 폭력, 문화적 교만과 거만함의 그림자를 제거해야만 한다. 복음의 메시지는 모든 순결함과 청결함으로 다시 해석되어져야 한다. 그러나 복음의 메시지는 불교인, 힌두교인, 유교인들 등등의 다시 활기를 띄게 되는 아시아 영적 전통과 충돌할 것이다. 복음의 메시지는 미신, 조잡한 신화 그리고 마술적 종교적 관습 뿐 아니라, 일반적으로 비기독교 민족들의 삶과 이상(理想)의 꾸밈이 없이, 새롭게 파악된 윤리적인 인간적 개념과도 마주하게 될 것이다. 기독교 증언이 비기독교의 정신적 이상과 경쟁하고 그것을 다루는 것은 이전 보다 더 힘들어질 것이다. 기독교 민족들의 도덕적 권위의 상실, 식민주의 통치의 부담 그리고 전통적 기독교 교회의 영적 피로는 그들의 분열과 붕괴와 마찬가지로 복음의 길에 커다란 장애가 되고 있다. 군사우선주의의 몰락, 거대한 부의 무능 그리고 양차 세계대전의 재앙의 무거운 짐이 실제로 참회, 겸손과 사랑의 헌신에서 새로운 시작을 하도록 우리를 압박한다. 비기독교 나라들의 기독교 교회의 상황은 절망적이지 않지만, 지난 전쟁의 시기 이전 보다 훨씬 더 힘들고 더 문제가 많아졌다.

3) 세 번째 현실: 피곤에 지친 기독교

그리고 이제 세 번째 현실—기독교 전통 교회들의 영적 권태—에 대해 깊이 주목해야만 한다. 과소평가 할 수 없는 기독교 서방의 몇몇 현상의 관점에서 보면, 이러한 주장은 이해할 수 없을 수도 있다. 고무적으로 영향을 줄 수 있는 신학적 갱신의 중심에 우리가 있지 않는가! 실제로 신학이 자신의 주제로 돌아왔다. 신학은 살아계신 하나님의 말씀과 말씀이 육신이 되신, 나사렛 예수의 하나님의 기적에 의지하였다. 이로 인하여 인간의 경험과 역사적 발전에 근거하였던 상대주의적 분위기의 막다른 길로부터 자유 하였다. 어떤 종교 심리학이나 종교 역사도 진리와 믿음의 유효성과 확신의 질문에 대답할 위치에 있지 않고 그리고 믿음의 참된 신뢰로, 참된 자유, 주권과 무조건적인 헌신으로 인간을 인도할 위치에도 있지 않다는 것을 신학이 알게 되었다. 신앙공동체 즉 예수 그리스도의 교회의 범주에서만 성서의 증언이 파악되고, 현대인들에게 효과적으로 해석될 수 있다는 것을 신학은 이해하게 되었다. 모든 분야에서 현대 신학의 놀라운 성과는 고무적일 수 있다. 게다가 점점 성장하는 교회 일치를 위한 이해가 더하여지면서, 이로 인하여 에큐메니칼 운동이 강화되었다. 현대 교회 역사는 연합에 대한 노력 없이, 일치하는 기독교에 대한 고려 없이 이해될 수 없다. 어떤 경우에서도 현재 상황의 밝은 면들을 과소평가하길 우리는 원치 않는다. 어떤 경우에도 다른 국가들의 특히 독일에서 고백교회들의 유산을 저평가해서는 안 된다. 그러나 불안한 현실을 두고, 신학의 회복이 학문적으로, 지적으로 이론적으로 흘렀기에, 교회는 열매가 없는 위험에 처하게 된 것이다. 에큐메니칼 운동이 지역 교회들에게 침투가 가능한지, 너무 일찍 기관화 현상이 나타나지는 않았는지, 질문이 있다. 그러나 가장 큰 불행은 소위 기독교 국가들이 순수한 복음 증언을 영향력 없이 계속해서 증대시키고 있다는 사실이다. 교회 교인들 숫자의 커다란 성장에도 불구하고 선교 필드가 되었고 그리고 사람들이 복음의 중대성을 인간의 사적 공적 삶의 가장 깊은 곳에서 인식하고 있는가의 질문이 위협하고 있다. 이것은 미사여구의 과장된 강조가 아니다. 공적 도덕의 위기, 부부와 가족의 위기, 청소년들의 점증하는 비참함과 영적 무전망들이 전통 기독교에 대한 심각한 경고와 물음표가 되고 있다. 게다가 집요하게 증대되는 소위 무신론주의적 국가들에 반대하는 일에 기독교를 동원하는 경향은 현대 기독교의 중대한 병폐를 보여주고 있다. 만약 몇몇 정부 관료와 정치인들이 그리스도를 믿는 민족은 무신론주의적 정부들의 말을 신뢰할 수 없다고 선포한다면 그리고 만약 기독교인의 대다수가 저항 없이 이러한 견해를 받아들인다면, 이로 인해 영적 혼란과 믿음의 곤핍함이 얼마나 더 깊고 더 넓게 확대될지 우리는 알 수 있다. 교회의 예언자적 섬김이 외부 반대자들에 대해서만 초점이 맞추어지고, 자기 의로움, 교만과 기독교의 자기 진영의 정치적 관심에 대해 초점이 맞추어지지 않을 때, 우리가 구약의 예언자들이 반대를 하였던 바로 그 위험에 놓이게 될 것이다. 소위 무신론적인 국가에서 복음 증언자들과 교회가 예언자적 저항을 하지 못한다는, 어쩌면 쉽게 일어날 수 있는 그런 오해를 피할 수 있을 것이라고 나는 희망한다. 이에 대해 다시 언급할 것이다. 그러나 무조건적으로 강조해야 하는 것은, 병들고 소진되었으나, 외부적으로 여전히 활동하고 있는 기독교는 소위 무신론주의 세계에 반대하는 도구, 옹호자, 이데올로기스트로서 남용되는 위험이다. 이로 인하여 현대 기독교의 위기는 여전히 더 깊어지게 되고 그리고 무신론주의 세계에 대한 우리의 책무를 무겁게 하며, 실로 우리를 거의 꼼짝 못하게 만들고 있다.

3. 관점과 만남

첫 번째로, 오늘날 무신론주의자들을 바라보는 관점이다. 두 번째는 우리의 증언의 중요성을 그들에게 분명하게 하고 그들을 실제로 돕기 위해 그들과 만나야하는 공간이다. 이미 내가 언급하였던 것을 모두 간단하게 다음과 같이 요약할 수 있다.

불신앙은 우리의 종교적으로 위장된 불신앙의 열매일 수 있다. 세상의 무신론은 교회의 무신론의 반영이다. 무신론주의는 공적 기독교와 기독교적으로 축복한 억압, 불의, 착취의 돌무더기 아래 묻힌 인간을 발견한 결과일 수 있다. 교리적 전통 그리고 예배와 설교와 성만찬과 봉헌의 교회 활동은 존엄과 죄를 동시에 모두 지니고 있는 인간, 진짜 위대함을 가지고 있으면서 멸망할 수밖에 없는 인간 그 자체를 어쩌면 감추어 버렸다. 사람들은 하나님의 진리의 올바른 말씀이 들려지도록 하는 것 대신에 하나님에 대해 설교하였다. 인간을 의롭게 됨의 길로 인도함이 없이 의롭게 됨에 대해 설교하였다. 예수 그리스도에 대해서 설교하였다. 그러나 사람들은 예수 그리스도를 권능이 있는 하늘의 유명인사로 만들었으나, 사람들은 그를 인간의 삶과 고통과 씨름의 가장 깊은 곳으로 내려오신 나사렛 예수로 알지 못하였다. 자신의 내면과 이웃에게 예수 그리스도와 함께 인간의 현실과 벌거벗은 모습으로 내려오지 않았다. 인간의 현실은 감추어져 있고 그리고 인간의 본성은 이해할 수 없는 채 남아있다.

1) 무신론 교회의 거울로서 무신론 인간

하나님 없는 교회는 올바른 본질 안에 있는 인간을 볼 수도 보호할 수도 없다. 현대시대에 우리는 하나님의 자비하신 섭리로부터 인간의 실체와 구체성으로까지 파고 들어갔다. 지난 시대의 신학은 예언자들과 사도들의 살아있는 말씀을 통하여 하나님의 실재와 마찬가지로 인간의 실재까지 다루었다. 허무와 무의미함의 심연으로부터, 벌거벗고 보호막이 없는 인간의 존재를 발견하고 보호하기 위해서, 현대 실존주의 철학과 문학은 본질의, 가치의 그리고 이상(理想) 또는 보편성의 카테고리를 깨트렸다. 마찬가지로 마르크스주의 사상의 변증론은 자신의 본래의 목적을 위해 체계적이고 절대적인 모든 것을 거부한다. 만약 사람들이 사상적 사회적 정치적 전제주의의 원칙의 전달자로서, 마르크스주의적 사상과 실천의 사람을 생각한다면, 그것은 오늘 우리 시대의 역설에 속한다. 근본적으로 마르크스주의자는 경제적 사회적 노예상태로부터, 자연과 부유층의 힘에 인간을 종속시키고, 속박시키고, 구속시키고 그리고 복종시키도록 붙잡고 있는 족쇄로부터 인간을 완전히 해방시키기 위한 투쟁가가 아닌가! 인간으로 돌아가자! 인간의 삶의 최종적이고 벌거벗은 현실로 돌아가자! 모든 곳에서 우리는 이러한 외침과 구호를 듣고 있다. 앞에서 언급한 것에, 지금까지 없었던 국제질서의 충격과 대량살상 무기의 압박 아래에 우리가 놓여있는 불확실성을 만약 덧붙인다면, 우리는 무엇이 문제인지 분명하게 알게 된다. 우리들의 목전에 자신의 벌거벗은 존재와 위험 안에 있는 인간뿐만 아니라, 존엄과 자유에 대한 소망과 정의와 평등에 대한 소망 그리고 사랑과 용서에 대한 소망의 인간도 서 있다. 모든 편견, 모든 편협된 생각, 모든 불신, 모든 교만과 모든 자기 의로움, 역사적으로 발생되고 그리고 인위적으로 만들어져, 고집스럽게 공고해진 인간의 모든 분열, 인간이 여기 저기 쳐놓고, 인간을 그 뒤로 숨기고, 인간에게 수치를 주고 '적'이라고 선언하는 장막이 직전에 언급한 존재의 위기 안에 있는 인간의 문제보다 더 중요한가?

2) 참된 인간

나사렛 예수의 공동체는 인간의 삶의 심연에서, 죄책감과 죄에서, 희망과 갈망에서 새롭게 시작할 수 있도록, 이러한 상황에 의해 초청받는다. 새로운 시작일까? 분명한 것은, 처음부터, 즉 사도시대부터 힘없고 가난하고 불안한 사람들에게 보냄을 받았다. 신·구약 성경 전체가 인간을 향해 다가오시는 하나님에 대한 증언이다. 이것은 우리의 증언의 주제이다. 살아계신 하나님의 말씀은 삶과 죽음의 주님의 자비로운 얼굴이 인간을 향하신 것 외에 다른 것은 어떤 것도 없다. 하나님은 인간에게 오신다. 인간의 불순종, 불신과 반역의 어떤 것도 방해하지 못한다. 하나님 앞에서 도망친 사람을 뒤에서 부르신다. 돌아올 때까지 기다리신다. 그러나 인간은 반역을 지속해도, 하나님은 그를 파멸, 불신 또는 미신과 우상에 버려두지 않으신다. 하나님은 나사렛 예수 안에서 인간의 무력함과 죄의 가장 깊은 곳으로 내려가셨다. 이것이 순수함과 승리하는 능력의 복음이 아닌가! 인간이 하나님을 찾는 곳 또는 영적 윤리적 노력으로 하늘과 가까워지는 곳, 하늘과 땅 사이의 중간 길이 아니라 처음부터 이스라엘 주 하나님은 인간을 만나신다. 하나님을 기쁘게 하려는 모든 인간의 시도, 즉 신에게 제단, 성소와 성전을 쌓아 봉헌하고, 신에게 희생하고 그것으로 인간을 섬겨 주실 것을 강요하는 것은 복음의 증언을 직접적으로 반대하는 것이다.

소위 종교는 인간들의 갈망, 신화적 공상의 표현, 그러나 우상적 자기주장의 표현도 될 수 있다. 인간의 우상적 자기주장 가운데 많은 것이 성서의 메시지, 예언자의 설교와 복음 증언을 걸치고 있다. 하나님이 인간의 종교적 자기주장과 씨름하고 있는 것이 신·구약 성서의 주제에 들어있다고 어느 정도 말할 수 있다. 구 이스라엘과 사도의 교회에 나오는 성서의 인간도 예언자의 말로 말씀하신 그리고 나사렛 예수에게서 나타나신 하나님의 몸으로부터 떨어져 나오려는 시도를 멈춘 적이 없었다. 이러한 시도의 통로는 우상적이고 인본적이고 습관처럼 하는 의미 없는 예배 행위와 자기 스스로 계획한 생각들이다.

교회 역사의 주제는 성서 주제의 거울이다: 진실한 하나님과 예수 그리스도의 복음에 대항하는 교인의 지속적인 저항. 교리적인 정확함으로, 경건과 칭송을 받는 멋진 외적모습으로, 교회의 힘 있는 지위로, 이방인, 이단, 불신자들을 진압하는 다양한 십자군 활동으로 스스로 자기를 기만하는 것. 스스로 자기를 둔감하게 하는 것.

3) 기독교의 어떤 전선도 만들지 않는 것!

기독교인들과 그 조직된 교회들은 다양한 방식으로 기독교 종교가 구신화, 세계관(Weltanschauung), 미신의 잔재라는 그리고 통치 계급의 사회 정치적 목표에 봉사했다는 오해를 불러일으키는 잘못을 저질렀다. 본질적으로 교회와 기독교에 반대하는 현대 노동자들의 무신론주의적 저항 뒤에 서있었고 그리고 서있는 것이 무엇을 의미하는지 우리는 이미 앞에서 지적하였다. 오늘날 기독교인들은 무신론주의자들과 사회주의 또는 공산주의 운동에 반대하는 일에 자신들의 소위 세계관과 교회의 역할을 남용하는 위험에 처해 있다. 복음과 예수 그리스도의 교회가 무신론주의자들과의 투쟁하는 전선이라고 생각하는 것보다 더 재앙적인 오해는 존재하지 않는다. 예언자적 사도적 메시지에서 반대 입장이 나오는데, 그 입장은 무신론주의자를 반대하는 것이 아니라, 바른 믿음의 위선자들, 행복하게 물질적 풍요를 누리는 자들의 자기 의로움 그리고 하나님, 예수 그리스도, 교회와 교회 활동을 자기 자신을 위한 봉사로 만든 사람들을 반대하는 것이다. 죄인들, 병자들, 이단자들, 도움이 필요한 가난하고 헐벗고 목마른 자들 가운데, 심지어 의심하는 자들 그리고 하나님 앞에서 도망치는 사람들 가운데도 임재하시며, 인간을 향해 다가오시는 하나님의 복음과 예수그리스도의 현존의 복음은 소위 무신론주의 그룹과 사회주의적 공산주의 국가들을 반대하는 세계관적이고 사회 정치적 그리고 문화적 십자군들의 연맹으로써 교회를 동원하는 모든 유혹을 경고한다. 인간이 이것을 이해하지 못할 때, 신학적으로 인간적으로 길을 잃게 되고, 믿지 않는 사람들을 도울 수 없다.

순수한 복음 증언의 관점에서 무신론자는 적으로서 나타나지 않고, 기껏해야 우리의 영적 연약함, 교리적 교회적 냉담 그리고 일반적으로 현대인을 괴롭히는 회의주의의 불행한 희생자로 나타난다. 사람들이 교회의 좁은 공간으로 도망친다면, 교회 운영의 좁은 지평 안에서 산다면 그리고 문제의 비극적 깊이에서 현대인들의 영적 문제를 보지 못한다면, 무신론주의의 이웃을 적으로 볼 수 있게 되며, 그와 투쟁하게 되며 그리고 그를 제한하고 심지어 적대적 태도를 갖는 행동을 하게 될 것이다. 그러나 그것은 신학적으로 거짓이다. 강요와 결정을 가지고 시도하는 소위 무신론자와의 만남은 거부되어야만 한다. 첫 번째로 우리들이 무신론자들과 같은 위치에 있음을 잊어서는 안 된다. 좀 더 분명하게 말하자면, 무신론자의 의심과 그의 영적 무력함의 깊이로 그들에게 우리들이 내려가고 그리고 그들과 함께 연대해야 함을 잊어서는 안 된다. 나사렛 예수는 요단강에서 죄인들과 함께 세례를 받으심으로, 죄인들과 하나님으로부터 멀어진 자들과 함께 연대를 보여주심으로 자신의 복음을 선포하였다. 하나님의 나라가 죄 용서를 간구하는 회개하는 죄인들 가운데서 일어났다는 것을 싫어할 수 있다. 그러나 사람들이 죄인들에게로 직접 가지 않는다면 그리고 불신, 의심, 무력감의 짐을 섬김의 사랑 안에서 받아들이지 않는다면, 어떻게 죄인들을 진실한 회개로 인도하는 것이 가능하겠는가? 죄인들이 회개를 실천하기까지 기다릴 수 없으며, 먼저 그들과 연합해야 한다. 만약 죄악된 세상을 생각하면서, 죄악된 세상이 회개하고 변화될 때까지 스스로 의롭게 기다린다면, 우리의 "기독교적인" 실천—죄인 무신론자와 대화할 준비를 선포하는 것, 공정한 견해를 갖는 것—을 왜곡시킨다. 그것은 나사렛 예수, 사람의 아들과 육신이 되신 말씀의 입장에 대한 직접적인 대립이다. 믿는가 아니면 믿지 않는가, 경건한가 아니면 경건하지 않은가 질문 없이 예수는 인간에게 오셨다. 인간에게 오셔서, 인간이 서있는 곳 그곳에 서서, 조건 없는 사랑으로 죄 가운데 있는 인간을 도우시며, 시온의 문지기의 완고함, 몰이해, 교만, 자기 의로움 때문에 닫혀 진 아버지 집의 문을 그에게 열어주신다. 만약 죄악된 세상의 마음과 의식을 우리들이 영향을 끼치지 않는다면, 우리의 간구와 경건한 생각에 일치할 때까지 죄악 된 세상을 판단하고 기다린다면, 죄악된 세상이 회개와 죄로부터 뒤돌아서는 일이 어떻게 가능한가?

4) 모든 전선을 넘어가는 예수의 길

나사렛 예수가 세례 이후에 광야로 나가셨고 그리고 내적 외적으로 괴롭히던 모든 시험을 이기셨다. 그리고 제자들을 산으로 데리고 가셔서 그들에게 심오함과 새로운 의로움의 넓은 지평도 보여주셨다. 율법을 폐하러 오시지 않으셨다. 자비와 율법, 사랑과 거룩함, 엄격함과 섬김의 장엄한 연합을 보이시기 위해 그리고 이를 통해 인간과 만나고 인간을 구원하기 위해서 율법을 온전함으로 인도하였으며 그리고 그것을 성취하셨다. 모든 인간의 전선들은 산상 설교에 의해 즉 인간의, 교회의 그리고 공동체의 규칙을 초월하는 하나님 왕국의 법에 의해 철폐되었다. 복음은 인간의 삶의 가장 깊은 곳을 겨냥하고 있다.

그것은 타락한 세상의 가장 낮은 위치에서 하나님의 거룩한 사랑의 현존에 대한 메시지이다. 그곳은 저주가 죄인에 대해 승리한 것처럼 보인다. 그러나 복음은 동시에 인간이 질투와 적개심, 자기 의로움과 자만으로부터 보호해주는 그리고 대성당들, 회당과 교회들(프로테스탄트 교회들도)의 좁은 문을 돌파하는 그리고 모든 인간의 세계관과 시스템을 초월하고 있는 새로운 의로움의 실재(實在, reality)이다. 나사렛 예수는 구시대에 반대하는 새로운 세계관을 선포하기 위해서 그리고 죄악되고 불신의 세상에 반대하는 새로운 교회조직을 만들기 위해서 오시지 않았다. 섬기고 구원하시기 위해서, 이로 인하여 그의 거짓된 경건, 자기 의로움과 불신앙의 인간을 심판하시기 위해 오셨다. 다시 한 번 반복해보자: 예수 그리스도의 메시지를 이용하여 불신앙의 무신론자들에 반대하는 세계관의 전선이나 교회적-정치적 장벽을 세운다면, 이것보다 복음을 더 거짓되고 더 가증스럽게 만드는 것은 그 어떤 것도 없다. 이러한 주장으로 사람들 사이의, 교회와 세상 사이의, 믿음과 불신앙 사이의 차이들은 제거되지 않는다. 어떤 허약한 상대주의의 유익을 언급하는 것이 아니다. 그러나 믿음은 믿지 않는 사람들을 반대하기 위한 어떤 보장된 소유나 수단이 아니며 그리고 예수 그리스도의 교회가 소위 비기독교 세계와 싸우기 위해 십자군으로 모집되길 원해서도 안 된다고 우리는 말한다.

5) 믿음의 전선

신앙과 불신앙 사이의 어떠한 투쟁도, 예수 그리스도의 교회와 세상 사이의 어떠한 긴장도 존재하지 않아야함을 의미하는가? 믿는 크리스천은 자신의 주위를 어떤 위험이나, 어떤 반대자나, 어떤 적들도 보지 않고, 오히려 기뻐하는 용기와 기쁨의 찬송을 부르면서 예수 그리스도의 메시지를 전해야한다는 우리의 말이 암시되고 있는가? 완전히 아니다. 반대이다. 지금 우리가 발견한 이 상황을 제대로 이해한다면, 무신론자들과 대항하는 거룩한 투쟁의 필요성을 끊임없이 설교하거나 소위 불신자 대적들을 악마로 만들고 신화화하는 것 보다 훨씬 중대한 개념이 등장한다. 현대인간의 불신앙은 우리가 상상하는 것보다 그리고 우리가 인정한 것보다 훨씬 더 깊게 우리 자신의 존재로 침투하였다. 괴테의 파우스트에 나오는 "나는 메시지를 듣지만 나에게 믿음이 없다"는 말은 오늘날 크리스천들 대부분에게 해당되지 않는가? 오늘날 기독교의 현실적 상황을 응시하고 그것을 이해하기 위해서 우리는 모든 자기기만으로부터 해방되어야 한다. 소위 우리 기독교 국가들 안에서 교회당을 방문하는 보통 사람들은 무엇으로 살고 있는가? 무형의, 분간할 수 없는 그러나 실재하는 예수 그리스도를 고백하는 사람들의 전선은 어디에 있는가? 십자가에서 죽으신 사람의 아들이며 하나님의 아들의 승리를 믿는 기쁨의, 승리의, 온전히 순수한 능력의 말씀을 우리는 언제 듣고 있는가? 자유와 자기를 이긴 사랑으로 무신론자를 극복하기 위해, 자기 자신으로부터 자유하고 그리고 미움 없이, 두려움 없이 무신론자를 향하고 있는 고백자들은 어디에서 살고 있는가? 건조하고, 변증적으로 해석된 세계관으로서가 아니라 삶과 죽음에 대한 주 하나님의 자비의 기쁜 소식으로서, 천지창조에 대한 성경의 메세지를, 세상 앞에서 고백하고 그리고 전해주는 사람들은 어디에 있는가? 세계관만이 아니라 실제적인 무신론주의의 위험을 자신의 마음 깊이 경험하고 그리고 죽음의 계곡과 자신의 삶의 심연에서 나사렛 예수와의 만남을 감사하고 있는 신자들은 어디에 있는가? 그들은 이미 오늘날 기독교인들과 무신론자들 사이의 그리고 공산주의자들과 반공산주의자들 사이의 전선들에 대해서 의심을 하지도 그리고 설교하지도 않는다. 이 전선은 때론 현실적이었지만 대체로 더 자주 인위적으로 형성되고 선포되었기 때문이다. 하나님의 성전에 앉아 자기를 하나님이라고 내세우느니라(살후 2:4-7)는 사도의 말씀을 진실로 받아들인 교회는 어디에 있는가? 우리의 첫 번째 질문은 소위 세상의 무신론자와 관련이 없다. 우리의 첫 번째 질문은 더 깊고 더 운명적인 불신앙이 교회의 원칙을 손상시키고 있지 않은지 그리고 우리의 공적예배 또는 교회들이 영적공백의 외형이 되고 있지 않은지 우리의 양심을 깨우는데 있다. 황폐함의 주요한 참상은 하나님 없는 교회이며, 그리고 우리들의 취향이나 성향에 부합하는 것과는 아주 다르게, 주님의 얼굴 앞에서 사람들 사이에 전선과 차별이 만들어졌다는 사실을 잊지 말자. 나사렛 예수로 인하여 인식하게 된 하나님 나라에 대한 세례 요한의 설교는 경건한 율법학자와 제사장들이 그렸던 그림과는 아주 다른 상황과 전선을 드러냈다. 많은 것들이 시간적으로 조건적이고 반복될 수 없는 것임을 잘 안다. 그러나 이스라엘 백성들의 역사와 예수 그리스도와 사도들의 교회의 역사는 끊임없는 물음표이며 그리고 교회, 목사들, 설교자들과 신자들에게 결코 침묵할 수 없는 경고이다

6) 극복되는 입장

이에 대해 반대가 나올 수 있다: 역사상 자기비판과 진실한 참회에도 불구하고 인간은 외부로부터 오는 불신앙의 위험과 씨름을 해야 하는 상황이 존재하기 때문에, 믿음과 불신앙간의 그리고 진리의 소식과 믿지 않는 자들 사이의 전선에 대해서 부인할 수 있겠는가? 교회

는 외부 적들을 방어하고 눈앞에 분명하게 전선을 보도록 도전을 받을 수 있다는 경고의 예로서 외적으로 투쟁해야했던 종교개혁시대의 개혁 교회들과 나치시대의 고백교회를 들 수 있다. 이에 대해 몇 가지 문제를 언급하자면, 우선: 종교개혁 시대의 역사는 오늘날 우리에게 예가 될 수 없다. 정치와 신앙의 관심들은 아주 밀접하게 연결되었으며 그리고 외부 투쟁의 순수함은 너무 희미해졌고, 심지어 문제가 되었으므로, 오늘날 우리 상황에서 종교개혁시대의 모델에 대해 최대한 신중하게 말해야 한다. 당시 기독교 사회의 영역에서 기독교 내부의 투쟁이 의미 있다. 이러한 관점에서 종교개혁 시대는 가톨릭과 프로테스탄트 간의 지금까지 끝나지 않은 싸움의 방향을 보여주고 있으며 그리고 오늘날 우리 문제를 위해 작은 의미를 가진다. 그리고 고백교회의 예는 우리의 입장과 이해를 다시 더 강조한다. 고백교회는 제일 먼저 지성소로 침투한 적들과 싸웠다. 무신론자의 이름이 아니라, 반대로 끔찍한 우상의 이름으로, 인종차별주의적으로 형이상학적 신의 이름으로 그리고 자신의 토대를 없애버린 복음의 이름으로, 사람들은 교회를 소유하길 원하였다. 성전 정화 이후에야 고백교회는 타락한 국가 교회에 대해 반대하는 것에 연합하였으며, 그런 다음 정체를 드러내는 정권의 무자비함에 대항하여 싸움을 하였다. 다양한 방식에 의해 상황이 복잡하였던 것을 우리는 보고 있다. 이러한 관점에서 고백교회 지지자들도 언제나 연합되지 않았으며 그리고 그들의 예는 지극히 거짓된 유사한 결론으로 오늘날 상황에 적용될 수 있다.

7) 나치주의와의 차이

개인적으로 처음부터 확신한 것은 민족 사회주의(나치주의)가 세계관적으로도, 정치적 사회적 국제적으로도 절대적 재앙을 의미한다는 것이다. 나의 생각에 그의 본래의 특징은 악에서 비롯되었다. 이러한 관점에서 언제나 나는 나치주의에 대해 비판적으로, 부정적으로 표현을 하였다.

그러나 1933년 말, 1934년 초 나는 베를린의 '독일기독학생연맹'을 방문의 기회가 있었을 때에 "독일 민족부흥"에 대해 아마도 모든 것을 긍정적으로 이해하고 평가하려고 노력했던 것을 기억한다. 비록 방문 시도가 성공하지 못하고 끝나버렸지만, 그 방문에서 나는 성서적으로 오리엔테이션이 된 신학자는 근본주의적 입장을 —긍정적이든 부정적이든— 전제(前提)해서 안 되며 그리고 새로운 현실을 구체적으로 이해하기 위해 열려 있어야 함을 말하고자 했다. 예언자적이고 사도적인 메시지의 빛과 신앙의 자유 안에서 결정을 해야 한다. 우리의 전선은 직접적인 정치적 협상의 차원이 아니지만, 어떤 정치적 중립이나 심지어 무관심을 의미하지 않는다. 민족사회주의(나치주의)는 독일 또는 유럽 문화와 삶의 형태의 세계관적, 형이상학적 탈기독교의 목표를 갖고 있었다. 그의 인종적 신화는 사도시대, 심지어 이스라엘 역사로 뒷걸음치는 것을 의미하며, 그의 정치 시스템은 삶과 사회의 비인간화에서 종말을 맞이해야 했다. 민족사회주의는 본질적으로 비인간적이었다, 야만적이라고 부르기도 과분하다. 야만성은 문화적으로 그리고 문명적으로 고전적인(소위 기독교적인) 유럽성의 규범(niveau) 아래 있을 수 있다고 말할 수 있다.실제로 야만성은 인간의 원초성에서 공존할 수 있다.

나치주의는 인간의 삶의 뿌리를 약하게 만들어 곪아가게 하는 상처와 질병이었으며 그리고 곧 무서운 무자비함으로 발전하게 되어 있었다. 그러나 내적 평온을 얻는 것, 손상된 "종교성"과 형이상학의 유혹과 시험을 막아내는 것, 복음을 따라 신앙 공동체를 만드는 것 그리고 이후에 정치적으로 관련 있는 불가피한 결정을 하는 것이 초기 고백교회와 신학의 과제였음을 나는 잘 이해한다. 믿음의 자유로운 개방성, 복음에 뿌리내린 개방성은 어떠한 교회 전통과도 연결이 없기 때문에, 새롭게 등장한 역사적 상황에 대하여 선험적이거나, 교리적이거나 세계관적이거나, 민족주의적인 편견 없이 연구할 수 있는 조건이 된다. 한 측면에서 믿음의 메시지의 순수함과 자유가 중요하고, 다른 측면에서 새로운 역사적 사건들에 대한 두려움 없는 이해가 중요하다. 우리의 가까운 역사 또는 먼 역사로부터 우리가 분리되도록 허락해서는 안 된다. 살아있는 전통, 즉 깊이 기억하는 것은 하나님의 자비의 선물이 될 수 있다. 생명의 주관자이신 주님이 우리의 부모와 조상들과 함께 행하셨던 기억으로 우리는 살아간다. 주님은 질투하시는 하나님이시다. 하나님을 미워하였던 조상의 행위를 아들에게로 3-4대까지 이르러 찾는다는 것을 우리는 알고 있다(출 20). 주님이 자신의 계약 백성들에게 우리의 구원을 위해 나사렛 예수 안에서 행하셨던 생생한 기억에 우리의 믿음이 뿌리를 내리고 있음을 우리는 또한 알고 있다. 그런데 진실로 바로 이러한 믿음이 우리를 역사에 대해 자유로움으로 행하게 한다. 일상을 그리고 모든 역사의 변화를, 우리의 삶에 개입한 모든 전환점을, 자발적으로 붙잡기 위해서 그리고 용감하게 자신의 결정을 내리기 위해서 우리는 눈과 가슴을 연다. 특히 유추적인 결론들이 우리들의 의식적인 또는 무의식적인 사회적 · 정치적 그리고 민족적 편견에 부합할 때, 기계적이고 유추적인 결론에 따라 사는 삶 이외에 그 어떤 것도 우리들에게 더 큰 짐을 지우는 것도, 실로 우리를 예속시키는 것도 없다.

8) 세속성에 대한 냉정한 인정

나의 마음에 두고 있는 것을 다음 요점들로 요약하길 원한다.

현재의 시대는 모든 인간의 영역에서, 정치, 문화, 도덕과 종교에서 인간의 삶의 거대한 세속화로 나아가고 있다. "탈신화화"의 단어는 우리 앞에서, 우리의 목전에서 그리고 우리의 마음에서 일어나고 있는 단지 아주 약한 메아리이다. 우리의 분위기는 신을 없애는 사상과 행위에 의해 결정되고 있다. 이것은 전혀 새로운 것이 아니다. 현대 인류의 역사는 이러한 경향에 의해 수백 년 동안에 걸쳐 특징되어졌다. 18세기부터 모든 대 사상가들과 소설가들은 하나님을 잘 언급하지 않았으며 그리고 인간을 언제나 새롭게 믿음과 불신 간의 경계로 이끌었다. 헤겔의 하나님과 톨스토이의 그리스도도 하나님을 장악하고 그리고 스스로 주인이 되는 현대 세계의 거대한 시도를 반영하였다. 도스토옙스키의 인간의 무신론적 반역에 반대하는 열정적인 투쟁은 그의 가장 깊은 마음 안에 있는 뿌리 깊은 불안과 불확실을 반영한다. 모든 겸손함과 자기 인식으로, 분명하게 우리는 실제 현실을 보아야만 하며 그리고 특별히 모든 전통 기독교 국가들의 교회들 대부분의 활동 뒤에 있는 영적 진공상태를 보아야만 한다. 그러나 오늘날 영적 불안에 대해 언급할 수 있는지, 사람들이 이러한 진공상태에 익숙한 것은 아닌지 의문이 질문이 있다. 하나님을 반대하는 거대한 투쟁에 대해서 말해서 안 된다. 사람들은 이미 기독교 고백의 하나님을 진실로 받아들이지 않는다. 특별히 역사적으로, 정치적으로 자신의 커다란 책임에 직면하고 있는 계급들, 모든 계열의 노동자 그룹들이 종교적 또는 공동체의 존재 밖에 서있으며 그리고 하나님에 대한 질문을 멈춘다. 소위 종교가 역사적으로 이미 어떤 역할이 없는 계층의 문제가 되지는 않았는지, 또는 사람들이 특정한 정치적 국제적 목적을 위해 자신의 기독교 모습 안에서 종교를 발전시키지도 선전하지도 않고 있는 것은 아닌지의 끔찍한 물음표가 오늘날 기독교에 매달리고 있다. 일부 국가의 사람들이 진실로 영적인 관심도 없으면서, 주위를 거북스럽게 만드는 자기 의로움만 가진 채, 그리고 거짓 기독교의 불신앙의 유혹과 내적으로 투쟁하지도 못하는 신앙으로, 공산주의의 무신론에 대해 질문을 하는 것이 나를 지속적으로 경악시킨다. 내가 다시 반복하고 싶은 것은, 우리가 이러한 관점에서 같은 배를 타고 있는 우리 자신을 발견하고, 거짓 확신 또는 믿음의 위험한 남용을 막아야만 한다는 것이다. 동유럽(소련)에서 침투한 조직화된 불신앙으로 부터 기독교를 보호하려는 모든 상투적인 구호보다, 개방적이고 선언적인 무신론주의가 더 진지하게 기독교 신앙을 받아들일지 또는 않을지 실제로 매우 심각한 질문이 남아있다. 걱정스러운 질문이며 치명적인 질문인 것을 나는 잘 안다. 우리들은 최소한의 선전문구와 논쟁들로 부터도 스스로 해방되어야만 한다. 우리 모두에게 실체 그대로 보여주는 것, 현대 인간의 가장 깊은 위기를 드러내는 것, 자신의 실제 상황에 대해 스스로 속지 않는 것 그리고 우리들이 사람들을 돕기 위해 무엇을 해야 할지 서로 질문하는 것이다.

9) 인간 존재의 깊이에서 만남

여기 어디에도 없었던 상황에 실제로 우리는 처해있다. 우리는 같은 배를 타고 인간의 삶을 위해 현대의 심각한 위험의 바다를 건너는 항해를 하고 있는 것은 사실이다. 영적 의심으로 그리고 깊은 불안으로 우리가 위협을 실제로 받고 있다. 그러나 불신, 편견과 사회 정치적 국제적 관심들의 커다란 차이들이 사람들과 민족 간의 지속적으로 더 격렬하게 긴장을 일으키며 그리고 함께 대화할 수도, 하나가 되지도 못하게 하며 서로를 향한 다음의 작은 발걸음도 가능할 수 없게 한다는 것도 또한 사실이다. 그러나 우리는 상호 이해해야만 한다. 시작, 첫 시작을 가능하게 하는 지점을 찾는 노력을 해야 한다. 우울하고 어둡고 절망적인 분위기의 숙명에 굴복해서는 안 된다. 만약 기독교 신자들이 열린 마음으로 우리들이 언급한 현실을 본다면, 용기와 희망을 잃지 않아야 한다. 사람의 아들이시며, 하나님의 아들이신 나사렛 예수가 무덤의 어둠과 십자가의 죽음을 이기셨음을 잊어버릴 수 있겠는가? 우리들이 사람을 알고 그리고 그와 만나려고 하는 것은 중요하다: 그래서 우리는 인간의 벌거벗은 모습에서 사람을 파악하고 이해하려고 한다. 바로 그 장소가 우리들이 함께 대화하는 곳이며 우리들한 사람이 다른 사람을 이해할 수 있는 곳이다. 이 길과 에큐메니칼 활동 간의 유사함이 존재한다. 다양한 교회에 속한 크리스천들이 교회조직과 전례 운동과 교리 체계의 피상성에 머무르지 않았을 때, 서로 가까워질 수 있었고, 뿐만 아니라 예수 그리스도의 현존에서 자신들의 외적 차이를 넘어 인간존재의 깊이로 들어가며 그리고 그 곳에서 죄를 서로 고백함으로써 자신들의 적에 대해 승리하고, 기쁨으로 연합되어 거듭난다는 것을, 우리는 최근 몇 년 동안 그 어느 때 보다 더 많이 이해하지 않았는가? 이러한 유사성은 다른 모든 유사성처럼 한계를 갖는다. 그러나 비슷한 점도 있다. 동방이나 서방에서 살아도, 고전적 기독교 문명의 지역에 속하던지 또는 비기독교 문화에 속하던지 공산주의자이거나 또는 비공산주의자이거나 인간은 파멸의 위험에 놓여있다. 무신론주의를 포함하고 있는 공산주의가 원래 '세계관'(Weltanschauung)이 아니었음을 우리가 잊지 말자. 공산주의는 구사회 시스템이 실행하였던 것보다 더 발전되고 더 적절한 사회 기관, 헌법 기관, 정치적 형태를 만들어서 인간을 위해, 인간의 권리, 자유와 존엄을 추구하려는 것임을 잊지 말자. 많은 측면에서 실수할 수 있다. 공산주의의 역사철학, 인간 개념, 혁명 전략과 정치적 전술은 불충분할 수 있다. 그러나 인간과 인간사회를 돕기 위해 그리고 인간의 진보를 지원하기위해 공산주의자에게도 모든 것은 단지 수단들이다. 세계관을 중요하게 강조하는 공산주의자들이 있으며 그리고 그들은 사람과의 모든 만남에서는 자신의 교리적 시스템과 기독교적 세계관과 자신의 기구를 전제조건으로 두는 기독교인들과 비슷하다. 그러나 인간으로부터 인간을 분열시키는 것, 인간의 가난과 약속을 이해하고 있는 존재하는 개인들 간의 만남을 방해하고 참으로 불가능하게 하는 것, 이런 모든 것을 제거하는 것이 기독교인의 사명이다. 마르크스주의적으로 사고하는 공산주의자들이 종교와 교회에 대한 비판으로 우리를 돕는 것처럼 그들을 순수한 자기이해를 하도록 돕는 것은 우리의 과제이다. 우리의 만남은 양측이 이전에 할 수 있었던 것 보다 더 좋게, 더 깊게 그리고 더 끈끈하게 이해하도록 하는 목적을 갖는다.

10) 고립상태의 공포

세 번째 논점으로 들어가기 전에 획일적인 세계관에 대한 질문들을 언급하길 원한다. 모든 미신과 모든 신화를 제거한 새로운 과학적 세계관을 위한 마르크스주의자들의 씨름 뒤에 구 기독교 또는 교회 세계관의 파괴와 제거가 텅 빈 고립상태를 일으킴으로써, 해체의 지속적인 위험 안에서 새롭게 건설되는 사회와 문화가 발견될 것 같은 아주 기분 나쁜 느낌이 진동하고 있다. 위에서 우리들은 현대 영적상황의 위험을 지적하였다. 비판적 의심은 본질적으로 과학적 활동과 밀접하게 관련이 있다. 과학자는 어떤 교리도 따라 살지 않으며 그리고 회의적으로 모든 채택된 지식을 무시하여야 하며, 창의적으로 과학적 실험과 기술적 발명을 대체하기 위해 모든 것을 혁신해야 한다. 현대인은 옛것에 대한 의심과 언제나 새로운 혁신의 분위기에서 산다. 과학과 기술은 현대인이 갖고 있는 이성과, 양심과 마음의 피할 수 없고 극복할 수 없는 질문에 어떤 대답도 스스로 주지 못한다. 확실히 현대인의 세계관은 과학적 비판과의 갈등 안에 있어서는 안 된다. 어떤 분리된 게토 안으로 도피를 해서도 그리고 그의 영적 분열에 인간을 내버려 두어서도 안 된다. 그러나 개인은 물론 현대사회가 지니고 있는 다른 사람들과의 관계에서의 결정, 갈등의 염려, 그리고 투명함, 정신적 확신과 기쁨의 소망에 대한 갈망은 과학과 기술로부터 작은 도움도 거의 기대할 수 없다. 구시대적 삶과 세계관으로부터 혁명적으로 구별된 사회주의-공산주의적 사회는 정신적 단결, 확고한 원칙, 윤리적 기강 그리고 미래에 대한 분명한 시각을 필요로 하며, 그 시각 없이 과학, 기술, 모든 행정 질서와 외부 열강의 힘으로도 존재할 수 없고, 새롭고 특별한 시각을 만들 수도 없다. 그러나 자신의 나라에서 새로운 사회주의 공동체에 대해, 그리고 그들의 세계관이 인간의 삶의 모든 영역에서 유효하도록 책임지고 있는 공산주의자들의 집중적인 노력은 언급한 이유들로 인하여 이해할 만한 것이다. 구 유럽 문명과 사회의 토대들은 수백 년 동안 세워졌고 강화되었으며, 실제로 천오백 년 동안 더 오래 되었다고 말할 수 있다. 그렇기 때문에 이 문명이 모든 비판과 회의적인 태도에도 불구하고, 영적 무관심에도 불구하고 안정성을 달성하여, 차이를 융통성있게 용인할 수 있다. 영적 윤리적 이성적 해체의 심각한 위험에 처해있으나, 수백 년 전통으로 유지되고 있다. 삶의 가장 중요한 문제들에 관해 확실한 동의(합의)로 인하여 살고 있다. 심각한 영적 위험의 가장자리로 걸어가더라도 여전히 이전 시대의 방식으로 살아갈 수 있다. 사회주의 동방국가(소련)가 새로운 시작을 한 깊은 혼돈의 혁명은 구사회의 가장 깊은 토대를 흔들었다. 그래서 사회적으로, 정치적으로 뿐만 아니라, 윤리적으로 그리고 세계관적으로 새로운 토대 건설에 극도의 긴장과 거의 모든 힘을 소진시키는 활동이 일어나고 있다. 전체주의로 자주 특징지어지는 현상은 사회주의적으로 건설된 새로운 사회의 외적 내적 통합을 위한 씨름 이외에 다른 어떤 것도 본질적으로 의미하지 않는다. 우리는 ―이러한 문제를 이해해야만 한다― 인간, 역사와 전 세계의 의미에 대해 일반적으로 받아들여진 원칙과 견해에 의해 인간사회가 통합되어야 하고, 분열을 막아야만 한다는 것을 잘 알고 있다. 이러한 유사한 투쟁이 기독교 문명의 역사에서도 나타난다. 마지막 2백 년 동안 크고 작은 혁명에 의해 그리고 대철학자들, 소설가들 그리고 정치적 사상가들의 열정적인 노력으로 쟁취된 자유들은 계속해서 다시 쟁취되어야만 한다. 자유는 스스로 알아서 쟁취되는 것이 아니다. 미래의 어디에서도 이 자유는 보장되지 않는다. 구호 "소유하기 위해서, 투쟁해야 한다"는 구호가 여기에서 유효하다. 특별히 교회에게 해당된다. 왜냐하면 교회기관은 자신들이 즐길 수 있는 분위기 안에서 살아가고 있으나, 중요한 어떤 것에도 기여하고 있지 않기 때문이다. 그러나 상황은 복잡하고 아주 위험하다.

11) 전환기 시대를 위한 이해

가장 깊은 영적 · 도덕적 · 정치적 원칙들과의 동의는 치명적인 피해를 입히지 않더라도, 그 어떤 외부 압박과 권위주의적 권력에 의해서도 강제될 수 없다. 그러나 역사는 우리에게 이러한 시도가 끊임없이 일어나고 있고 그리고 이러한 위험이 사회주의 사회에도 존재하고 있음을 가르치고 있다. 마르크스주의적 사회주의는 다른 정치적 사회적 시스템에 의해 과거 성공하였을 때보다 더 좋은 질서로 인간의 기본적인 자유와 자결권을 보장하려고 노력한다. 그러나 신 · 구 사회 형태간의 전환, 군사력, 선전수단, 냉전 그리고 대량살상 무기의 특히 전례없는 긴장의 시기에 외부 압력을 제거하는 것이 불가능하다. 불안, 히스테리, 신경과민과 새로운 상황에 대한 이해부족의 다양한 경우를 겪고 있는 인간을 사랑과 흔들릴 수 없는 소망으로 인도할, 그리고 올바른 영적씨름은 물론 사회의 새로운 구조를 위해 인간을 성숙시켜야 할 거대한 과제 앞에 우리는 서있다.

12) 세계관에 대한 투쟁 없음

이미 지적한 질문으로 돌아간다: 가장 중요한 장소–인간–현재와 미래를 위해 씨름하는 곳, 그 곳에서 우리는 공산주의자들과 만날 수 있을까? 만약에 우리가 소위 기독교 세계관으로 세계와 삶의 마르크스주의적 개념을 반대하려고 한다면, 우리는 비참한 실패로 끝날 수 밖에 없다. 만약 마르크스주의 공산주의자가 자신의 사회 정치 시스템에서 그리고 자신의 세계관에서 최종 목표를 숙고하려고 한다면, 만약 자신의 눈앞에서 단지 사회적 메카니즘과 계획 경제를 가지려고 한다면, 모든 과학과 기술이 인간, 인간 존엄, 자유와 축복의 관점 없이 어떤 하나로 통제되는 조직과 권력의 블럭으로 봉사하길 원한다면, 그 상황은 어둡고, 실로 절망적이 될 것이다. 그리고 이러한 무시무시한 실체에 대항하기 위해 기독교적이고, 교회적으로 신성화시킨, 그리고 군사적으로 지원하는 어떤 권력 블럭을 조직하고 준비하였더라면 더 악화되었을 것이다. 그러나 상황은 완전히 다르다. 공산주의자는 인간을 돕는 것을 원하며, 인간을 기아와 비참함, 착취와 불평등으로부터 보호하길 원하고 그리고 그의 자유를 더 높은 사회적 정치적 역사적 차원으로 보호해 주길 원한다. 그의 이론적이고 실천적인 수단들은 충분하지 않을 수 있다. 어느 시스템이 이러한 관점에서 문제가 없겠는가? 그러나 인간과 인간성이 공산주의자의 사상과 실천의 궁극적 동기라고 동의한다면, 그 후 거대한 기회와 사명 앞에 우리는 서게 된다. 우리는 소위 기독교 세계관이란 것을 옆에 내려놓고, 복음의 자유와 능력 안에서 공산주의자와 만나고, 그리고 증언의 순수함과 섬김의 진실함으로, 나사렛 예수의 복음이 새로운 사회에서 인간이 가난해지고 목마르게 되는 일이 없도록 하는 삶의 동력이라는 사실을 공산주의자가 조금이라도 엿보게 할 수 있다. 믿음이 있는 기독교인은 공산주의자와 함께 단지 이러한 방식으로 올바르게 만날 수 있으며 그리고 진실하게 그를 도와줄 수 있다. "내 말과 내 전도함이 설득력 있는 지혜의 말로 하지 아니하고 다만 성령의 나타나심과 능력으로 하여"(고전 2장 4절). 공산주의적 무신론자들을 다루는 것은 정치가들의 차원에서도, 세계관의 투쟁의 차원에서도 성공적으로 지혜롭게 진행될 수 없다. 그들을 다루는 문제는 어떤 토론으로도 해결 할 수 없을 것이다. 이제 우리들이 시작했고 앞으로 수십 년, 아마도 수세기 지속될 긴 역사적 과정과 관련이 될 것이다.

13) 충성

기독교인들로 부터 그들의 자유, 기쁨과 희망을 강탈하였다는 단지 몇 마디 말이 만든 무거운 짐인 치명적인 오해를 나는 제거하고 싶다: 무신론적 국가에 대한 오해이다. 무신론적 국가에 대한 신화적이고 귀신학적 개념 때문에 자신들의 행위에 매혹되고 마비된 교회의 지체들, 특히 교회 대표들이 믿을 수 없게 많다. 국가 기관의 정상에 공산당 또는 공산당과 비슷한 당이 있다는 사실 때문에, 이 국가를 무신론적이라고 의심을 하여, 이들 국가에 대해 기독교인은 의례적으로 단호하게 "아니오" 말해야만 하는 것으로 해석되어져 왔다. 명시적으로 또는 암묵적으로 이 견해는 기독교 국가가 존재하는 것을, 그리고 정부를 구성하고 있는 당의 세계관이 그 나라에 대해 긍정적 태도를 취할 것인지 아니면 부정적 태도를 취할 것인지를 결정하는 것을 당연하게 생각한다. 그것은 신학적으로 그리고 성서적으로 부당한 태도이다. 반복하여, 치명적인 오해이다. 기독교 국가가 있지 않는 것처럼 어떠한 무신론적 국가도 있지 않다. 기독교국가 사상은 거짓일 뿐 아니라 오늘날 국제 정치와 국내정치 활동의 분위기를 괴롭히는 것이므로 실천적으로 가장 위험하다. 자신은 어떤 교회에 속하여 있으며, 기독교 신앙고백을 전할뿐 아니라 기독교 정치를 협상하고 그리고 실천한다고 말할 수 있는 정치가들과 정치꾼들은 어디에 있는가? 현대 기독교 세계를 개관할 때 그리고 그의 국가 지도자를 연구할 때, 기독교 세계의 정치적 삶이 기독교적으로서 특징되고 평가될 수 있다고 말하기는 매우 어렵다. 기독교 역사에서 국가들에 대해 차라리 침묵하자!

마찬가지 방식으로 무신론적인 국가에 대해서도 언급할 필요가 있다. 그러한 나라는 존재하지 않는다. 유럽 국가—그리고 미국—들의 왕들 가운데, 교회에 의해 비판받았던 이단들과 의심자들이 있었고, 이들 가운데 오늘날 역사적 관점에서 인간 박애주의자로 인식될 수 있는 이들도 있다는 것을 우리는 안다. 오늘날 무신론주의 지도층 정치인들이 기독교 정치인으로 간주되는 인물들보다 인류 복지를 더 적절하게 잘 섬기지 못한다고 누가 주장할 수 있는가? 정치에서 그리고 국가 지도층의 문제에서 정부 대표자들의 신앙 고백이 결정적이지 않다. 무엇보다 이러한 고백이 다른 동기들의 위장이 되는지 아닌지 우리는 알지 못한다. 다음으로, 기독교인이 실제로 민족과 국가를 이끌 때, 국가 문제들에 대한 기대에 어긋나지 않는 지식과 업무 능력, 정치적 능숙함 그리고 개인적 용기를 가져야만 한다. 이 개인적 용기는 믿음의 삶이 아무리 순수하다 할지라도 분명히 믿음의 삶에서 비롯된 것이 아니다. 정치가는 정치적 문제에 자신의 세계관과 종교를 끌어들여서는 안 된다. 자신의 사실적 지식과 주어진 역사 상황에 대한 자신의 이해와 위탁된 민족의 필요와 질서에 대한 자신의 이해의 토대에서, 책임의식과 활동의 토대에서 측정되고 평가받아야 한다. 기독교에 의해서 형성된 사회 또는 국가의 분위기를 기대할지라도, 거의 항상 현대 인류의 사회적 정치적 문화적 진보가 공적 교회 지도자들과 교회들에 대한 저항으로 성취되었음을 결코 잊어서는 안 된다. 소위 무신론주의가 급진적 인본주의로서, 전통적이고 비인도적인 소위 기독교적 사회적 구조에 대한 항의와 반대의 표현이라면, 비기독교인의, 반교회 그룹들의 그리고 정당들의 정치는 자신들의 역사적 도덕적 약속을 가지고 있다고 주장할 수 있다.

그러나 질문은 그리 단순하지 않다. 자신의 손에 모든 권력적 수단을 갖고 있는 사람이 기독교인과 그의 교회에게 무관심할 수 없다. 기독교인과 교회는 모든 조건들과 정치적 상황에서도 자신의 믿음을 고백하고 실천적으로 예수 그리스도를 증언하도록 준비되어져야 한다. 그러나 자신의 사명을 수행하기 위한 외적 조건을 만들기 위해—자신의 자녀들을 돌보기 위해, 개인의 도덕적 삶을 보호하고 정화하고 깊게 하기 위해, 사람들에게 올바른 빛으로 역사의 최종적 의미와 삶의 목표를 보여주기 위해— 지속적으로 투쟁한다. 믿음은 완전한 자유와 인간의 가장 고귀한 존엄을 추구하기 위해 분투한다. 그러나 이를 위해 교회는 자기성찰로 지속적으로 회개와 섬김의 사랑을 씨름해야만 한다. 교회가 원하는 것을 세상이 제공해야할 의무가 있는 것처럼, 그렇게 선험적인 요구를 해서는 안 된다: 역사의 급격한 변화와, 가난하고 소외되고 억압받는 계급의 혁명적 봉기에 특별히 기독교회 또는 교회들의 책임이 있다. 무신론적 지도층에 의해 조직된 국가도 때론 전통적 교회보다도 더 바른 진리를 가질 수 있다.

이러한 사실을 인식시키는 것, 그리고 기독교회와 그의 지도자들의 편협한 마음, 회개치 않음, 완고함, 자기 의로움에 반대하는 그런 국가를 보호하는 것은 교회의 예언자적 직무에 속한다. 실제로 이러한 믿음의 예언자적 자유 안에 있는 기독교인 또는 교회만이 유일하게 예상되는 완고함과 불의와 영적 피해로부터 인간을 지켜줄 수 있다. 단지 이러한 환경 아래에서 교회는 무신론적 부정의 영적 위험에 대응하는 투쟁을 바른 차원에서 합법적인 방법으로 할 수 있을 것이다. 몇몇 기독교 세계관과 정치의 이름으로, 즉 전통적 기독교 생각들의 차원에서, 반사회주의적 그리고 반공산주의 입장의 정치적 동원에 의해 이 모든 것이 시행되지 않았고, 반면에 자신의 어깨위에 무거운 책임을 지고 있는 사람들을 위해 그리고 파괴된 역사적 재앙의 잿더미 위에 사명이 있었던 사람들을 위해, 실질적 비판으로, 순수한 증언으로 그리고 사랑의 이해에 의해 시행되었다. 이 장의 마지막에 다시 한 번

강조하길 원한다: 무신론적 국가는 있지 않으며 그리고 무신론자들이 통치하는 국가에 대해 근본적으로 "아니오"라고 말하는 것은 신학적으로 거짓이다. 이러한 입장은 복음의 메시지와 사도들의 증언을 거부한다. "기독교"정치인들을 반대하는 무신론자들을 그리스도의 이름으로 지지할 수 있다.

14) 무신론자에 대한 복음의 자유 또는 긍정

거의 견딜 수 없는 긴장과 냉전의 중심에 여전히 계속해서 서있다. 소위 철의 장막 뒤에서 일을 하고 있는 우리는 깊은 영적 싸움의 중심에 있다. 지금까지 언급하였던 것은 우리들이 경험한 것 그리고 다시 한 번 겪고 있는 것을 반영하고 있다. 우리는 우리의 무신론자들을 믿음의 실제 앞에 세우기를 원하며 그리고 우리는 복음과 살아있는 교회에 의해 우리가 이해하고 있는 것, 그것은 전통적이고 몇 배로 진부해진 종교의 개념을 뛰어 넘는다: 나사렛 예수의 복음을 바르게 믿는 것은 마르크스주의적 무신론자들이 종교 아래에 있다고 생각하는 것과는 완전히 다르다. 이 복음은 인간과 역사와 자연을 이해하려는 모든 과학적 비판에 대해 자유롭고 개방적이다. 모든 사회적 정치적 · 혁명적 · 전환점과 재건에 대해서도 자유롭다. 주님이시며, 구약의 하나님이시며 예수 그리스도의 아버지는 우리를 모든 두려움과 게으름과 전통으로부터 해방시키며 그리고 우리들이 그의 진리를 증언하도록, 세상과 사람들 앞에서 용서의 삶을 살도록 그리고 과도하지 않게 일하도록 우리를 그의 약속아래 있는 이 죄악된 세상으로 보내신다. 그래서 우리는 노동하는 사람들의 배고픔과 목마름을 위로하는 것과 인간성의 순수함과 존엄을 보호하는 것 그리고 실용적 갈증의 위험으로부터 물질적 유용성과 기술적 문명의 사회적 메카니즘의 새로운 사회를 지킬 수 있도록 하는 분위기를 만드는 것이 가능하다. 바른 교회의 사명은 특별히 사회주의적 공동체 안에서 장엄하게 크다. 그러나 교회적 민족적 고백적 연맹들이 거대한 권력 형태가 되었으며 그리고 종교와 교회에 대한 마르크스주의적 무신론주의적 사상에 응답하고 있다. 이러한 관점으로 더 이상 언급하길 원치 않는다. 그러나 투쟁은 상실되지 않는다. 우리들이 흔들림이 없이 믿는 하나님의 섭리는 어떤 이성적 개념도 세계의 어떤 내재적 신학도 아니다. 이러한 섭리는 인간의 영적 창의성이 될 수 있다. 소중하고 아름다운 그러나 추상적이고 공허하다. 우리들이 믿는 섭리는 진리와 사랑으로 그것을 극복하도록 요단강에서 우리와 함께 세례를 받은 죄인들과, 세리들과, 귀신들린 자, 저주받은 자들과 소외된 자들과 함께 있었던 그리고 오늘날 우리를 노동하는 가난한 무신론자에게로 인도한 사람의 아들(Son of Man)의 자비로운 손이다.

바른 교회의 섬김을 위해 어떠한 제한도 없다. 세상에 대해 스스로 한계를 설정할 수 없다. 세상의 소란함, 비참함과 죄는 우리의 교회와 기도실로 스며든다. 그러나 이에 대해 오직 한 가지 대답만이 있다: 회개 하는 것, 사랑하는 것, 섬기는 것 그리고 서로 기뻐하는 것이다. 주안에서 항상 기뻐하라 내가 다시 말하노니 기뻐하라. 너희 관용을 모든 사람에게 알게 하라 주께서 가까우시니라(빌 4장 4-5절).

후기(Nachwort)*

칼 바르트

요세프 흐로마드카의 목소리는 오늘날 "동유럽"의 예수 그리스도 공동체에서 나온 목소리이다. 거기에도 예수 그리스도의 공동체는 존재하며, 살아있고 그리고 말하고 있다. 그쪽으로부터 우리에게 들려오는 모든 것들보다, 우리가 오늘의 "서방"에서 그들로부터 청취하기를 바라는 그것이 바로 우리에게는 더욱 더 중요하고 더 흥미로운 것이다. 그리고 우리에게 더 시급한 것은, 어느 정도의 개방성이나 사실보도나, 동정심을 가지고 거기서 더 벌어진 일을 추적하여 의미를 부여하는 것 보다는 먼저 그 목소리를 올바르게 이해하는 것이다. 예수 그리스도의 공동체가 자기가 속한 장소와 상황 속에서 말하는 곳에는 그 공동체 역시 정반대로 경청해야할 이유를 갖고 있다. 그 공동체가 모든 소음에도 불구하고 멀리 있는 형제들의 목소리 안에서 그에게

* 이 글은 흐로마드카의 "무신론자를 위한 복음", "설교", "바르트에게 보낸 편지" 그리고 바르트의 "후기"로 구성된 독일어 원서(JLH., *Evangelum für Atheisten*, Záp. Berlín, 1958) 중 바르트의 "후기"(Nachwort)를 홍지훈 교수(호남신학대학교, 교회사)가 번역하였다.

속한 모든 것 위에 계신 바로 그 한 분인 선한 목자의 소리 듣기를 바라지 않는 것은 아닌지 말이다. 그 공동체가 이런 메아리를 경청한다면, 그 공동체는 그분 앞에서는 "성도들의 교제" 안에 누구도 배제할 수 없다는 자기들의 책임성을 의식하고 확신하면서 스스로에게 말할 것이 확실하다. 하지만 그 공동체는 그 어떤 경우에도 형제에게서 들려오는 메아리 소리를 듣게 될 것이다. -선한 목자의 소리를 흘려듣지 않기 위해서는 "아버지"(Väter)를 경청해야 한다는 같은 이유 때문에.

내가 이 문서를 처음 살펴보았을 때, 그 각각의 의미가 나에게 강한 도전이 되었던 것은 주고받기(das Geben und Nehmen)에 관한 설교인 두 번째 단락이었다. 내 생각에 아마도 다른 독자들에게도 마찬가지였을 것이다. 이 작은 문서 안에 이 단락이 포함 된 것은 확실히 잘한 것이고 도움이 되는 일이다. 왜냐하면 "서방의"(westliche) 독자가 그로부터 취하기 원하는 것은, 바로 흐로마드카가 말한 것이 경우에 따라(물론 그의 설교의 결론은 예외로 하고) 더 추가됨 없이 선포될 수 있다는 점이다. 하지만 만일 우리가 이 설교를 그의 주변 환경으로부터 끌어내고, 환영하고, 인정하기를 원한다면, 우리는 이 사안을 좀 가볍게 만들고 싶다. 그것은 바로 이 문제에 관한 것인데, 우리와 더 가까워지거나 더 조명하려고 하지 않는 그가 아니라, 단지 우리로부터 "멀리 있는" 또는 "좀 더 멀리 있는" 그, 즉 우리를 신뢰하는 차원에서 생각하고 말하는 흐로마드카 형제로부터 듣기 원하기 때문인 것이다. 이 "더 멀리 있는" 형제는 이 책의 첫 번째 글에서 우선 "무신론자를 위한 복음"에 대하여 말하고, 세 번째로 2년 전에 "대답"(Antwort)이라는 책에 처음 발표된 나를 겨냥한 공개서한을 다시 등장시킨다. 본질적으로 이 두 가지 글에서 우리가 흐로마드카를 듣고 이해하는지 아닌지 결정된다. 또는 우리가 그의 말을 수용할 수 있는지 없는지, 또는 수용한다면 어느 정도까지인지를 결정할 텐데, 왜냐하면 우리는 거기서 단지 그에 대하여만 듣는 것이 아니라, 우리를 향한 그의 선포사역을 통하여 다른 사람들, 더 거대한 것들이 우리를 향해 던지는 말을 듣기 때문이다. 여기서 어쩔 수 없이 사람들이 "논쟁"(Auseindersetzung)이라고 부르는 것을 시작해야만 한다. 하지만 어떤 방식으로 요세프 흐로마드카와 논쟁을 벌일 것인가? 만일에 예를 들어 이 소책자에 관하여 거대 담론을 시작한다면, 내가 그를 읽을 때에 나는 이렇게 생각할 것이다. 비행기 안에서 왼쪽과 오른 쪽을 넘어서 지평선까지 이르도록, 태양아래 멋지게 빛나는 운해를 미끄러져 간다고 말이다. 이것이 산일까? 연속된 산맥일까? 수많은 골짜기로 이루어진 계곡일까? 평지일까? 아마 땅이 아니라, 정말 바다 아닐까? 그 방향은 분명하다. 그 방향은 역시 나의 방향이기도 하다. 그리고 그렇게 나도 함께 날아간다. 그러나 어떤 문장과 문단은 추가질문과 설명과 구체적인 보완과 앞뒤로의 확인이 전혀 필요하지 않을까? 만일 내가 그가 말한 그대로 그를 수용하고 흐로마드카가 답변해야만 하고, 답변해도 되는 것에 함께 책임을 진다면 말이다. 그가 나에게 말로 과외수업을 해주거나, 그가 이 모든 것을—한꺼번에 전체가 아니라, 개별적으로— 어떻게 생각했는지 나에게 보여주어서 이 프라하 친구가 나를 이해시켜주기 바란다면 어떻겠는가? 아니 어떤 "서방의" 크리스천이 아니라, 바로 나를 동화시켜 주기를 바란다면 말이다. 아니다. 나는 직접적인 "논쟁"을 도입하지 않을 것이다. 나에게 흐로마드카는 몇몇의 다른 동료들에 비해 새끼손가락처럼 사랑하는 대상이며, 또 그 동료들에 대항해서 그를 칭찬하지도 않을 것이다. 이 모든 것을 차치하고라도, 크리스천이라면 가능하면 적게 "멀어지는"(auseinander) 것을 피하고, 가능하면 오히려 "가까워지는"(einander) 편에 서야한다는 내 신앙 때문에라도 "멀어지는 논쟁"(Auseinandersetzung)을 할 생각이 전혀 없다.

여기서 언쟁을 주고받지 않고 단지 7개의 문장으로 전체를 아울러 볼 생각이다. 물론 내가 호로마드카의 글을 또 다시 검토하고 난 후에 나의 책임 안에서 우리가 공감하는 부분이 어떻게 옳다고 하는지, 그리고 그의 언어사용에 대하여 어느 정도의 거리가 있음에도 불구하고, 어떤 의미와 상황 속에서 내가 동쪽에서 온 그의 소식과 항의에 동의(Ja)를 말하는지 설명을 시도할 것이다.

1. 동유럽이나 서유럽에서, 그 상황의 모든 차이점에도 불구하고, 예수 그리스도의 공동체는 오로지 그들을 무조건 묶어주고 모든 다른 것들을 절대적으로 규정지어주는 과제 하나를 가지고 있다. 그것은 하나님의 능력인 복음을 선포하는 것(롬 1:16)인데, 이 복음은 유대인이나 그리스인이나, 경건한 신앙인이나 무신론자이거나, 서방세계 사람이거나 엘베(Elbe)강 쪽으로 물러선 동유럽의 사람들에게나 똑같이 신앙을 깨워 그들에게 주어진 것을 인식하게 하여 구원에로 인도하는 것이다. 마찬가지로 예수 그리스도의 공동체는 그곳이던지 이곳이던지 신앙에로의 부르심을 가지고 하나님과 모든 사람을 섬길 수 있고 섬겨야만 한다.

2. 그래서 복음은 구원하시는 하나님의 능력이다, 왜냐하면 그것은 자유롭게 하는 능력이기 때문이다. 그 능력 안에서 하나님은 인간을 당신과 서로에게 정말 자유롭게 하기 위하여 모든 인간에게 그리스도를 통하여 당신 자신을 드러내고 제공하신다.

3. 복음 선포가 서유럽에서와 마찬가지로 동유럽에서도 증언하는 것은, 자유롭고 자유하게 하는 하나님의 말씀의 증거 안에서 여기에서처럼 거기에서도 갇힌 자들에게 청원하는 미래가 정말로 유일한 사실이라는 점이다. "마르크스주의자"와 "자본주의자"를 위해서도, "제

국주의자"와 "파시스트"를 위해서도 예수 그리스도는 역시 존재하며, 예수는 옛 교회(가톨릭) 신앙인들을 위해서도 역시 돌아가셨다.

4. 갇힌 자들을 향한 자유로우며 자유하게 하는 하나님의 말씀은 동유럽에서처럼 서유럽에서도 율법의 굴레를 파괴한다. 다시 말하면, 이 율법적 굴레는 거기에서처럼 여기에서도 교리적 정통성에 목을 매는 역사적 관점들이나 판정들, "신앙적"이고 "불신앙적인" 전통들, 원칙들, 도덕적 체계들, 정치경제적 이념들 그리고 세계관들인데, 이러한 구조와 더불어 인간은 자기 스스로에게 조언과 도움주기를 시도하지만, 사실상 이것들은 인간에게 적대자이고, 억압자이며, 자기 스스로의 파괴자가 된다. 하나님의 말씀은 거기에서처럼 여기에서도 어리석음에 맞서서 자신을 일으키라고, 그리고 주님이 주신 소산 앞에서 현명하게, 즐겁게 그리고 평화롭게 되라고 그를 부른다.

5. 이러한 소식과 더불어 그리스도의 공동체는 서방과 동유럽의 공적영역 안에서 단지 소수에게만 이해된다. 오히려 여기와 거기의 정치와 경제, 언론의 힘과 그 배후에 있는 대중들로부터는 의심받고, 조소당하고, 무시당하며, 심지어 직간접적으로 압박을 당할 것이다. 만일 그들에게 이런 일들이 발생하지 않는다면, 드물지만 좋은 징조이다. 그리고 그 외에 그 공동체는 여기와 거기에서 전승되거나 새로 고안된 율법의 교사와 초보자들이 자기들의 중심에 초래한 혼란으로부터 스스로를 보호하도록 할 것이다. 그래서 그 공동체는 이런 저런 시련에 흔들리거나, 고통을 당하게 되지 않을 것이다.

6. 공동체의 일치는 자유를 향한 부름이 있는 곳이면 어디에서나 위협당하고 있다. 서방에서는 "기독교적 서구"라는 교리사적(geschichts-dogmatische) 율법 때문에, 그리고 동유럽에서는 선포의 전제조건으로 의무적으로 고착된 "변증법적 유물론"(Diamat)이라는 교리사적 율

법 때문이다. 여기와 거기에서 이런 협박이 시작되어야만 했다면, 동유럽 크리스천에게 서방의 길이—서방의 사람들에게는 동유럽 형제들의 길이— 권유되었을 것이다. 그렇다면 그들의 생각을 공개적이고 분명한 발표 속에서, 그러나 무엇보다도 인내하면서 유머와 희망을 이끌어내는 것이 되어야 할 것이다.

7. 공동체의 일치는 —서방이든 동유럽이든 하나님에 관한 아니 오직 하나님에 관한, 그래서 동시에 인간에 관한, 아니 오직 인간에 관한 일이 일어나는 곳이라면— 그 어디에서든지 그 위력을 발휘한다. 이러한 일치 안에서 공동체는 서로에게서 알게 되는 것이 있는데, 공동체는 여기 그리고 거기에서, 경건한 육신과 불신적 육신에게도, 외적이고 내적인 불평들에 저항할 것이 있으며, 그에 상응하는 불편함을 불평 없이 받아들일 준비가 되었다는 것을 알게 된다.

바젤(Basel)

1958년 7월

칼 바르트(Karl Barth)

요세프 흐로마드카 저작 목록

(체코어 단행본 저서, 영어 및 독일어 저술, 년도순)

단행본 및 소책자

Křesťanství a vědecké myšlení(기독교와 과학적 사고), 체코형제출판조합, Praha 1922.

Katolicismus a boj o křesťanství (가톨릭과 기독교에 대한 투쟁), Bursík a Kohout, Praha 1925 *Křesťanství, církev, klerikalismus* (기독교, 교회, 교권주의), Kostnická Jednota, Praha 1925.

Ústřední principy protestantské (프로테스탄트의 중심원칙), Spolek evangelických akademiků Jeroným, Praha 1925.

Křesťanova moudrost (크리스천의 지혜), YMCA, Praha 1925.

V boji o Boha a Boží království (하나님과 하나님의 왕국을 위한 투쟁), YMCA, 1925.

Palackého osobnost a význam v národním probuzení (민족각성 시대의 팔라츠키 인물과 의미), Knihovna Svazu národního osvobozeni č. 26, 1926.

Cesty protestantského theologa (프로테스탄트 신학자의 길), V. Horáka a spol, Praha 1927.

Zásady českobratrské církve evangelické (체코형제복음교회의 규칙), Synodní výbor Českobratrské církve evangelické, 1927.

Problém pravdy v theologickém myšlení (신학적 사고의 진리의 문제), YMCA, Praha 1928.

Co dnes s biblí? (오늘날 성경은 무슨 뜻인가?), YMCA, Praha 1928.

Základy theologické ethiky (신학적 윤리의 토대), Spolek posluchačů Husovy evangelické fakulty bohoslovecké, Praha 1929.

Masaryk (마사리크), YMCA, Praha 1930.

Křesťanství v myšlení a životě (사상과 삶의 기독교), Jan Laichter, Praha 1931.
Dostojevskij a Masaryk (토스토엡스키와 마사리크), YMCA, Praha 1931.
Cesty českých evangelíků (체코개혁교도들의 길), Kalich, Praha 1934.
Slovo Boží (하나님의 말씀), Leták Jednoty Písmáků v ČSR, Praha 1934.
Hrdinství v pravdě a lidskosti (진리와 휴머니티의 영웅주의), YMCA, Praha 1936.
Masaryk as European, International Philosophical Library, Prague 1936.
Odkaz Jednoty - K 400. výročí Bratrské konfese (형제단의 유산 – 형제 신앙고백 400주년에 즈음하여), Synodní rada, Praha 1936.
Co je církev (교회란 무엇인가), Synodní rada, Brno 1936.
Pochodeň Masarykova (마사리크의 횃불), YMCA, Praha 1937.
The Heritage of the Bohemian Reformation, *"At the Cross Roads of Europe"*(pp. 103-131), Prague: Pen Club, 1938.
Čím je nám dnes Ježíš Kristus? (예수 그리스도는 오늘날 우리에게 누구인가?), YMCA, Praha, 1940.
Masaryk mezi včerejškem a zítřkem - Československý boj o novou Evropu (마사리크의 어제와 오늘 – 새로운 유럽을 위한 체코슬로바키아 투쟁), Národní jednoty československých evangelíků v Americe, Chicago, 1940.
Don Quijote české filosofie - Emanuel Rádl 1873-1942 (체코 철학의 돈키호테 –엠마누엘 라들, 1873-1942), New York 1943.
The flag under which we fight, Husův lid, New York 1944.
The Soviet Enigama, Christianity and Crisis, 1944.
Doom and Resurrection, Madrus House, Richmond 1945.
Naše dnešní orientace (우리의 오늘의 방향), Henclova tiskárna, Praha 1945.
S druhého břehu: Úvahy z amerického exilu 1940-1945 (건너편 언덕에서: 미국망명 1940-1945에서의 생각들), Jan Laichter, Praha 1946.
O nové Československo (새로운 체코슬로바키아을 위해), YMCA, Praha 1946.
Mezi Východem a Západem (소련과 서방 사이에서), Kalich, Praha 1946.
Komunismus a křesťanství (공산주의와 기독교), Evangelické Dílo, Hradec Králové 1946.
Between Yesterday and Tomorrow, Christianity and Crises, 1948.
Jednota národa v pravdě – Reformační církev v proudech dneška (진리 안에 있는 민족 연합 – 오늘의 흐름에서의 개혁교회), Evangelické Dílo, Hradec krá-

lové 1949.

Teologie a církev (신학과 교회), Husova československá evangelická fakulta bohoslovecká, Praha 1949.

Naše konfese (우리의 신앙고백), Komenská evangelická fakulta bohoslovecká, Praha 1951.

Českoslovenští evangelíci v boji za mír (평화를 위해 투쟁하는 체코슬로바키아 개혁교도들), Evangelické Dílo, Hradec králové 1951.

Smysl bratrské reformace (형제단 종교개혁의 의미), Kalich, Praha 1954.

Od reformace K zítřku (종교개혁 부터 내일까지), Kalich, Praha 1956.

The Church and Theology in Today's Troubled Times - A Czechoslovak contribution to ecumenical discussions, the Ecumenical Council of Churches in Czechoslovakia, Prague 1956.

Kirche und Theologie im Umbruch der Gegenwart - Ein tschechoslowakischer Beitrag zu den ökumenischen Gesprächen, Oekumenischen Rat der Kirchen in der Tschechoslowakei, Prag 1956.

Theology Between Yesterday and Tomorrow, The Westminster Press, Philadelphia, 1957.

Odkaz Jednoty dnešku (형제단 유산의 오늘의 의미), Kalich, Praha 1957.

Evangelium o cestě za člověkem (인간을 위한 길의 복음), Kalich, Praha 1958.

Evangelium für Atheisten, Unterwegs, Berlin 1958.

Von der Reformation zum Morgen, Koeher & Amelang, Leipzig 1959.

Wir Christen und die Atheisten, Stimme Verlang Aarmstadt 1959.

Sprung über die Mauer, Käthe Vogt Verlang, Berlin 1961.

Pole je tento svět (필드는 이 세상), Kalich, Praha 1964.

An der Schwelle des Dialogs, Union-Verlag Berlin 1964.

An der Schwelle des Dialogs zwischen Christen und Marxisten, Stimme-Verlag Frankfurt, 1965.

부록

아버지 요세프 흐로마드카를 회상하며

알레나 지크문도바(Alena Zikmundová)

하루는 이종실 목사가 방문하여 요세프 스몰리크 교수가 쓴 책 "요세프 루클 흐로마드카의 삶과 업적"을 주면서 나에게 한국독자를 위한 아버지의 기억을 부탁하였다. 나는 감사한 마음으로 이 책을 읽으면서 떠오르는 아버지에 대한 기억을 한국독자들과 나눌 수 있게 되어 영광이다.

나는 이 책을 통해 다시 한 번 아버지가 일생동안 씨름했던 것들을 기억할 수 있었다. 그는 믿음, 교회, 영성의 영역뿐 아니라 철학, 민족주의와 정치적 목표의 영역에서도 많은 질문들과 마주하였다. 나는 내가 아직 어렸을 때인 1928-1939년경 아버지가 다양한 문제들과 대면했던 것을 기억하고 있다. 많은 사람들이 아버지의 의견을 수용하지 않았고, 또 다른 한편 많은 사람들이 그를 따랐다. 우리는 프라하 외가에서 살았다. 외가의 할아버지와 삼촌들은 아버지와 생각을 같이 나누었던 사람들의 부류에 속하였다. 교회와 에큐메니칼 활동은 나에게 먼 이야기였지만, 나는 민족에 대한 자긍심을 갖고 나치의 위험에 저항하여 싸우려는 마음이 있었고, 그렇지만 1938년 9월 뮌헨협정이

후 저항에 대한 두려움도 있었다. 무언가 행동을 해야만 할 것 같았지만, 무엇을 어떻게 해야 할지 몰랐다. 나는 긴장되고 우울한 나날들을 보냈었다.

4월 15일 일요일에 남편이 경찰인 우리 교회 교인이 어머니를 따로 불러 데리고 가서 자신의 남편이 체포자 명단 파일을 가지고 있는데 그 가운데 아버지 이름이 있다는 것을 알려주었다. 그는 아버지 카드를 체포자 명단 파일의 맨 뒷 순서로 둘 테니, 체포되기 전에 빨리 나라 밖으로 도망을 가라고 말하였다. 부모님들은 우리에게 화요일에 이 사실을 말하였고, 토요일에 부모님, 언니 나디아(Nadia) 그리고 나는 제네바행 기차를 탔다. 모든 절차들은 에큐메니칼 서클의 아버지 친구들에 의해 처리되었다. 그리고 마침내 우리는 유효한 서류들을 갖게 되었다.

우리는 이전에 체코슬로바키아 밖으로 나가 본적이 없었다. 우리 어린 자녀들을 위해 이 휴가는 눈 덮힌 알프스, 레만 호수, 제네바, 파리에서의 3주 후, 대서양, 메리 여왕, 뉴욕 등 동화 같은 이야기였다. 물론 그 후 더 힘든 현실이 닥쳐왔으나, 진심으로 우리를 도운 교회와 에큐메니칼 운동의 아버지 동역자들 덕분에, 우리는 모든 어려움을 극복하게 되었다. 아버지는 세미나를 시작하는 가을학기 이전에 생활비를 위해 주로 미국 내 체코 이민자 교회들을 순회하며 설교와 강의를 하러 가셨다. 어머니와 우리 둘은 프린스턴 알렉산더 거리(Alexander Street) 44번지에 있는 선교 아파트 C-2로 이사를 하였다.

이 아파트들은 주로 아시아에서 7년간 사역을 하고 돌아온 장로교 선교사들을 위해 세워진 것이었다. 아파트들은 옷걸이부터 포크, 나이프에 이르기까지 가구가 완벽하게 갖추어져 있었다. 단지 여벌의 옷과 신발만을 챙긴 짐만을 들고 온 우리에게는 매우 이상적인 아파트였다. 어머니는 남편의 도움 없이 외국 땅에서 혼자 있게 되어 매우 슬펐다. 신학교 가족들이 어머니에게 조언을 하여, 우리는 영어를 알지 못한 채 학교에 다니기 시작하였다. 그러나 곧 방학이 되었고 아버지도 미드웨스트에서 돌아와서, 우리는 뉴 햄프셔와 메인에서 YMCA 친구들과 함께 8월을 보냈다.

처음에 아버지는 영어로 강의하는 것이 쉽지 않았다. 그는 독일어에 더 익숙하였다. 그러나 그는 곧 언어의 문제를 극복하여, 다음해에 프린스턴신학대학의 객원 교수(guest professor)가 되었다. 이렇게 우리의 미국 생활이 시작되었다. 나디아와 나는 마치 장막 뒤편에 있는 프라하에서 생활하는 것처럼 미국생활이 익숙해졌다. 곧 바로 전쟁이 일어난 일 이 외에 부모님들 역시 매우 만족하였고, 프린스턴에서의 나의 기억은 햇빛과 이해받는 것과 기쁨으로 가득 채워져 있었다. 그곳에서 사귄 좋은 친구들과 지금까지 생명이 다하는 순간까지 서로 연락을 하고 지내고 있다. 어머니, 아버지 그리고 나디아는 더 이상 이 세상 사람들이 아니고, 나도 이제 90세가 되었다. 지나간 세월을 가족으로서 우리는 잊을 수 없다

미국에서 아버지는 유명인이었고 학생들로부터 존경을 받았고, 그의 말은 학생들과 대학 모두의 신뢰를 받았다. 우리 가족들 모두 각자 삶의 목표와 계획을 세울 수 있게 되었다. 나디아는 바서대학(Vassar College)을 마쳤고, 나는 1945년에 프린스턴 고등학교를 졸업하여 오하이오 우스터대학(Wooster College)에서 공부를 하였다. 어머니는 전쟁기간 동안 전쟁구호 일에 봉사를 하였고, 합창단에서 노래를 하였으며 대학 클럽을 조직하는 일을 도왔다.

시작한 모든 것은 끝이 있기 마련이다. 전쟁은 끝났고, 지금 우리는 어떻게 해야 하는가에 대한 질문이 남았다. 아버지는 자신의 삶의 과

제는 고국에 있다고 확신하게 되었다. 그러나 그는 자신의 확신을 우리들에게 설득시키는 것은 쉽지 않았다. 지난 8년, 특별히 문화적 사회적 정치적 차이가 있었고 많은 장애들이 있었던 시간들이었다. 어머니와 나디아는 프린스턴에 남길 원하였고, 아버지는 이미 유럽으로 돌아가길 결심하고 있었고 나는 아버지 편을 들었다. 그러나 나는 귀국이 무엇을 의미하는지 상상할 수 없었다. 그것은 삶의 다른 길이었으며, 사고하는 것과 필수적인 우선순위가 다른 길이었으며, 양쪽의 오해와 때론 증오가 기다리는 길이었다. 두 자매는 자신의 발판과 자신감을 잃어버렸다. 교회와 사회의 분위기는 바뀌었고, 아버지도—그는 이전 동역자들의 신뢰가 있었을지라도— 예전과 같은 신뢰와 신용을 얻기는 힘들었다. 우리는 그것을 극복해야만 했다. "너희들은 우리를 이해할 수 없다. 전쟁 중에 너희들은 여기에 없었다. 우리가 너희들을 신뢰해도 될까? 왜 너희는 돌아왔는가?" 주위 사람들은 우리를 비난하였다.

아버지는 우리가 소련과 서방 사이의 다리가 되리라 생각하였으나, 1948년 2월 공산당의 쿠데타로 변화가 일어났다. 공산당이 정권을 잡으면서 우리나라를 동쪽 진영으로 끌어당겼다. 아버지의 계획은 불가능하게 되었다. 냉전은 그것을 허락하지 않았다. 한국독자 여러분들은 나의 아버지의 투쟁과 희망과 새로운 계획이 실패로 돌아간 것을 읽을 수 있을 것이다. 결국 그는 낙심하여 지속할 힘이 없었다.

나는 나의 아버지를 전적으로 사랑하며 존경하였고 신뢰하였다. 그는 순수하였고 열려있었다. 그는 자신의 생각을 집에서, 학교에서, 사적으로나 공적으로나 언제나 똑 같이 말하였다. 우리는 여름 휴가철에 아버지와 어머니와 함께 산에 있는 작은 오두막집에서 보냈다. 나의 자녀들은 그를 사랑하였고 존경하였으며, 그는 나의 아이들을 좋아하였다. 나의 가족은 북 보헤미아에서 살았고, 1965년에 우리는 동 모라비아에 있는 프세틴(Vsetín)으로 이사하였다. 프세틴은 1916년경 루터 신앙고백전통이 있는 지역교회의 전도사로 아버지가 첫 번째 목회를 시작하였던 곳이다. 지금 우리 교회는 루터교회와 장로교회가 "체코형제복음교회"로 연합되었다. 우리는 원래 장로교회에서 생활하였고 일하였으며(아버지를 기억하는 사람들이 지금도 몇 분 살아 있다), 프세틴은 호드슬라비체와 아주 가깝다. 호드슬라비체(Hodslavice) 마을은 아버지가 태어난 곳이어서 우리 가족은 삼촌 이모 사촌들과 잘 알고 지냈다. 아버지는 진심으로 친척들을 환영하였다.

불행하게도 나는 프라하에서 멀리 떨어져 있었고, 일곱 자녀를 키우고 있어서 아버지의 투쟁과 논쟁을 지켜보는 것이 쉽지 않았다. 그러나 많은 사람들이 아버지를 이해하지 않았고, 그의 관점이 미국에서의 경험에 의해 영향을 받게 되었다고 말한 것을 나는 알고 있었다. 주위에 증오와 불신으로 가득 차 있을지라도, 그리스도의 교회는 어떠한 조건 아래에서도 살아갈 수 있어야 한다고 가족들을 설득하였다. 그는 결코 사람들을 비판하지 않았고 그들의 선의를 바라보았다. 그는 모든 사람에게 마음을 열었다.

아버지는 프린스턴 신학교의 한국 학생들에게 특별한 관심을 가졌던 기억을 마지막으로 나는 언급하고 싶다. 당시에 약간의 한국 학생들이 프린스턴신학대학에서 공부를 하였으며 그리고 아버지는 그들과 토론을 하였고, 알렉산더 거리 20번지 우리 집에서 그들과 모임을 자주 가졌다. 우리는 개를 키웠고, 더스티(Dusty)라고 불렀다. 더스티는 현관문 앞 매트에 누워있는 것을 좋아했고 나타나는 모든 사람들에게 짖었으나, 우리 집을 방문하는 프린스턴신학대학 학생들에게는 짖지 않았다.

전쟁 전에, 아버지는 체코, 독일, 영국 그리고 미국 교회에 대해 주로 관심을 두었지만, 그의 에큐메니칼 활동의 영향과 프린스턴 체류로 그의 관심은 아시아, 극동아시아, 러시아부터 인도, 중국, 일본과 한국까지 넓어졌다.

〈독후감〉

태피스트리(Tapestry)

고무송
(한국교회인물연구소 소장, 목사)

현지처(現地處)

번역자 이종실 목사와 필자가 만난 것은 금년 초 서울에서였다. 그는 나에게 무거운 보따리 하나를 넘겨주었다. 원고뭉치였다. 여러 해 동안 번역한 것인데, 한번 봐줬으면 좋겠다는 것이다. 반가웠다. 그러잖아도 그가 고색창연한 프라하에서 뭔가 범상찮은 일을 하고 있을 것만 같았는데, 진짜 뭘 하고 있는 건지는 헤아릴 수가 없었다. 너무 멀리 있기에. 그랬었는데, 그게 바로 이 작업이었구나 생각하니, 여간 기쁜 게 아니었다. 그러나 결코 기뻐할 수 있는 일만도 아니었다.

실은, 고 목사님께 추천사를 부탁드리려고 이 원고를 들고 나왔습니다. 추천사(推薦辭)라니요? 격에 맞질 않습니다. 언감생심(焉敢生心)입니다.

몇 해 전, 이종실 목사가 번역한 『체코 종교개혁자 얀 후스를 만나다』(동연, 2015) 출판 때도 그는 똑같은 부탁을 했었고, 그땐 가까스로 발문(跋文) '맺음말을 대신하여' 제목의 글로 몇 자 적어드릴 수 있었다. 그런데 이런 일이 또 있게 될 줄이야. 아니, 그토록이나 번역자의 청을 필자가 거절하기 어렵다는 사연은 무엇이란 말인가? 납득하기 어렵다고? 필자가 취재, 신앙월간지 「빛과소금」(2015년7월호)에 게재했던 이종실 목사와의 인터뷰를 한번 읽어보시라.

필자가 처음 이종실 목사를 만난 것은 1991년 영국 버밍험에서였습니다. 그때 필자는 버밍험대학교에서 영국 출신의 한국 최초 개신교 순교자 토마스 목사(Rev. R. J. Thomas 1839-1866)를 주제로 논문을 쓰고 있었고, 이 목사는 선교사 훈련을 받고 있었습니다. 우리는 기숙사 2층 옆방에 기거하면서 애환을 함께 나누는 한편, 두고 온 조국과 한국교회에 대해서도 많은 이야기를 나누었습니다. (중략) 아내는 나한테 이목사를 가리켜 '현지처'라고 놀려대기도 했습니다. 그도 그럴 것이, 필자가 토마스 목사 연구에 자료 부족으로 고충이 막심할 때, 이 목사는 비장(秘藏)의 역사서인 『조선전사』(朝鮮全史, 과학백과사전출판사, 1980) 16권 한 질을 통째로 선물, 우리 가족들을 감동케 했던 것이었습니다.

독후감(讀後感)

이번엔, 먼저 이종실 목사의 번역본을 촘촘히 읽고 독자의 입장에서 그 소감을 적어보는 독후감을 쓰는 정도로 해서 낙착을 볼 수 있었다. 휴우! 그것도, 그때 중요한 부탁을 받아 준비 중인 게 있어 그걸 마친 다음 원고를 읽어보겠노라, 겨우 양해를 구했던 것이다. 다름 아닌, '2018년도 여수시교회연합회 주최 부활절연합예배' 설교였다. 이래저래 거절할 줄 모르는 성미 때문에 힘겨운 일을 맡아 끙끙거리며 사서 고생을 한다고, 아내의 핀잔이 자자한 형편이고 보면, 제 분수를 알아차릴 줄 모르는 이 내 신세를 어찌하면 좋을꼬!

각설(却說)

'프라하의 봄'으로 대단원의 막을 내리고 거기에 "무신론자를 위한 복음" 부록까지 곁들인 번역 원고 일독(一讀)을 마친 건 꼭두새벽, 막 조간신문이 배달되는 시각이었다. 잠 못 이룰 만큼 필자를 꼼짝 못하게 잡아둔 번역 원고의 엄청난 마력. 체코어 텍스트를 직접 번역한 알싸한 맛. 거기에 주인공 흐로마드카의 인간적인 매력. 마력(魔力)과 매력(魅力)을 적당히 비벼낸 별미(別味) 산채비빔밥처럼 맛깔스런 단행본『체코의 에큐메니칼 신학자, 요세프 흐로마드카』(부록 "무신론자를 위한 복음"). 텍스트의 주인공 흐로마드카(Josef Lukl Hromádka 1889-1969), 그는 과연 누구인가?

한국에 소개된 어느 신학서적에서도 그의 이름은 쉽사리 찾아지질 않는다. 어느 조직신학자의 자문에 따르면, 그의 체코 본명을 영어식 발음에서 첫 글자 묵음화(默音化)로 인하여 한국엔 '로마드카'로 소개됐다는 것. 그렇지만, 본서의 번역자는 본문 그대로 체코식 표기가 주인공에 대한 기본 예(基本禮)이며, 지극히 당연하다는 입장을 견지하고 있는 것. 따라서 이종실 목사의 이 번역본은 체코어 텍스트를 정본으로 했으며, 그러니까 중역(重譯) 아닌 직역(直譯)인 셈이다. 사족(蛇足)! 국내 신학자 가운데 체코어 직역으로 번역 작업이 쉽지 않을 터. 그러기에 종교개혁의 원류(源流) 가운데 굵은 물줄기를 이루고 있는 체코신학의 풍성한 전적(典籍)들이 앞으로 한국어로 번역되는데 그의 역할이 크게 기대된다는 그 신학자의 전언이었다. 걸기대개봉박두(乞期待開封迫頭)!

체코어 정본(正本) 직역(直譯)

이종실 목사와 김진아 사모가 대한예수교장로회 총회로부터 체코 주재 선교사로 파송을 받아 당시 초등학생인 아들 현우 군과 함께 세 식구가 프라하에 입성한 것은 1993년, 금년 만 25년이다. 그러니까, 이 번역 작품으로 말할 것 같으면 체코 입국 은혼기념 작품(銀婚記念作品)이라 해야 할 것이다. 어느 외국어가 그렇지 않으리요만, 체코어가 몹시도 어렵다 했거늘, 어이 이토록 예쁘게 빚어낼 수 있을꼬. 누구라서 얘기했던가, "번역은 제2의 창작"이라고! 이씨 일가의 4반세기에 걸친 이방 나그네로서의 인고(忍苦)의 세월 속에 절차탁마(切磋琢磨) 내공을 감히 헤아리게 되는 것이다.

필자가 본서 일독을 끝낸 꼭두새벽에 배달된 조간 경향신문, 그날 사회면 톱기사 제목은 "잊지 않을게요!" 때마침 '세월호 참사4주기' 바로 그날이었다. 그러니까, 무거운 책보따리를 풀어서 완독하는 데 꼬박 보름이 걸렸다는 계산이 된다. 그날이 4.16 그날이었으니까 말이다. 신문은 남-북, 북-미 정상회담을 비롯, 세월호 참사 기사로 가득했다. 문재인 대통령은 세월호의 완전한 진실규명을 다짐, "선체조사위와 세월호특조위를 통해 세월호의 진실을 끝까지 규명해 낼 것"이라고 밝혔고, '세월호 4주기 그리고 살아남은 자의 책무'라는 제목의 사설이 곁들여 있었다.

세월호 참사 4주기를 맞는다. 4년 전 그날 인천을 출발해 제주로 향하던 배가 진도 앞바다 맹골수도에서 침몰했고, 안산단원고 학생과 교사, 탑승객 등 304명이 영영 가족의 곁으로 돌아오지 못했다. (중략) 생명과 안전이 가장 고귀한 기본권이 되는 사회를 만드는 책무는 살아남은 우리에게 있다. 아이들이 지켜보고 있다.

'프라하의 봄'으로 피날레를 장식한 번역 원고 "체코의 에큐메니칼 신학자, 요세프 흐로마드카"를 정독하면서 필자가 누릴 수 있었던 무한 감동은 세월호 참사 보도와 한데 어우러져 필자를 피안(彼岸)을 넘어 차안(此岸)의 세계로 이끌어 내는 것이었다. 그것은 체코와 한국이라는 동(東)과 서(西)를 넘나들고, 또다시 20세기 동구권(東歐圈) 프라하 중심 공산세계 무신론(無神論) 풍토 속에서 빚어졌던 온갖 모순(矛盾), 갈등(葛藤), 혼돈(混沌), 비애(悲哀), 암흑(暗黑)을 넘고 또 넘어 21세기 한반도 대한민국의 군사독재(軍事獨裁), 부정부패(不正腐敗), 오욕(汚辱)으로 점철된 적폐청산(積弊淸算)으로까지 종횡무진(縱橫無盡) 넘나들면서 필자의 영혼을 흔들어 깨우는 것 아닌가. 그것은 또한 시공(時空)을 초극(超克), 마침내 복음(福音)의 광휘(光輝) 속으로 필자를 이끌어내는 영광과 고난의 변주곡(變奏曲)이며, 장엄한 심포니 오케스트라(Symphony Orchestra)일레라.

흐로마드카(Hromádka), 그는 누구인가?

'2018년 여수시 부활절연합예배' 이후에야 번역 원고 보따리를 펼쳐볼 수 있겠노라, 필자는 번역자에게 어렵사리 유예(猶豫)를 구했었다고 했다. 그만큼 그 집회에서 감당해야 할 메시지에 정성을 쏟아야 했기 때문이었다. 그러나 번역본을 읽고 난 후 솔직한 심정은, '먼저 이 원고를 읽고 난 뒤에 부활절 설교를 준비했었더라면 더 좋았을 것을!' 그런 아쉬움을 떨쳐버릴 수 없었던 것이다. 왜냐하면, 흐로마드카의 생애와 업적을 여수의 부활절예배 회중들에게 전해 드리지 못하게 된 아쉬움이 못내 컸기 때문이었다. 그만큼 흐로마드카는 여수의 그리스도인들에게 마땅히 알려야 할 매력적인 인물이 아닐 수 없는 것이었다. 어디 여수 사람들뿐이겠는가. 한반도의 그리스도인들은 물론이려니와 불신자들에게까지도 널리 널리 읽혀 마땅한 내용이라 확신하기에, 필자는 독자들에게 프라하에서 보내온 이 특별 선물을 꼭 좀 애독하시라 강추(强推)케 되는 것이다.

금번 여수의 부활절 설교는 충무공 이순신의 살신성인(殺身成仁), 두 아들과 함께 장엄하게 순교의 제물이 됐던 손양원 목사의 순교(殉敎), 예수 그리스도의 부활(復活). 이 세 가지 엄청난 주제(主題)들을 하나로 묶은 메시지였던 바, 거기에 흐로마드카(Hromádka), 그가 곁들여졌더라면 금상첨화(錦上添花) 아니었겠는가! 오호(嗚呼) 애재(哀哉)! 절절한 아쉬움으로 사무치게 되는 것이다.

필자에게 넘겨진 번역본 원고는 A4용지로 부록을 포함 10p로 타이핑된 155매 분량, 만만찮은 중량감으로 다가선다. 서문을 비롯 피날레 '프라하의 봄'과 종장(終章) '기독교 평화 컨퍼런스의 위기' 등 모두 23개 장(chapter)으로 구성돼 있으며, 흐로마드카의 대표 저작 "무신론자를 위한 복음"이 부록으로 첨부돼 있다. 저자 요세프 스몰리크(Josef Smolik)는 서문에서 이렇게 밝혀주고 있다.

(흐로마드카는) 1968년 8월 21일, 소비에트 군대의 (체코슬로바키아) 침공에 대한 비망록에서 거친 항의와 왜곡된 사회주의에 대한 예리한

비판과 자신의 고통 등을 언급하였다. 흐로마드카는 체코슬로바키아 민족과 교회를 위해 희망을 포기한 적이 없으며, 그 희망은 십자가에서 죽으시고 부활하신 (예수) 그리스도에 뿌리를 내리고 있다.

저자는 편년체(編年體)로 흐로마드카의 생애와 사상을 서술하고 있는 바, 그의 삶은 고난으로 얼룩진 체코슬로바키아 현대사의 흐름과 궤(軌)를 함께 한 질곡(桎梏)의 일생이었음을 보여주고 있다. 그러나 그는 질풍노도(疾風怒濤) 같은 조국 체코슬로바키아의 역사 속으로 함몰되지 않고, 도리어 복음의 깃발을 휘날리며 역류(逆流), 과감하게 전진하는 모습을 그려내고 있는 것이다.

태피스트리(Tapestry) 예술작품

그렇다. 저자 요세프 스몰리크는 파란만장(波瀾萬丈)한 흐로마드카의 생애를 마치 한 폭의 태피스트리(Tapestry) 예술작품으로 그려내고 있는 것이었다. 조국 체코슬로바키아가 겪어내고 있는 고난의 역사를 씨줄(woof)로, 예수 그리스도의 영광스런 복음을 앞세우고 고난의 역사를 헤쳐 가며 전진하는 흐로마드카의 생애를 날줄(warp)로, 한 땀 또 한 땀 정교하게 직조(織造)해 내는 아름답고도 찬란한 태피스트리 예술작품 말이다. 필자는 그 황홀한 태피스트리 작품 속에서 문득 드보르작(Dvorjak, Antonin, 1841-1904)의 선율과 어느 수필가의 글을 기억하게 되는 것이었다.

(체코 국민음악가) 드보르작의 '슬라브무곡' 1집 작품46을 듣고 있노라면 유랑하던 보헤미안의 고통과 함께 망망한 시간, 지루하고 아픈 견딤

속에서 영원을 지향하던 드보르작의 꿈이 생각난다. (중략) 체코가 오스트리아의 속국이 되어 고향을 등지고 떠나야 했던 보헤미안들. 조국에 대한 사랑과 자연의 소박한 향기가 묻어있는 슬라브무곡은 일제 강점기 조국을 빼앗기고 만주, 간도, 러시아, 중앙아시아 등지로 유랑해야 했던 우리 선조들을 생각하게 되는 것이다(유혜자, 『음악의 에스프레시보』, 선우미디어, 2011).

유랑하던 보헤미안들의 아픔이 배어있는 슬라브무곡이 묻어나는 태피스트리 예술작품 속에서, 필자는 불현듯 미국으로 망명해야 했던 흐로마드카의 환영(幻影)을 떠올리게 되는 것이었다.

유럽의 재앙으로 흐로마드카는 미합중국에게 선물이 되었다. 히틀러 군대가 체코슬로바키아공화국을 침공하였을 때, 그는 자신의 조국으로부터 도망쳐 미국으로 망명해야 했다. 정치적, 종교적 자유를 지지하는 타협 없는 태도로 인하여 흐로마드카 박사의 체포는 히틀러 비밀경찰의 목표가 되었다. (천신만고 끝에) 흐로마드카는 하나님의 자비하심으로 스위스를 거쳐 미국으로 망명하는데 성공할 수 있었던 것이었다(본서 '미국에서' 중에서).

스릴(thrill)과 서스펜스(suspense) 넘치는 한 편의 공포영화(a horror movie) 같았던 흐로마드카의 인생유전(人生流轉). 1939년부터 1947년까지 미국에 망명해야만 했던 그는 명문 프린스톤신학교(Princeton Theological Seminary) 교수로 교의학, 종교철학, 기독교윤리학 등을 강의할 수 있었다. 그렇지만 그는 결코 미국에서의 안온한 생활에 탐닉(耽溺), 안주(安住)할 수 없었다. 혁명의 불구덩이 속 조국 체코슬로바키아로 뛰어 들어간다. 화염 속으로 날아드는 한 마리 부나비처럼! 흐로마드카로 하여금 생명의 위험을 무릅쓰고 무신론

공산주의자들 속으로 뛰어들게 한 동기, 용기 그리고 이유, 그런 것들은 과연 무엇 무엇이었을까? 부록으로 첨부한 흐로마드카의 대표 저서 "무신론자를 위한 복음"에서 독자들은 그 해답의 실마리를 찾을 수 있을 것이다.

20세기 현대 신학의 거장(巨匠)

다행스럽고도 반가운 일은 체코신학 연구의 불모지와 같은 한국교회 풍토 속에 정미현 교수(연세대 연합신학대학원)의 흐로마드카 연구 박사학위논문(Ph.D)은 고마운 선물이 아닐 수 없다.

> 제2차 세계대전 이후에 로마드카는 미국에 계속 머무를 수 있었으며, 만약 그가 그리했더라면, 그는 확실히 신학교수로서 유명해 질 수 있었을 것이다. 1947년 그가 미국을 떠나 영구적으로 고국으로 되돌아가려하자, 몇몇의 미국인 동료들은 섭섭함과 아쉬움을 금할 수 없었다. 많은 사람들이 사회주의 체제화되는 동유럽을 떠나던 시기에, 그는 오히려 소위 가장 풍요로운 자유민주주의 나라 미국에서 불확실하고 불안정한 체코의 상황 속으로 다시 되돌아오게 되었다(정미현, 『체코 신학의 지형도』, 연세대학교대학출판문화원, 2015).

흐로마드카는 결코 상아탑과 교회 울타리 속에 갇혀있는 것 아니라, 사회주의 체코에서 눈부신 활동을 펼친다. 교수, 목회자, 민족의 지도자로서 현실을 직시, 냉전체제 속에서도 그리스도인과 마르크스주의자와의 대화를 주도한다. 교회의 에큐메니칼 운동이 맹목적인 반공주의로 흘러가는 것을 막는데 힘을 쏟기도 한다. 그리하여 그는 심지어 '소련간첩'이라는 오해에 직면하기도 한다(본서 '냉전 시대' 참조). 그럼에도 불구하고 흐로마드카는 담대하게 대화(dialogue)를 강조했다.

> 나는 기독교 신학자로서 사회주의 사상에 반대하지 않는다. 신학적 관점에서도 나는 사회주의가 나에겐 부르주아적 자유민주주의 보다 더 많이 가깝다. 나는 기꺼이 사회(주의) 건설을 도울 것이다. 그러나 사회주의 사회에서 사람은 조종당하도록 허락되지 않으며, 죄와 벌, 양심과 책임, 고통과 고난의 문제, 죽음과 사망의 문제가 남는다. 공산주의자들이여! 어찌하여 그대들은 우리에게 복종할 것을 강요하고, 우리의 도움을 구하지 않을 것인가?(본서 '1948년 귀국' 참조).

흐로마드카는 1948년부터 1968년까지 세계교회협의회(World Council of Churches: WCC) 중앙위원으로서 체코를 중심한 동구권은 물론 유럽대륙뿐만 아니라 전 세계를 순회하며 비중 있는 강연과 논문 발표 등 다채로운 활동을 펼친다. 그는 냉전시대 20세기를 대표하는 현대 신학의 거장으로서 생애 마지막 순간까지 지칠 줄 모르는 평화주의자의 면모를 유감없이 드러냈던 것이다. 우리는 경외하는 마음으로 흐로마드카의 생애와 업적에 관한 정미현 교수의 평가를 경청하게 된다.

> 체코슬로바키아는 오랫동안 소련의 지배를 받았기 때문에 공산주의에 대해 염증을 느낀다. 그리고 미국지배의 영향력에 대해서는 모르기 때문에 균형 잡힌 감각과 비판력을 상실한 채 일방적으로 미국식 자본주의를 선호하는 경향이 많다. (중략) 1969년 12월 26일 그가 사망하자 체코 신학의 한 중요한 막이 내려졌다. 로마드카도 확실히 완벽한 신학자는 아니었다. 그 자신도 많은 오류를 범했고, 그의 많은 분석들도 수정

되어져야 한다. 그럼에도 불구하고 그는 체코 교회사의 한 장을 장식하기에 충분한 인물일 뿐 아니라, 20세기 동구권을 대표하는 현대 신학자의 거장으로 고찰되어야 할 인물이다(앞의 책 참조).